普通高等教育"十四五"规划教材

法律基础（第二版）

主编 鲁晓慧

中国水利水电出版社
www.waterpub.com.cn
·北京·

内 容 提 要

本书旨在提高学生学习法律知识的兴趣，重点着眼于解决一个普通学生、普通公民可能在学习、生活和工作中遇到的常见法律问题。同时在体例上，本书依据现行法律的规定，结合大量生动典型的案例和有针对性的问题进行编排，这对学生正确认识和理解相关法律规定有很大帮助，也方便教师运用案例进行教学。

本书第一章为法律基础知识，主要介绍法律及其特征、我国现行法律体系、法律责任等知识；第二章为宪法，主要介绍公民的基本权利和义务，以及我国国家机关的设置；第三章为行政法，主要介绍行政主体、行政行为、行政责任、行政赔偿等；第四章为民法，主要介绍民事主体、民事权利、民事法律行为、民事责任、物权、合同、人格权、婚姻家庭、继承、知识产权法；第五章为经济法，主要介绍公司法、消费者权益保护法、税法、劳动法；第六章为刑法，主要介绍刑法的基本原则、犯罪行为及对其的刑罚；第七章为诉讼法，主要介绍我国三大诉讼法——行政诉讼法、民事诉讼法、刑事诉讼法。

本书具有系统、实用、形式活泼、不枯燥的特点，适合高等院校、高职高专院校和成人院校非法律专业学生学习，也适合广大社会读者中的非法律工作者阅读和学习。

图书在版编目（CIP）数据

法律基础 / 鲁晓慧主编. -- 2版. -- 北京 : 中国水利水电出版社, 2023.5（2024.9重印）
普通高等教育"十四五"规划教材
ISBN 978-7-5226-1528-8

Ⅰ. ①法… Ⅱ. ①鲁… Ⅲ. ①法律-中国-高等学校-教材 Ⅳ. ①D92

中国国家版本馆CIP数据核字（2023）第087001号

策划编辑：周益丹　责任编辑：张玉玲　加工编辑：白绍昀　封面设计：梁　燕

书　　名	普通高等教育"十四五"规划教材 **法律基础（第二版）** FALÜ JICHU
作　　者	主编　鲁晓慧
出版发行	中国水利水电出版社 （北京市海淀区玉渊潭南路1号D座　100038） 网址：www.waterpub.com.cn E-mail：mchannel@263.net（答疑） 　　　　sales@mwr.gov.cn 电话：（010）68545888（营销中心）、82562819（组稿）
经　　售	北京科水图书销售有限公司 电话：（010）68545874、63202643 全国各地新华书店和相关出版物销售网点
排　　版	北京万水电子信息有限公司
印　　刷	三河市鑫金马印装有限公司
规　　格	184mm×260mm　16开本　14.25印张　356千字
版　　次	2012年5月第1版　2012年5月第1次印刷 2023年5月第2版　2024年9月第2次印刷
印　　数	2001—5000册
定　　价	42.00元

凡购买我社图书，如有缺页、倒页、脱页的，本社营销中心负责调换

版权所有·侵权必究

前　言

近些年发生在大学生身上的恶性事件越来越多，这些案件的发生促使编者不断思考，为什么会在大学生身上发生这些恶性事件？答案是复杂的，原因是多方面的。但是有一点是肯定的，那就是当代大学生的法律意识淡薄、法制观念不强，那么，如何提高大学生的法律意识，增强他们的法制观念呢？

从学校的角度来说，一定要重视对学生法律知识的教育和法律意识的培养。党的二十大报告中提到"要办好人民满意的教育，全面贯彻党的教育方针，深入实施人才强国战略，着力造就拔尖创新人才"。从 2005 年开始，教育部就将"思想道德修养和法律基础"这门课作为高校学生的必修公共课之一，可见，相关教育部门对大学生的法律知识教育还是很重视的。但要提高教学效果，还需要进一步加大对法律知识的教育力度。

第一，法律知识课程的设置要科学。该课程的学时设置不能太少，太少的话，这门课程的讲解就不能充分、不能深入，只会流于形式，如"蜻蜓点水"一般，在学生的思想上无法留下深刻印象，达不到预期效果；授课时间安排要科学，一般来说，应在大学生刚入学的第一年开设此课程，为以后的学习打好基础；考核要求要合适，对学生的学习和考核不能降低要求，否则容易让学生形成一种印象，即该课程学与不学一个样，没有什么不好的后果。从授课教师的设置来看，授课教师不但需要有广博的知识和丰富的经验，还需要有爱心、有耐心、有责任感。授课教师不能仅仅只把这门课的教学当成是一项教学任务，应对该课程的重要性给予充分认识，真正负起责任来，让学生成为有尊严感、有责任心、有爱心的人，增强学生的生命意义感，让学生学会尊重和珍惜他人和自己的生命，并用全面和发展的眼光去处理和同学、教师及他人的关系；引导学生做社会所认可和提倡的行为，进行法律所允许和保护的活动；培养学生成为法治公民，让学生充分认识到自己行为的性质及所应承担的法律后果，并了解到作为一个成年人对社会应负的责任。

第二，从课程内容上予以改变。课程内容不能单纯讲法律规定，这样很容易流于形式，显得枯燥无味，不能引起学生的共鸣，无法有效深入人心，甚至容易引起学生的反感，尤其是成人院校的学生，他们会从心理上拒绝接受简单的说教。所以要从学生的身边案例入手，从学生最关心的法律问题入手，使学生产生共鸣、产生兴趣，同时结合学生的实际需求，带给学生真正需要的知识，从而使学生由被动地灌输转为自觉地学习，这样才能真正让学生将法律规范转化为行为的约束，真正做到知法守法。

从学生的角度来说，要提高法律意识，认识到法律的重要性，要增强对法律知识的学习兴趣。为了达到上述效果，就需要配备适合的参考教材和辅导用书，以帮助学生在课后有效地学习和了解法律基础知识，即所谓的"工欲善其事，必先利其器"。

本书结合学生的特点和需求，在编写体例上有很大突破。本书在教育部教学大纲的指导下，以现行法律规定为依据，在系统地介绍法律基础知识的同时，用提炼好的案例对相关法律规定进行举例说明。本书不仅非常适合学生在课后自学，也有利于社会人士查阅和理解相关法律规定。

在本书的编写过程中，许永俊先生做了大量工作尤其是案例收集和提供法律知识方面的帮助；在本书的出版过程中，中国水利水电出版社的编辑针对本书提出了宝贵意见；本书的出版得到了北京科技大学远程与成人教育学院的大力支持，北京科技大学教材建设经费资助，北京科技大学教务处的全程支持，在此一并表示感谢。

由于编者水平有限，书中难免存在疏漏和不足之处，恳请读者批评指正。

编者

2023 年 2 月

目 录

前言

第一章 　法律基础知识 ……………………… 1
第一节 　法及其形式 ……………………… 1
一、法及其特征 ……………………… 1
二、法的形式 ……………………… 2
第二节 　我国法的创制和实施 …………… 2
一、法的创制 ……………………… 2
二、法的实施 ……………………… 2
第三节 　我国现行法律体系 ……………… 2
一、法律体系概述 ………………… 2
二、我国现行法律体系概述 ……… 3
第四节 　法律责任 ………………………… 3
一、法律责任概述 ………………… 3
二、法律责任的分类 ……………… 4
三、法律责任的免除 ……………… 4
思考与练习 ……………………………… 5

第二章 　宪法 ………………………………… 6
第一节 　我国宪法的特征和基本内容 …… 6
一、宪法及其特征 ………………… 6
二、我国宪法的基本内容 ………… 6
第二节 　我国公民的基本权利和义务 …… 7
一、我国公民的基本权利 ………… 7
二、我国公民的基本义务 ………… 12
第三节 　我国的国家机构体系 …………… 14
一、国家机构的概念 ……………… 14
二、我国的国家机构体系概述 …… 14
思考与练习 ……………………………… 17

第三章 　行政法 ……………………………… 18
第一节 　行政法概述 ……………………… 18
一、行政法的概念和特征 ………… 18
二、行政法的基本原则 …………… 18
第二节 　行政主体 ………………………… 19
一、行政主体的概念和特征 ……… 19
二、行政机关 ……………………… 19

三、国家公务员 …………………… 19
第三节 　行政行为 ………………………… 23
一、行政行为的概念和分类 ……… 23
二、行政行为的内容 ……………… 24
三、行政行为的效力 ……………… 25
第四节 　行政责任和行政赔偿 …………… 25
一、行政责任 ……………………… 25
二、行政赔偿 ……………………… 26
第五节 　行政法规选介 …………………… 29
一、行政许可法 …………………… 29
二、行政处罚法 …………………… 32
三、行政复议法 …………………… 38
思考与练习 ……………………………… 45

第四章 　民法 ………………………………… 46
第一节 　民法概述 ………………………… 46
一、民法的概念和调整对象 ……… 46
二、民法的基本原则 ……………… 47
三、民事法律关系 ………………… 48
第二节 　民事主体 ………………………… 48
一、自然人 ………………………… 48
二、法人 …………………………… 49
三、非法人组织 …………………… 49
第三节 　民事权利 ………………………… 50
一、人身权 ………………………… 50
二、物权 …………………………… 50
三、债权 …………………………… 50
四、继承权 ………………………… 51
五、知识产权 ……………………… 51
六、股权和其他投资性权利 ……… 51
第四节 　民事法律行为 …………………… 51
一、民事法律行为的概念和特征 … 51
二、民事法律行为的有效要件 …… 52
三、无效和可撤销的民事法律行为 … 52

四、代理 ································· 53
第五节　民事责任和诉讼时效 ············· 55
　　一、民事责任 ····························· 55
　　二、诉讼时效 ····························· 57
第六节　物权 ································· 58
　　一、物权概述 ····························· 58
　　二、所有权 ································ 60
　　三、用益物权 ····························· 63
　　四、担保物权 ····························· 66
　　五、占有 ··································· 68
第七节　合同 ································· 69
　　一、合同的概念和分类 ················· 69
　　二、合同的订立 ·························· 70
　　三、合同的形式 ·························· 71
　　四、合同的内容 ·························· 72
　　五、合同的效力 ·························· 72
　　六、合同的履行 ·························· 76
　　七、合同权利义务终止 ················· 78
　　八、缔约过失责任 ······················· 81
　　九、违约责任 ····························· 81
第八节　人格权 ······························ 82
　　一、人格权概述 ·························· 82
　　二、具体的人格权 ······················· 83
第九节　婚姻家庭 ··························· 88
　　一、婚姻基本原则 ······················· 88
　　二、结婚 ··································· 88
　　三、家庭关系 ····························· 89
　　四、离婚 ··································· 93
　　五、收养 ··································· 96
第十节　继承 ································ 100
　　一、继承基本原则 ····················· 100
　　二、遗产 ································· 100
　　三、继承权 ······························ 101
　　四、遗嘱继承 ··························· 101
　　五、法定继承 ··························· 103
　　六、遗产的处理 ························ 104
　　七、继承开始 ··························· 104
第十一节　知识产权法 ···················· 105
　　一、知识产权及知识产权法 ········· 105

　　二、著作权法 ··························· 106
　　三、专利法 ······························ 112
　　四、商标法 ······························ 114
　　思考与练习 ······························ 117
第五章　经济法 ······························ 119
第一节　经济法概述 ······················· 119
　　一、经济法的概念 ····················· 119
　　二、经济法的调整对象 ··············· 119
第二节　公司法 ····························· 119
　　一、公司的设立 ························ 120
　　二、公司的组织机构 ·················· 122
　　三、公司的股权和股份 ··············· 128
　　四、公司债券 ··························· 130
　　五、公司的财务和会计 ··············· 131
　　六、公司的合并和分立 ··············· 131
　　七、公司的解散和清算 ··············· 132
第三节　消费者权益保护法 ·············· 133
　　一、消费者权利 ························ 134
　　二、经营者义务 ························ 135
　　三、损害赔偿的责任主体 ············ 137
　　四、法律责任 ··························· 138
第四节　税法 ································ 140
　　一、税法的构成要素 ·················· 141
　　二、税收 ································· 141
　　三、税务管理 ··························· 144
　　四、税款征收 ··························· 145
　　五、税务检查 ··························· 146
　　六、税收法律责任 ····················· 147
第五节　劳动法 ····························· 149
　　一、劳动法及其调整对象 ············ 149
　　二、劳动者的权利和义务 ············ 149
　　三、劳动合同 ··························· 150
　　四、劳动争议的处理 ·················· 154
　　思考与练习 ······························ 155
第六章　刑法 ································· 156
第一节　刑法概述 ·························· 156
　　一、刑法的概念及其基本原则 ······ 156
　　二、刑法的适用范围 ·················· 157
第二节　犯罪 ································ 158

一、犯罪的概念和特征 …………… 158
二、犯罪构成 …………………… 158
三、正当防卫和紧急避险 ………… 160
四、犯罪的预备、未遂和中止 …… 162
五、共同犯罪 …………………… 162
六、单位犯罪 …………………… 163
第三节 刑罚 ……………………… 163
一、刑罚的概念 ………………… 163
二、刑罚的种类 ………………… 163
三、刑罚的具体运用 …………… 165
四、时效 ………………………… 169
思考与练习 ……………………… 169

第七章 诉讼法 ……………………… 170
第一节 诉讼法概述 ……………… 170
一、诉讼法的概念和种类 ……… 170
二、诉讼法的基本原则 ………… 170
三、诉讼证据及举证责任 ……… 171
第二节 行政诉讼法 ……………… 173
一、行政诉讼的受案范围和管辖 … 174
二、行政诉讼参加人 …………… 175
三、诉讼费用 …………………… 176
四、行政诉讼程序 ……………… 176

五、执行 ………………………… 179
第三节 民事诉讼法 ……………… 179
一、民事诉讼管辖 ……………… 179
二、民事诉讼参加人 …………… 181
三、民事诉讼中的强制措施 …… 182
四、民事的期间和送达 ………… 183
五、诉讼费用 …………………… 184
六、财产保全和先予执行 ……… 188
七、调解 ………………………… 189
八、民事诉讼程序 ……………… 191
九、执行程序 …………………… 196
第四节 刑事诉讼法 ……………… 199
一、刑事诉讼管辖 ……………… 199
二、刑事诉讼参与人 …………… 200
三、刑事诉讼中的强制措施 …… 201
四、刑事附带民事诉讼 ………… 204
五、刑事的期间和送达 ………… 204
六、刑事诉讼程序 ……………… 205
七、执行 ………………………… 216
思考与练习 ……………………… 218

参考文献 …………………………… 219

第一章 法律基础知识

主要内容

法律及法的形式；我国法律的创制和实施；我国现行的法律体系；法律责任。

学习目的

通过对法律及法的形式等知识的学习，了解什么是法，了解我国法的创制过程与实施活动，了解我国现行法律体系的构成，同时对法律责任有一定认识。

第一节 法及其形式

一、法及其特征

1. **法**

简单地说，法就是一种社会规范，是规范人们行为和调整人与人之间关系的社会规范。

"无规矩不成方圆"，任何和谐社会都离不开行为规范，法作为一种行为规范，其产生和发展经历了从习惯到习惯法再到成文法的漫长过程。在原始社会，调整人们社会关系和行为的主要是人们之间的习惯，后来国家产生了，统治阶级为了巩固自己的统治，将有利于自己的行为习惯确认为法，这就是习惯法。但习惯总是有限的，随着社会的发展，统治阶级需要越来越多的法律来规范人们的行为，因此就按照自己的意志制定一些社会规范，此即为成文法。

法的发展历程经历了原始社会法→奴隶制社会法→封建社会法→现代社会法的过程。现在，许多国家进入法治国家的行列，在国家管理的各个领域都制定了相应的法律规范，这体现了人类社会的进步和发展。

2. **法的特征**

法就像宗教教义、道德规范、单位纪律，是对某些行为的约束，但是法又不同于其他规范，它具有自己独有的特征。一般来说，法具有以下特征：

（1）由国家制定和认可。"制定"是指国家立法者根据社会生活的需要，依据法定程序创制法；"认可"是指国家立法者对已经存在于社会生活中的行为习惯加以确认，使之具有法律约束力。

（2）由国家强制力保证实施的。国家强制力是指警察、监狱、军队等有组织的国家暴力。

（3）由物质生活条件决定。

（4）体现阶级意志。

（5）内容是规定人民权利义务。

(6) 法的目的是维护和发展社会关系和社会秩序。

二、法的形式

(1) 法的形式：是指法的创制和法律规范的外部表现形式。法的形式主要有制定法、习惯法、判例法、法理学说等。

(2) 我国法的形式：主要是"制定法"，也叫"成文法"。我国的法是由国家立法机关或经立法机关授权的机关依据法定程序制定的。具体包括：宪法、法律、行政法规、部门规章、地方性法规、地方政府规章、自治条例和单行条例、特别行政区基本法、军事法律和规章、国际条约。

第二节 我国法的创制和实施

一、法的创制

(1) 法的创制：是指有立法权的国家机关或经授权的国家机关，在法定的职权范围内依照法定程序制定、补充、修改和废止法律及其他规范性法律文件的一项专门性活动。

注意：法的创制方式不仅包括制定法，还包括补充、修改和废止法。但法的解释不属于法的创制。

(2) 法的创制过程：法的创制是一个非常复杂的过程，它需要依据相关法律规定进行，简单来说，就是依法创制。

一般来说，法的创制过程分为"两个阶段、四个步骤"。"两个阶段"是指法的起草阶段和法的确立阶段；"四个步骤"是指法律案的提出、法律案的审议、法律案的通过、法律的公布。

二、法的实施

法的实施是指将法律规范的要求转变落实为行为，在社会生活中具体实现法律规范要求的活动。法的实施分为法的遵守和法的适用两种形式。

(1) 法的遵守：是指国家机关、社会团体、企事业单位和公民按照法律规范的要求依法行使权利和履行义务。

例如：我们在马路上行走时，看到红灯亮后，就停下脚步的行为，就是法的遵守。

张某向人民检察院举报本单位领导贪污受贿的行为，也是法的遵守。

(2) 法的适用：是指国家司法机关依据法定职权和法定程序具体适用法律处理案件的专门活动。

"法的适用"是一个专称，其主体只能是国家司法机关，普通老百姓不能有法的适用活动。

例如：人民法院审理案件的活动和人民检察院审查起诉的活动就是法的适用。

第三节 我国现行法律体系

一、法律体系概述

法律体系是指一个国家全部现行法律规范按照不同的法律部门分类组合而成的有机联系

的系统化的统一整体。

法律体系由法律部门构成，法律部门是依据法律调整领域和调整方法的不同对一个国家全部现行法律所作的一种分类。

二、我国现行法律体系概述

我国现行法律体系是有中国特色的社会主义法律体系，以宪法为根本，以宪法相关法、民商法、行政法、经济法、刑法、社会法、程序法等多个法律部门的法律为主干，由法律、行政法规、地方性法规等多个层次的法律规范构成。

我国法律规范的层次如图1-1所示。

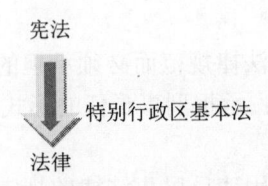

宪法
↓ 特别行政区基本法
法律
（如：民商法、刑法、行政法、经济法、社会法、程序法等）
↓
行政法规
（如：《国家赔偿费用管理条例》《婚姻登记条例》《法律援助条例》
《审计法实施条例》《残疾人就业条例》等）
↓
自治条例和单行条例
（如：《北京市物业管理条例》《北京市节约用水办法》等）
↓
部门规章
↓
地方政府规章

图1-1 我国法律规范的层次

第四节 法律责任

一、法律责任概述

法律责任是指违法主体对自己的违法行为必须承担的某种强制性后果或惩罚性后果的法律上的责任。

俗话说"杀人偿命，欠债还钱"，有违法行为就得承担法律后果，就会产生相应的法律责任。

二、法律责任的分类

从违法主体所违反的法律来看，法律责任有以下几种。

1. 违宪责任

违宪责任是指违反宪法的规定而必须承担的一种法律责任。承担宪法责任的主体主要是国家机关及其领导人；承担宪法责任的形式主要是撤销违宪的法律、法规和罢免违宪的国家机关工作人员等。

2. 刑事责任

刑事责任是指违反刑事法律规范而必须承担的法定不利后果。承担刑事责任的主体包括公民、法人和其他社会组织；承担刑事责任的形式主要是判处刑罚，包括主刑和附加刑。

3. 民事责任

民事责任是指违法主体因违反民事法律的规定而应当依法承担的不利后果。承担民事责任的主体主要是具有民事责任能力的自然人和法人；承担民事责任的形式主要是补偿性的财产责任，例如赔偿损失、违约金等。

4. 行政责任

行政责任是指违反行政法律规定而应当承担的不利的法律后果。承担行政责任的主体有行政主体和行政相对人；承担行政责任的形式主要有行政处罚、行政处分。

三、法律责任的免除

法律责任的免除是指法律责任由于出现法定条件被部分或全部免除。

免除事由包括时效经过、不诉、协议、自首、立功、自助、履行不能（人道主义免责）。

（1）时效经过。时效经过是指违法者在经过一段法律规定时间后，就不再被追究法律责任。我国现行法上，时效经过有刑罚的追诉时效、行政处罚的追诉时效和民法上的诉讼时效。

例如：赵某20年前偷了一辆价值500元的自行车，现被人发现，因追诉期已过，赵某的法律责任就免除了。

（2）不诉。在我国民事诉讼中采用"不告不理"的原则，在一些轻微的刑事案件中也规定"告诉才处理"。

例如：孙某偷了姐姐3000元去打游戏，后被姐姐发现，但姐姐原谅了他，没有去法院起诉他，则他不用承担法律责任。

（3）协议。协议是指当事人之间在法律许可的范围内协商免去责任人的法律责任。

例如：甲借乙300元，说好一周后还，后来甲对乙说："钱不用还了，我不要了，送给你了。"

（4）自首。自首是指犯罪后违法者自动投案，如实供述自己的犯罪行为。

例如：小李和同学小张发生口角，后发展为互殴，在厮打过程中，小李拿出兜里的水果刀，捅了小张两刀，然后跑回家了。父母见其神色慌张，就追问原因，小李把经过告诉了父母，父母赶紧劝说小李去派出所交代自己的行为。小李在父母的陪伴下，到公安派出所如实交代了自己拿刀捅了小张的事实，这个行为就是自首。

（5）立功。立功是指主动交代他人的犯罪事实或提供重要线索使侦查机关得以侦破其他刑事案件的行为。

例如：张某因盗窃被公安机关抓获，在对张某进行审讯时，张某为了少判刑，就主动交代了他的朋友赵某曾经在某商场门口刺死一位老人，并抢走老人提包的事，后经查证属实。张某的行为就是立功。

（6）自助。为了保护自己的权利，在紧急和不违反法律、社会公共道德的情况下，对他人的财产或自由给予扣押、拘束或采取其他相应措施的行为。

例如：小李在人行道上行走，身后一个人骑着自行车闯过来，撞倒了小李，骑车人企图逃跑，小李扣留其自行车的行为就是自助行为。

（7）履行不能。责任主体的实际履行能力有限，如果实际履行就可能使责任主体的生活处于非常困顿的状态，甚至无家可归的悲惨境地。

例如：一位拾荒的老人，生活贫困，无家可归。一天，他不小心将路边的一辆奔驰汽车划伤了，该车维修需要 800 元，如果让老人赔偿，老人就可能履行不能。

思考与练习

1. 法有哪些特征？
2. 法律责任有哪几种？何种情况下可以免除法律责任？

第二章 宪 法

主要内容

宪法的含义、特征；我国公民的基本权利和义务；我国的国家机构体系。

学习目的

了解宪法是我国治国的根本法律依据；自觉遵守宪法，享有宪法规定权利的同时也要履行宪法规定的义务，做一个守法公民。

第一节 我国宪法的特征和基本内容

一、宪法及其特征

1. 宪法

宪法是规定国家根本制度和根本任务、集中表现各种政治力量对比关系的、保障公民基本权利和自由的根本大法。所以说，宪法是国家的根本大法，是公民权利的保障书，是民主制度化、法律化的基本形式。

2. 宪法的特征

从形式上来看，宪法主要有以下特征：

（1）宪法规定的是国家的根本制度和根本任务。我国宪法规定了我国国家生活和社会生活中最根本、最重要的问题。如我国的社会制度和国家制度的基本原则，我国国家性质，政权的组织形式，国家结构形式，公民的基本权利义务，中央与地方国家机构的设置和相互之间的关系，国旗、国歌、国徽、首都等。

（2）宪法的制定和修改程序比一般法律更为严格。我国宪法的制定和修改机构是全国人民代表大会，而且其制定权和修改权只能由全国人民代表大会行使。宪法的制定和修改也要遵循严格的程序，包括在时间和内容上的限制。

（3）宪法具有最高的法律效力。宪法是我国治国的根本法律依据，是一般法律制定的基础和依据，一般法律与宪法内容相抵触则无效。

二、我国宪法的基本内容

问题：我国现行宪法正式通过并公布实施的时间是（　　）。

　　A．1982 年 12 月 4 日　　　　B．1983 年 1 月 1 日
　　C．1988 年 4 月 12 日　　　　D．2004 年 12 月 4 日

答案：A

我国宪法的基本结构：序言，总纲，公民的基本权利和义务，国家机构，国旗、国歌、国徽、首都。

序言：回顾了我国的历史，特别是中国近代史和中华人民共和国成立以后的发展历史。确认了国家的根本任务是沿着中国特色社会主义道路，集中力量进行社会主义现代化建设。确定了我国宪法的指导思想是四项基本原则：坚持社会主义道路，坚持人民民主专政，坚持中国共产党的领导，坚持马克思主义、毛泽东思想、邓小平理论和"三个代表"重要思想、科学发展观、习近平新时代中国特色社会主义思想。确定了宪法的地位：宪法为国家根本的活动准则。

第一章 总纲：规定了我国的根本制度是社会主义制度；我国的国家性质是人民民主专政的社会主义国家；我国根本政治制度是人民代表大会制；我国的经济基础是生产资料的社会主义公有制；我国的经济体制是社会主义市场经济。

第二章 公民的基本权利和义务。

第三章 国家机构。

第四章 国旗、国歌、国徽、首都。

第二节　我国公民的基本权利和义务

何谓公民？我国宪法明确规定：凡具有中华人民共和国国籍的人都是中华人民共和国公民。我国公民是指具有我国国籍的人。

在此，需要了解我国关于国籍的规定，按照《中华人民共和国国籍法》的规定，我国公民的国籍依据其出生地和血统来定，如果其父母是中国人，则其为中国人，如其父母不是中国人但在中国出生，也具有中国国籍。但是注意，我国不承认双重国籍，如果父母是中国国籍，子女出生在国外，按照出生地国的规定，其拥有出生地国的国籍，如果承认出生地国的国籍，则不拥有我国国籍；如果父母是外国国籍，子女出生在中国，其父母不承认我国国籍的不是我国公民。

问题：根据我国法律规定，下列具有中国国籍的人是（　　）。

A. 赵某，父母为中国公民，本人出生在中国
B. 钱某，父亲是中国人，母亲是外国人，本人出生在中国
C. 孙某，父母都是外国人，本人出生在中国
D. 李某，父母都是中国人，本人出生在美国，其出生就拥有美国国籍

答案：ABC

一、我国公民的基本权利

（一）平等权

《中华人民共和国宪法》（简称《宪法》）第三十三条规定：中华人民共和国公民在法律面前一律平等。

此处的"平等权"，是指我国公民不因民族、性别、职业、财产状况、教育程度、居住期限等的不同而有超越宪法和法律的特权，所有公民都平等地享有宪法和法律规定的权利。我国法律规定我国公民在适用法律上一律平等，不管什么身份，不管拥有多少金钱都适用一个法律

规定，同样的违法行为都应给予同样的处罚。

（二）选举权和被选举权

我国《宪法》第三十四条规定：中华人民共和国年满十八周岁的公民，不分民族、种族、性别、职业、家庭、宗教信仰、教育程度、财产状况、居住期限，都有选举权和被选举权；但是依照法律被剥夺政治权利的人除外。

（1）选举权。选举权指选民和选举单位依照《中华人民共和国选举法》的规定，选举人民代表大会代表的权利，包括公民依照自己的意愿选举人民代表和依法定程序罢免不称职的代表的权利。

（2）被选举权。被选举权指选民依法被选举为人民代表大会代表的权利。

（3）剥夺政治权利。《中华人民共和国刑法》（简称《刑法》）规定，剥夺政治权利是指剥夺：选举权和被选举权；言论、出版、结社、集会、游行示威自由的权利；担任国家机关职务的权利；担任国有公司、企业、事业单位和人民团体领导职务的权利。依照法律被剥夺政治权利的人是指经过人民法院审理并依法作出剥夺政治权利判决的犯罪分子。

问题：根据我国《宪法》规定，下列选项中享有选举权和被选举权的是（　　）。

A. 全体公民　　　　　　　　B. 18岁以上的公民
C. 全体人民　　　　　　　　D. 年满18周岁，依法享有政治权利的我国公民

答案：D

（三）言论、出版、结社、集会、游行、示威的自由

我国《宪法》第三十五条规定：中华人民共和国公民有言论、出版、集会、结社、游行、示威的自由。

1. 言论和出版的自由

（1）内容。言论和出版的自由都是公民自由表达自己思想和主张的自由，只是表达方式不同。言论自由是通过语言来表达，而出版自由是通过文字或绘画等书面形式来表达。

（2）行使界限：不得侵犯他人的合法权利。言论和出版自由不是绝对的，也是有界限的，如果超出了一定的界限，这可能构成侮辱或诽谤，就成了违法行为，甚或构成犯罪。

例如：2020年7月至8月期间，郎某在杭州市余杭区某街道的快递驿站内，偷拍被害人谷某（女）取快递视频，并伙同他人捏造谷某结识快递员并多次发生不正当性关系的微信聊天记录、"赴约途中""约会现场"等视频、图片，陆续发布在某微信群，后经他人转发扩散到上百个微信群、多个微信号等网络平台，引发大量点击、阅读及低俗评论，后不断发酵，引发网络热议，严重影响了谷某的正常工作生活。2020年12月22日，公安机关对本案立案侦查。2021年2月26日，检察院依法对郎某及同伙以诽谤罪提起公诉。同年4月30日，余杭区人民法院依法公开开庭审理此案并当庭宣判，分别以诽谤罪判处被告人郎某及同伙有期徒刑一年，缓刑二年。

2. 结社自由

（1）定义。结社自由是指公民为了某种目的而依照法律规定结成社会团体的自由。

（2）对公民结社自由的规范。《社会团体登记管理条例》第四条规定：社会团体必须遵守宪法、法律、法规和国家政策，不得反对宪法确定的基本原则，不得危害国家的统一、安全和民族的团结，不得损害国家利益、社会公共利益以及其他组织和公民的合法权益，不得违背社会道德风尚。

注意：社会团体不得从事营利性经营活动。

3. 集会、游行、示威的自由

(1) 定义。集会是指聚集于露天公共场所，发表意见、表达意愿的活动；游行是指在公共道路、露天公共场所列队行进、表达共同意愿的活动；示威是指在露天公共场所或者公共道路上以集会、游行、静坐等方式，表达要求、抗议或者支持、声援等共同意愿的活动。

(2) 对集会、游行、示威自由的规范。《中华人民共和国集会游行示威法》第四条、第五条规定：公民行使集会、游行、示威的权利的时候，必须遵守宪法和法律，不得反对宪法所确定的基本原则，不得损害国家的、社会的、集体的利益和其他公民的合法的自由和权利；集会、游行、示威应当和平地进行，不得携带武器、管制刀具和爆炸物，不得使用暴力或者煽动使用暴力。

公民如果想集会、游行、示威，必须向公安机关申请。有下列情形之一的，不予许可：

1) 反对宪法所确定的基本原则的。
2) 危害国家统一、主权和领土完整的。
3) 煽动民族分裂的。
4) 有充分根据认定申请举行的集会、游行、示威将直接危害公共安全或严重破坏社会秩序的。

在下列场所周边距离十米至三百米内，不得举行集会、游行、示威，经国务院或者省、自治区、直辖市的人民政府批准的除外：

1) 全国人民代表大会常务委员会、国务院、中央军事委员会、最高人民法院、最高人民检察院的所在地。
2) 国宾下榻处。
3) 重要军事设施。
4) 航空港、火车站和港口。

（四）宗教信仰自由

我国《宪法》第三十六条规定：中华人民共和国公民有宗教信仰自由。

宗教信仰自由基本内容包括：公民有信仰宗教的自由和不信仰宗教的自由；有信仰不同宗教的自由；在同一宗教内，有信仰不同教派的自由；有过去信仰宗教而现在不信仰宗教的自由，也有过去不信仰宗教而现在信仰宗教的自由。

为保障公民的宗教信仰自由，《宪法》还作了保障性规定：任何国家机关、社会团体和个人不得强制公民信仰宗教或者不信仰宗教，不得歧视信仰宗教的公民和不信仰宗教的公民。

注意：(1) 所进行的宗教活动是正常的活动。任何人不能利用宗教进行破坏社会秩序、损害公民身体健康、妨碍国家教育制度的活动，例如利用宗教活动搞恐怖主义等。

(2) 我们所信仰的应该是宗教（在我国主要包括佛教、道教、伊斯兰教、天主教和基督教），而不是其他会道门或邪教组织等非法组织。

（五）人身自由权

我国《宪法》第三十七条规定：中华人民共和国公民的人身自由不受侵犯。

人身自由权主要包括以下内容：

1. 人身自由不受侵犯

任何公民，非经人民检察院批准或者决定或者人民法院决定，并由公安机关执行，不受逮捕。禁止非法拘禁和以其他方法非法剥夺或者限制公民的人身自由，禁止非法搜查公民的身体。

例如：发生在超市或商场中的保安人员对顾客搜身的事件，顾客在超市的出口处，因为所拿物品没有消磁或消磁不彻底被保安拦住，要求搜包，甚或脱掉衣服搜身，极大地伤害了顾客的心理。这种情况就是严重侵犯顾客人身自由权的行为，是违反宪法的行为，应该给予制止，顾客也应该以宪法的规定保护自己。

2. 住宅不受侵犯的权利

我国《宪法》第三十九条规定：中华人民共和国公民的住宅不受侵犯。禁止非法搜查或者非法侵入公民的住宅。

有一句谚语说："风能进，雨能进，国王不能进"。未得到公民的允许，也没有法律的允许，任何人不能进入公民的住宅。在我们国家，对公民住宅的保护还没有得到重视，尤其是在一些偏远的农村，村干部随意进入居民的家中，进行查黄、查赌等，严重侵犯了公民的权利。

3. 人格尊严

我国《宪法》第三十八条规定：中华人民共和国公民的人格尊严不受侵犯，禁止用任何方法对公民进行侮辱、诽谤和诬告陷害。

问题：根据我国《宪法》的规定，下列属于公民人格尊严权利的是（　　）。

A. 公民的姓名权 　　　　　　B. 公民的肖像权
C. 公民的名誉权和隐私权　　　D. 公民的荣誉权

答案：ABCD

4. 通信自由和秘密

我国《宪法》第四十条规定：中华人民共和国公民的通信自由和通信秘密受法律的保护。除因国家安全或者追查刑事犯罪的需要，由公安机关或者检察机关依照法律规定的程序对通信进行检查外，任何组织或者个人不得以任何理由侵犯公民的通信自由和通信秘密。

例如：家长为了了解孩子的情况，偷看孩子信件、偷听孩子电话的行为，就是侵犯了孩子的通信秘密。电信局给私人提供其他通信用户的电话清单属于侵犯权利的行为。

（六）文化活动的自由

我国《宪法》第四十七条规定：中华人民共和国公民有进行科学研究、文学艺术创作和其他文化活动的自由。

为保障该权利，《宪法》规定，国家采用各种有利方式，鼓励和帮助公民实现该项自由。如举办各类学校，普及义务教育，发展各种教育设施，对公民的创造性劳动给予物质和精神的奖励等。

（七）监督权和依法取得赔偿的权利

我国《宪法》第四十一条规定：中华人民共和国公民对于任何国家机关和国家工作人员，有提出批评和建议的权利；对于任何国家机关和国家工作人员的违法失职行为，有向有关国家机关提出申诉、控告或者检举的权利，但是不得捏造或者歪曲事实进行诬告陷害。

依法取得赔偿的权利是指公民由于国家机关和国家工作人员的侵权行为受到损害，可以依法取得赔偿。为保障该权利的具体实施，我国还颁布了《中华人民共和国赔偿法》，对赔偿的具体内容进行了规定。

（八）劳动权

我国《宪法》第四十二条规定：中华人民共和国公民有劳动的权利和义务。

劳动既是权利又是义务，有劳动能力的公民有获得工作并取得相应报酬的权利。国家应通过各种途径，创造劳动就业条件；劳动也是每个有劳动能力的公民的光荣职责。国有企业和城乡集体经济组织的劳动者都应以主人翁的态度对待自己的劳动。

（九）休息权

我国《宪法》第四十三条规定：中华人民共和国劳动者有休息的权利。

为保障该项权利的实施，《中华人民共和国劳动法》里明确规定劳动者在双休日、法定节假日要休息。另外，还有年休假的规定，如果实在不能休息，要支付加班工资等。相关退休制度的规定也有效保证了公民的休息权。

（十）获得物质帮助权利

我国《宪法》第四十五条规定：中华人民共和国公民在年老、疾病或者丧失劳动能力的情况下，有从国家和社会获得物质帮助的权利。

《中华人民共和国老年人权益保障法》第三十三条规定：国家建立和完善老年人福利制度，根据经济社会发展水平和老年人的实际需要，增加老年人的社会福利。《中华人民共和国残疾人保障法》第四条规定：国家采取辅助方法和扶持措施，对残疾人给予特别扶助，减轻或者消除残疾影响和外界障碍，保障残疾人权利的实现。残疾人按照残疾等级享有一定数额的残疾补助。

问题：根据我国《宪法》规定，下列选项中，公民有权从国家和社会获得特质帮助的情况是（   ）。

A. 公民在年老时　　　　　　　　B. 公民在疾病时
C. 公民在遭受洪水时　　　　　　D. 公民在丧失劳动能力时

答案：ABD

（十一）受教育权

我国《宪法》第四十六条规定：中华人民共和国公民有受教育的权利和义务。

《中华人民共和国教育法》规定，公民不分民族、种族、性别、职业、财产状况、宗教信仰等，依法享有平等的受教育机会。比如在一些偏远农村，父母认为女孩上学没用，就不让女孩上学，而是让她在家帮忙干农活，该行为就剥夺了孩子的受教育权，是违反《宪法》的行为。

例如：湖北一女生秦某，2000年参加了高考，却始终没有收到录取通知书，两个月后，秦某南下打工。

2001年6月18日，秦父从2001年6月9日的《随州日报》上得知，女儿被武汉某师范学校录取。6月23日，秦某的父母经过多方打听，终于在秦某的班主任处找到了普通高校录取通知书，通知书上要求秦某于2000年9月15日报到。

此时离报到时间已过了9个月，秦某高中所读的第四中学为秦某出具介绍信，请求武汉市某师范学校让秦某继续到校学习，可是该校未能批准。

因为学校未按时送达通知书使自己失去接受高等教育的机会，秦某非常气愤。2001年8月，秦某以侵犯自己受教育权为由，将母校告上法庭，请求法院责令第四中学赔偿精神损害抚慰金5万元。

法院审理后认为，秦父请求其班主任在录取通知书寄到后，通知其有关亲戚转告，并留下了相关地址和联系电话，班主任对此给予了承诺。班主任收到秦某的录取通知书后，在拨打了一次电话没有接听后，便再也没有进行联系。而且秦某录取通知书填写的收件人地址是学校地址，该中学对此未提出异议，表明其同意代收录取通知书。

2002年9月1日,区法院作出一审判决,判处第四中学赔偿秦某精神损害抚慰金2万元。

(十二)特定人的特定权

我国《宪法》第四十八、四十九、五十条规定了妇女、老人、儿童、华侨、侨眷、归侨的特定权利:中华人民共和国妇女在政治的、经济的、文化的、社会的和家庭的生活等各方面享有同男子平等的权利;禁止虐待老人、妇女和儿童;中华人民共和国保护华侨的正当的权利和利益,保护归侨和侨眷的合法的权利和利益。

二、我国公民的基本义务

(一)维护国家统一和民族团结的义务

我国《宪法》第五十二条规定:中华人民共和国公民有维护国家统一和全国各民族团结的义务。

(1)维护国家统一是建设社会主义法治国家的要求,民主宪政以国家统一为基础,公民基本权利的实现以国家统一为前提。该义务具体体现在两个方面:

1)我国是单一制的国家——统一的宪法、不可分的领土。任何行政区划不可脱离中央而独立。

2)任何公民不得从事分裂国家的活动。严重的可能会违反我国刑法的规定,要承担相应的刑事责任。

(2)民族团结是国家统一的标志。维护民族团结对国家统一和稳定有重要影响。维护民族团结具体表现在以下五个方面:

1)实行民族区域自治。

2)保障少数民族的权益。

3)禁止任何民族歧视和民族压迫,禁止任何破坏民族团结,制造民族分裂的行为。

4)各民族有使用自己民族语言的自由,保持和改革自己民族风格的自由。

5)遵守宪法和其他法律的相关规定。

(二)遵守宪法和法律,保守国家秘密,爱护公共财产,遵守劳动纪律,遵守公共秩序,尊重社会公德的义务

我国《宪法》第五十三条规定:中华人民共和国公民必须遵守宪法和法律,保守国家秘密,爱护公共财产,遵守劳动纪律,遵守公共秩序,尊重社会公德。

1. 遵守宪法和法律的义务

遵守宪法和法律是我国依法治国的要求,包含以下内容:

(1)遵守宪法和法律的主体是全国各族人民,也包括一切国家机关及其他社会组织。

(2)宪法和法律是一切行为的准则。

(3)不得有任何特权。

(4)一切违反宪法和法律的行为都要追究法律责任。

2. 保守国家秘密的义务

在《中华人民共和国保守国家秘密法》(简称《保守国家秘密法》)中国家秘密的定义是:关系国家安全和利益,依照法定程序确定,在一定时间内只限一定范围的人员知悉的事项。

我国《保守国家秘密法》第九条的规定:下列涉及国家安全和利益的事项,泄露后可能损害国家在政治、经济、国防、外交等领域的安全和利益的,应当确定为国家秘密:

（1）国家事务重大决策中的秘密事项；
（2）国防建设和武装力量活动中的秘密事项；
（3）外交和外事活动中的秘密事项以及对外承担保密义务的秘密事项；
（4）国民经济和社会发展中的秘密事项；
（5）科学技术中的秘密事项；
（6）维护国家安全活动和追查刑事犯罪中的秘密事项；
（7）经国家保密行政管理部门确定的其他秘密事项。
政党的秘密事项中符合上述规定的，属于国家秘密。

3. 爱护公共财产的义务

公共财产是宪法规定属于国家和集体的财产，是国家建设和人民生活不断提高的基本物质保障，每个公民都有责任和义务保护公共财产。

4. 遵守劳动纪律的义务

劳动纪律是劳动者进行社会生产和协作所必须遵守的制度和规则。

劳动者违反劳动纪律，会给予必要的行政制裁。

5. 遵守公共秩序的义务

公共秩序包括工作秩序、生产秩序、教学科研秩序、人民群众生活秩序等。遵守公共秩序是提高劳动效率的重要条件。

6. 遵守社会公德的义务

社会公德是公民在社会公共生活中应当遵守的基本道德。

（三）维护国家安全、荣誉和利益的义务

我国《宪法》第五十四条规定：中华人民共和国公民有维护国家安全、荣誉和利益的义务，不得有危害祖国的安全、荣誉和利益的行为。

国家安全是指国家领土完整，主权不受干扰，政权不受威胁。国家荣誉是指国家的尊严不受侵犯，国家的名誉不受侮辱。国家利益是指国家政治、经济、安全等各方面的利益。国家安全是国家稳定的前提，国家稳定是公民享有权利的基本保证。国家荣誉会增强公民的民族自豪感、自尊心和自信心。国家利益关系到每个公民的个人利益。

（四）依法服兵役的义务

我国《宪法》第五十五条规定：保卫祖国、抵抗侵略是中华人民共和国每一个公民的神圣职责。依照法律服兵役和参加民兵组织是中华人民共和国公民的光荣义务。

军队建设直接关系国家建设和民族存亡。依法服兵役是每个公民义不容辞的职责。凡年满18周岁的我国公民都有服兵役的义务。

（五）依法纳税的义务

我国《宪法》第五十六条规定：中华人民共和国公民有依照法律纳税的义务。

税收是国家财政的来源，是国家参与国民收入分配与再分配的手段，是国家参与经济、调节生产的重要杠杆。所谓"取之于民，用之于民"，每个公民都应有支援国家建设的意识和行动。

（六）其他义务

1. 受教育的义务

我国《宪法》第四十六条规定：中华人民共和国公民有受教育的权利和义务。

受教育既是公民的权利，又是公民的义务。

例如：在义务教育阶段，适龄孩子们都应该上学接受教育，家长不能不让孩子上学，孩子自己也不能不去上学，应该履行自己受教育的义务。

2．劳动的义务

作为义务来说，一切有劳动能力的人都必须参加劳动。反对好逸恶劳，反对坐享其成。

第三节 我国的国家机构体系

一、国家机构的概念

许多人对我国各类国家机关的职权和性质知之甚少，因此会有"告状无门"的感觉，甚至有人认为检察院就是检查身体的医院，这种情况不利于有效保护公民的合法权利，因此了解我国国家机构的性质和职权有一定的实际意义。

国家机构是指统治阶级为了实现国家职能而建立起来的具有国家强制力的组织系统。

二、我国的国家机构体系概述

（一）全国人民代表大会及其常务委员会

1．全国人民代表大会

全国人民代表大会简称"全国人大"。

（1）全国人大的性质。全国人大是我国最高国家权力机构、立法机构。

（2）全国人大的组成。全国人大由省、自治区、直辖市、特别行政区和军队选出的代表组成。

（3）全国人大的职权。全国人大的职权为：修改宪法和监督宪法实施；制定和修改国家基本法律；对国家机构组成人员的选举、决定和罢免；对国家重大事项的决定权；对其他国家机关的监督权，以及其他应当由最高国家权力机构行使的职权。

（4）全国人大的任期。每届任期5年。

2．全国人民代表大会常务委员会

全国人民代表大会常务委员会简称"全国人大常委会"。

（1）全国人大常委会的性质。全国人大常委会是全国人民代表大会的常设机构，是最高国家权力机构的组成部分，是在全国人大闭会期间行使国家最高权力的国家机关。全国人大行使职权是采用开会的形式，而每年全国人大只开一次会议，在全国人大闭会期间，全国人大职权范围内的事项就由全国人大常委会处理。

（2）全国人大常委会的组成。全国人大常委会为委员长、副委员长若干人、秘书长、委员若干人组成。

（3）全国人大常委会的职权。全国人大常委会的职权是解释宪法和法律；制定和修改补充法律；监督国务院、中央军事委员会、最高人民法院和最高人民检察院的工作；决定驻外全权代表的任免；决定同外国缔结的条约和重要协定的批准和废除；规定军人和外交人员的衔级制度和其他专门衔级制度；决定特赦；全国人民代表大会授予的其他职权。

(4) 全国人大常委会的任期。每届任期 5 年。

问题：下列选项中，作为我国立法机构的是（　　）。
A. 人民代表大会　　　　　　B. 中国人民政治协商会议
C. 民主座谈会　　　　　　　D. 中国共产党领导的多党合作

答案：A

（二）中华人民共和国主席

(1) 主席的产生。由全国人民代表大会选举产生。

(2) 主席候选人的条件。主席候选人是有选举权和被选举权的中华人民共和国公民，且年满 45 周岁。

(3) 主席的职权。根据全国人大和人大常委会的决定，公布法律；任免国务院组成人员；授予国家的勋章和荣誉称号，发布特赦令，宣布进入紧急状态，宣布战争状态，发布动员令；代表中华人民共和国进行国事活动，接受外国使节；根据全国人民代表大会常务委员会的决定，派遣和召回驻外全权代表，批准和废除同外国缔结的条约和重要协定。

(4) 主席的任期：任期与全国人大相同，每届 5 年。

（三）国务院

中华人民共和国国务院简称"国务院"。

(1) 国务院的性质。国务院是最高国家行政机构，是最高国家权力机关的执行机关。在整个国家行政机关体系中居于最高地位，统一领导地方各级国家行政机关。

(2) 国务院的组成。国务院由总理、副总理若干人，国务委员若干人，各部部长，各委员会主任，审计长，秘书长组成。

(3) 国务院的职权。国务院的职权是根据宪法和法律，规定行政措施，制定行政法规，发布行政命令；向全国人大及其常委会提出议案；组织领导全国性行政工作；规定省、自治区和直辖市的国家机关的职权的具体划分；改变和撤销各部委、地方各级国家行政机关不适当指示、决定和命令；领导和管理各行业各部门的行政工作；其他应由国务院负责的工作。

(4) 国务院的任期。任期与全国人大相同，每届 5 年。

（四）中央军事委员会

(1) 中央军事委员会的性质。中央军事委员会国家最高军事领导机构。

(2) 中央军事委员会的组成。中央军事委员会由主席、副主席，委员若干人组成。

(3) 中央军事委员会的职权。中央军事委员会的职权是领导全国武装力量，巩固国防、抵抗侵略、保卫祖国、保卫人民的和平劳动、参加国家建设等。

(4) 中央军事委员会的任期。任期与全国人大相同，每届 5 年。

（五）地方各级人大及其常委会

(1) 地方各级人大及其常委会的性质。地方各级人大及其常委是地方的国家权力机构。

(2) 地方各级人大及其常委会的组成：地方各级人大及其常委会由省、自治区、直辖市、自治州、设区的市的人民代表大会（简称"人大"）由下一级人大选出的代表组成；县、自治县、不设区的市、市辖区、乡、民族乡和镇的人大由选民直接选举的代表组成。

(3) 地方各级人大及其常委会的职权。地方各级人大及其常委会的职权是保障宪法和法律的实施；决定地方的重大事项、选举和罢免本级地方国家机关组成人员或领导人；监督由其产生的国家机关的工作；依法保护公共财产、私有财产，保障公民各方面的权利；制定和颁布地方性法规。

(4) 地方各级人大及其常委会的任期。任期与全国人大相同，每届5年。

问题：根据我国《宪法》规定，乡、民族乡、镇的人民代表大会每届任期为（　　）。

A. 3年　　　　　B. 4年　　　　　C. 5年　　　　　D. 6年

答案：C

（六）地方各级人民政府

(1) 地方各级人民政府的性质。地方各级人民政府是地方各级国家权力机构的执行机关，是地方各级国家行政机关。

(2) 地方各级人民政府的组成。地方各级人民政府由省、自治区、直辖市、自治州、设区的市的人民政府分别由省长、副省长，自治区主席、副主席，市长、副市长，州长、副州长和秘书长、厅长、局长、委员会主任等组成。

县、自治县、不设区的市、市辖区的人民政府分别由县长、副县长，市长、副市长，区长、副区长和局长、科长等组成。

乡、民族乡的人民政府设乡长、副乡长。民族乡的乡长由建立民族乡的少数民族公民担任。镇人民政府设镇长、副镇长。

(3) 地方各级人民政府的职权。地方各级人民政府的职权是执行本级人大及其常委会的决议及上级人民政府的决定命令；规定行政措施，发布决定和命令；领导和管理本行政区域内的各项行政工作；改变和撤销所属各工作部门和下级人民政府的不适当的决定和命令；依法保护和保障公共财产、私有财产、保障公民各方面的权利；办理上级国家行政机关交办的其他事项。

(4) 地方各级人民政府的任期。任期与本级人大相同，每届5年。

（七）民族自治地方的自治机关

(1) 民族自治地方的自治机关的性质。民族自治地方的自治机关是人民代表大会和人民政府，是地方国家权力机关和地方国家行政机关。

(2) 民族自治地方的自治机关的组成。民族自治地方的人大常委会由本民族公民担任主任或副主任；主席、州长、县长由本民族的公民担任，人大代表中本民族自治区领域内的各民族都有适当代表。

(3) 民族自治地方的自治机关的职权。民族自治地方的自治机关的职权是制定自治条例和单行条例；对上级国家机关的决议、决定、命令变通执行或停止执行；自主管理地方财政；自主管理经济建设；自主管理本地方的教育、科学、文化、卫生、体育事业；组织本地方的公安部队；使用本地方的语言；培养本民族的干部、专业人才和技术人才。

（八）人民法院和人民检察院

1. 人民法院

(1) 人民法院的性质。人民法院是我国的审判机关。所有案件的审判都归人民法院，其他任何机关没有审判权。

(2) 人民法院的组织机构。人民法院由最高人民法院、地方各级人民法院（包括：高级人民法院、中级人民法院和基层人民法院）和专门人民法院组成。最高人民法院监督地方各级人民法院和专门人民法院的审判工作，上级法院监督下级法院的审判工作。

(3) 人民法院的职权。人民法院是代表国家行使审判权的司法机关。主要职权有：受理案件，处理案件，依据事实和法律作出判断，执行生效判决及相关法律文书。

2. 人民检察院

（1）人民检察院的性质。人民检察院是法律监督机构，依法独立行使检察权。

（2）人民检察院的组织机构。人民检察院由最高人民检察院、地方各级人民检察院（包括：省、自治区、直辖市人民检察院、检察分院或地区人民检察院、区人民检察院或县人民检察院）和专门人民检察院组成。最高人民检察院领导地方各级人民检察院和专门人民检察院的工作。

（3）人民检察院的职权。人民检察院是代表国家行使法律监督职能的司法机关。具体职权主要有：立案、侦查贪污、渎职等案件，审查决定是否提起公诉或不起诉，派员出席法庭支持公诉，同时，对公安机关的侦查工作，法院的审判工作和看守所、监狱的刑罚执行工作进行监督，对其违法情况给予监督并采取措施予以纠正。

思考与练习

1. 论述宪法和宪政的关系。
2. 我国宪法规定我国公民有哪些基本权利和义务？
3. 我国人民法院和人民检察院的性质是什么？主要职权有哪些？

第三章 行 政 法

主要内容

行政法及其特征、基本原则；行政主体和国家公务员；行政行为；行政责任与行政赔偿；行政许可法、行政处罚法、行政复议法。

学习目的

通过对行政法基本理论和主要法规的学习，了解我国依法行政的基本概况，明确依法行政是现代社会的根本要求，也是法治国家的核心。树立健康的公民意识，在行政管理活动中维护自己的合法权利。

第一节 行政法概述

一、行政法的概念和特征

行政法是调整因国家行政管理而发生的各种行政法律关系的法律规范的总称。行政法与其他法律相比，有以下特征：

（1）行政法涉及领域宽泛、内容丰富、具有易变性。实体性规范和程序性规范往往交织在一部法律中。例如：行政复议法，既规定了哪些行为可以复议，又规定了进行复议的程序。

（2）行政法没有完整的、统一的法典。它的法律规范散见于宪法、法律、行政法规、行政规章中。例如：行政组织法、公务员法、行政程序法、统计行政法、卫生行政法、民政行政法等具体的法律规范中都包含着行政法律规范。

二、行政法的基本原则

行政法的基本原则，是指贯穿于整个行政法律关系中，指导行政立法、执法、行政争议解决等活动的法律原则，主要有行政合法性原则和行政合理性原则。

（1）行政合法性原则。行政合法性原则指行政机关的设置及行政权的行使必须依据法律的规定。

例如：卫生局在对一餐馆进行卫生检查时，发现该餐馆有偷税漏税的行为，就对该餐馆进行了罚款，该行为违反了行政合法性原则。

（2）行政合理性原则。行政合理性原则指行政主体在行使行政权时要遵循公平公正等理性原则，行政行为的内容要符合自然规律和社会道德。

例如：出租车司机闯红灯是要处罚的，但如果车上有病危乘客，为了尽快送医而闯了红灯，司机只要拿出证据去交管局申请，就可以免于处罚。

第二节 行政主体

一、行政主体的概念和特征

（1）行政主体的概念。行政主体是实施行政活动的主体，是享有国家行政权力，能以自己的名义从事行政管理活动并独立承担法律责任的组织。主要的行政主体是：行政机关、法律法规授权组织和机构。

（2）行政主体具有以下特征：
1）行政主体是一类组织，而不是某个自然人；
2）具有行政职权，能以自己的名义对外进行行政活动；
3）能独立承担民事责任。

有人认为公务员就是行政主体，实际上公务员只是执行国家公务的人员，他对外进行行政行为，是以行政机关的名义进行的，而不是以个人名义，最后也是行政主体承担责任。

例如：交警对违章车辆开罚单，落款处是某某交通支队，并加盖该单位的公章。如果交警的罚款行为有错，承担责任的主体应该是该交通支队而不是交警。

二、行政机关

（1）行政机关的概念。行政机关，是依据宪法或组织法的规定设立，具有法人资格，能以自己名义行使国家行政权并承担由此而产生的法律责任的国家机关。

例如：国务院、教育部、公安部、自然资源部、中国人民银行、审计署、地方政府、市场监督管理局、交通支队、税务局等都是行政机关。

问题： 下列机构具有行政主体资格的是（　　　）。
A. 银保监会　　　　　　　　　B. 街道办事处
C. 人口和计划生育委员会　　　D. 居委会

答案： ABC

（2）授权组织和机构。法律法规授权的组织和机构，本来不具有行政主体资格，但经法律法规授权，在授权范围内具有行政主体资格。

例如：派出所、税务所、专利评审委员会、商标评审委员会、公安消防机构、学校、律师协会、村委会、居委会等是授权组织和机构。

三、国家公务员

国家公务员是指国家依照法定方式和程序任用的，在中央和地方各级国家行政机关中工作的，依法行使国家行政职权，执行国家公务的人员。对公务员适用的主要法律规范是《中华人民共和国公务员法》（简称《公务员法》）。

（1）公务员的分类。公务员分为领导职务公务员和非领导职务公务员。

（2）公务员的任用。对领导职务公务员采用选任、调任等方式任用，对非领导职务公务员采用考试录用或聘用的方式任用。

以下介绍国家公务员的考试录用方式，即国家公务员考试的规定。

1. 录用对象

按照《公务员法》的规定，录用对象是担任一级主任科员以下及其他相当职务层次的非领导职务公务员。

2. 报考公务员的条件

《公务员法》规定报考公务员应当具备下列条件：

（1）具有中华人民共和国国籍；
（2）年满十八周岁；
（3）拥护中华人民共和国宪法，拥护中国共产党领导和社会主义制度；
（4）具有良好的政治素质和道德品行；
（5）具有正常履行职责的身体条件和心理素质；
（6）具有符合职位要求的文化程度和工作能力；
（7）法律规定的其他条件。

另外，还应当具备省级以上公务员主管部门规定的拟任职位所要求的资格条件。

《公务员法》规定下列人员不得录用为公务员：

（1）因犯罪受过刑事处罚的；
（2）被开除中国共产党党籍的；
（3）被开除公职的；
（4）被依法列为失信联合惩戒对象的；
（5）有法律规定不得录用为公务员的其他情形的。

问题：根据《公务员法》和相关规定，以下不符合报考国家公务员的条件的是（　　）。

A. 钱某，常年居住在中国境内的美籍华人
B. 孙某，文盲
C. 李某，年满19岁，曾因犯罪受过刑事处罚
D. 赵某，常年患有严重心脑血管疾病

答案：ABCD

3. 录用程序

（1）发布公告。录用公务员，应当发布招考公告。招考公告应当载明招考的职位、名额、报考资格条件、报考需要提交的申请材料以及其他报考须知事项。

国家公务员的招考公告一般在每年的10月份发布。

（2）报名。国家公务员考试报名时间一般定在每年的10月中旬，考试时间大概定于11月的最后一个周末。第二年1月下旬，报考者可查询自己的考试成绩。

（3）审查。招录机关根据报考资格条件对报考申请进行审查。报考者提交的申请材料应当真实、准确。

（4）考试。考试方式，公务员录用考试采取笔试和面试的方式进行；考试内容，根据公务员应当具备的基本能力和不同职位类别分别设置。

（5）确定考察人选。招录机关根据考试成绩确定考察人选，并对其进行报考资格复审、考察和体检。

（6）招录。招录机关根据考试成绩、考察情况和体检结果，提出拟录用人员名单，并予

以公示。公示期满，中央一级招录机关将拟录用人员名单报中央公务员主管部门备案；地方各级招录机关将拟录用人员名单报省级或者设区的市级公务员主管部门审批。

（7）试用。新录用的公务员试用期为一年。试用期满合格的，予以任职；不合格的，取消录用。

（一）对公务员的惩戒

1. 不合规行为

公务员必须遵守纪律，不得有下列行为：

（1）散布有损宪法权威、中国共产党和国家声誉的言论，组织或者参加旨在反对宪法和中国共产党领导和国家的集会、游行、示威等活动；

（2）组织或者参加非法组织，组织或者参加罢工；

（3）挑拨、破坏民族关系，参加民族分裂活动或者组织、利用宗教活动破坏民族团结和社会稳定；

（4）不担当，不作为，玩忽职守，贻误工作；

（5）拒绝执行上级依法作出的决定和命令；

（6）对批评、申诉、控告、检举进行压制或者打击报复；

（7）弄虚作假，误导、欺骗领导和公众；

（8）贪污、贿赂，利用职务之便为自己或者他人谋取私利；

（9）违反财经纪律，浪费国家资财；

（10）滥用职权，侵害公民、法人或者其他组织的合法权益；

（11）泄露国家秘密或者工作秘密；

（12）在对外交往中损害国家荣誉和利益；

（13）参与或者支持色情、吸毒、赌博、迷信等活动；

（14）违反职业道德、社会公德和家庭美德；

（15）违反有关规定参与禁止的网络传播行为或者网络活动；

（16）违反有关规定从事或者参与营利性活动，在企业或者其他营利性组织中兼任职务；

（17）旷工或者因公外出、请假期满无正当理由逾期不归；

（18）违反纪律的其他行为。

2. 惩戒形式

公务员因违法违纪应当承担纪律责任的，依照《公务员法》给予处分或者由监察机关依法给予政务处分；违纪行为情节轻微，经批评教育后改正的，可以免予处分。

处分分为：警告、记过、记大过、降级、撤职、开除。

处分决定机关认为对公务员应当给予处分的，应当在规定的期限内，按照管理权限和规定的程序作出处分决定。处分决定应当以书面形式通知公务员本人。

公务员在受处分期间不得晋升职务和级别，其中受记过、记大过、降级、撤职处分的，不得晋升工资档次。受处分的期间为：警告，六个月；记过，十二个月；记大过，十八个月；降级、撤职，二十四个月。

受撤职处分的，按照规定降低级别。

公务员受开除以外的处分，在受处分期间有悔改表现，并且没有再发生违纪行为的，处分期满后，自动解除。解除处分后，晋升工资档次、级别和职务不再受原处分的影响。但是，解除降级、撤职处分的,不视为恢复原级别、原职务、原职级。

问题:某行政机关的财务处长因挪用公款,被单位撤职,后因表现好,被单位解除了撤职处分,他是否还是财务处长?

答案:不是,除非他再次被选任为财务处长。

(二)辞职、辞退

1. 辞职

公务员辞去公职,应当向任免机关提出书面申请。任免机关应当自接到申请之日起三十日内予以审批,其中对领导成员辞去公职的申请,应当自接到申请之日起九十日内予以审批。

公务员有下列情形之一的,不得辞去公职:

(1) 未满国家规定的最低服务年限的;

(2) 在涉及国家秘密等特殊职位任职或者离开上述职位不满国家规定的脱密期限的;

(3) 重要公务尚未处理完毕,且须由本人继续处理的;

(4) 正在接受审计、纪律审查、监察调查或者涉嫌犯罪,司法程序尚未终结的;

(5) 法律、行政法规规定的其他不得辞去公职的情形。

担任领导职务的公务员,因工作变动依照法律规定需要辞去现任职务的,应当履行辞职手续。担任领导职务的公务员,因个人或者其他原因,可以自愿提出辞去领导职务。

领导成员因工作严重失误、失职造成重大损失或者恶劣社会影响的,或者对重大事故负有领导责任的,应当引咎辞去领导职务。

领导成员或者因其他原因不再适合担任现任领导职务的,应当引咎辞职,本人不提出辞职的,应当责令其辞去领导职务。

2. 辞退

公务员有下列情形之一的,予以辞退:

(1) 在年度考核中,连续两年被确定为不称职的;

(2) 不胜任现职工作,又不接受其他安排的;

(3) 因所在机关调整、撤销、合并或者缩减编制员额需要调整工作,本人拒绝合理安排的;

(4) 不履行公务员义务,不遵守公务员纪律,经教育仍无转变,不适合继续在机关工作,又不宜给予开除处分的;

(5) 旷工或者因公外出、请假期满无正当理由逾期不归连续超过十五天,或者一年内累计超过三十天的。

但对有下列情形之一的公务员,不得辞退:

(1) 因公致残,被确认丧失或者部分丧失工作能力的;

(2) 患病或者负伤,在规定的医疗期内的;

(3) 女性公务员在孕期、产假、哺乳期内的;

(4) 法律、行政法规规定的其他不得辞退的情形。

辞退决定应当以书面形式通知被辞退的公务员,并应当告知辞退依据和理由。被辞退的公务员,可以领取辞退费或者根据国家有关规定享受失业保险。

公务员辞职或者被辞退,离职前应当办理公务交接手续,必要时按照规定接受审计。

(三)退休

国家公务员的退休分为应当退休和提前退休。

1. 应当退休

公务员达到国家规定的退休年龄或者完全丧失工作能力的，应当退休。

国家规定的退休年龄是男年满 60 周岁，女年满 55 周岁。如果公务员未达到国家规定的退休年龄的，但其已完全丧失工作能力的，应当退休。

问题：下列应当退休的人员有（　　）。
  A. 赵某，男，警察，45 周岁，因公致残，完全丧失工作能力
  B. 钱某，女，税务局办事员，年满 50 周岁，工作年限满 30 年
  C. 孙某，男，派出所民警，年满 60 周岁
  D. 李某，女，街道办事处主任，年满 55 周岁

答案：ACD

2. 提前退休

公务员符合下列条件之一的，本人自愿提出申请，经任免机关批准，可以提前退休：

（1）工作年限满三十年的；

（2）距国家规定的退休年龄不足五年，且工作年限满二十年的；

（3）符合国家规定的可以提前退休的其他情形的。

对于提前退休，一要符合条件；二要本人申请；三要任免机关批准。

第三节 行政行为

一、行政行为的概念和分类

（一）行政行为的概念

行政行为是指行政主体行使行政职权所作出的具有行政法律效果的行为。

例如：交通警察对违章车辆所作的罚款行为。

（二）行政行为的分类

行政行为包括抽象行政行为和具体行政行为。

（1）抽象行政行为。抽象行政行为是指国家行政机关针对不特定对象发布的能反复适用的行政规范性文件。

例如：国务院发布《中华人民共和国电信条例》的行为；北京市政府发布《北京市基本医疗保险规定》的行为等。

（2）具体行政行为。具体行政行为是指行政主体对特定人或特定事项作出的一次性处理。

例如：国家税务总局《车辆购置税征收管理办法》第十七条规定：车辆退回生产企业或经销商的，纳税人申请退税时，主管税务机关自纳税人办理纳税申报之日起，按已缴税款每满一年扣减 10% 计算退税额；未满一年的，按已交税款全额退税。如果李某买来一辆车，缴了全额车辆购置税，后因车有质量问题，将车退回生产厂商，税务机关按照《车辆购置税征收管理办法》的规定，扣除李某一部分税款。在这一案件中，税务机关扣除一部分税款的行为就是具体行政行为，而税务机关颁布办法的行为就是抽象行政行为。

问题： 下列属于抽象行政行为的是（ ）。
   A. 制定规章的行为
   B. 国务院总理视察某企业的行为
   C. 行政机关的乱罚款行为
   D. 某公司依照收费许可证实施的收费行为
答案： A

（三）具体行政行为

1. 具体行政行为的种类

具体行政行为为主要包括以下 10 种：

（1）行政处罚，例如：常见的违章停车处罚，违法在应急车道上行驶被罚款等。

（2）行政许可，例如：市场监督管理局给某公司颁发营业执照，许可其营业；司法局给某律师颁发律师执业许可证。

（3）行政强制措施，例如：行政拘留。

（4）行政复议，例如：对行政机关的罚款决定不服，向上一级行政机关申请复议。

（5）行政征收，例如：水资源费的征收，排污费的征收。

（6）行政征用，例如：对农房的征用。

（7）行政给付，例如：依法发放抚恤金、最低生活保障金等。

（8）行政奖励，例如：给予科学家国家科学技术奖励。

（9）行政裁决，例如：县政府解决甲乙双方土地使用权归属纠纷的行为。

（10）行政确认，例如：颁发居民身份证，颁发学历和学位证，工伤认定等。

2. 具体行政行为的构成要件

（1）行为的主体合法，作出具体行政行为的主体是行政主体。

（2）行为必须在行政机关的权限内，不能超越权限。

（3）行为的内容合法，事实清楚，证据确凿，适用法律正确，符合行政法基本原则。

（4）行为符合法定程序，具体行政行为的作出要符合法律规定的时间和步骤。

例如：在行政处罚时，要听取当事人的申辩，如果没有听取当事人的申辩，就直接作出了处罚决定，该行政处罚行为就违反了法定程序。2019 年 9 月，有人举报孙某有嫖娼行为，公安机关审查后发现，孙某的嫖娼行为发生在 2015 年 1 月，随后作出罚款 1000 元的处罚决定。孙某的违法行为已过行政处罚追诉时效，就不应该对其进行处罚。该处罚行为就是违法行为而不是行政行为。

（5）行为符合法定形式。

例如：对公民的行政许可申请，是否许可，行政机关应该作出书面决定，这里，书面决定就是法定形式。

问题： 行政行为的合法要件有（ ）。
   A. 行为主体合法 B. 行为权限合法 C. 行为内容合法 D. 行为形式合法
答案： ABCD

二、行政行为的内容

行政行为的内容是指行政行为作用于相对一方当事人时，所产生的法律效果。

行政行为的内容主要有以下6方面：

（1）设定权利和义务。设定权利是行政机关依法赋予相对一方当事人某种权利和利益，例如：授予公民专利权，依法赋予群众组织在一定范围内的维持社会治安权。设定义务是行政机关要求公民为一定行为或不为一定行为的义务，例如：拆除违章建筑的命令，将某水域划为禁渔区，禁止捕捞的禁令。

（2）撤销权利和免除义务，例如：禁止携带枪支，免税。

（3）赋予能力和剥夺能力，例如：许可生产烟花爆竹，办私人幼儿园。

（4）变更法律地位，例如：行政单位变为事业单位。

（5）确认法律地位，例如：确认某建筑是合法建筑。

（6）赋予特定物以法律性质，例如：对某建筑赋予文物保护单位性质。

三、行政行为的效力

行政行为的效力是指行政行为生效后对行政法律关系的当事人权利义务所发生的影响。主要有以下3种：

（1）行政行为具有确定力。行政行为的确定力指行政行为作出后，不能随意改变和撤销。

例如：市场监督管理局颁发给某公司的营业执照，该营业执照就不能随便变更和撤销。

（2）行政行为具有拘束力。行政行为的拘束力指行政行为作出后，对行政机构和行政相对人都有拘束力。

例如：某公司被市场监督管理局吊销了营业执照，公司就不能再经营。

（3）行政行为具有执行力。行政行为的执行力指行政行为作出后，行政机构可采用一定的手段保证该行政行为的有效实施。行政行为作出后，相对人一方必须遵守，如果不遵守，有行政强制权的机构就可以强制执行，没有行政强制权的行政机关就可以申请人民法院给予强制执行。

例如：市场监督管理局对查处的假冒伪劣产品可以销毁；出入境检验检疫机构可以查封、扣押违禁商品等。

第四节　行政责任和行政赔偿

一、行政责任

（一）行政责任概述

行政责任是指行政法律关系主体违反行政法律规范或不履行行政法律义务应承担的行政法律后果。

行政责任具有以下特征：

（1）行政责任的承担主体包括行政主体和行政相对人。行政主体是实施行政活动的主体，是享有国家行政权力，能以自己的名义从事行政管理活动并独立承担法律责任的组织。行政相对人可能是公民、法人或其他社会组织。

例如：市场监督管理局给企业颁发营业执照，则市场监督管理局就是行政主体，企业就是行政相对人。

(2) 行政责任产生的前提是行政主体和行政相对人之间存在着行政法律关系。

(3) 行政责任产生的根据是行政主体或行政相对人违反了行政法律规范或不履行其行政法律义务。

(二) 承担行政责任的方式

行政责任承担方式按承担的主体不同可分为行政主体承担的行政责任、公务员承担的行政责任和行政相对方承担的行政责任。

(1) 行政主体承担行政责任的具体方式：通报批评；赔礼道歉，承认错误；恢复名誉，消除影响；返还权益，恢复原状；停止违法行为；继续履行职责；撤销违法的行政行为；纠正不当的行政行为；行政赔偿等。

(2) 公务员承担行政责任的具体方式：通报批评；赔偿损失；行政处分等。

(3) 行政相对方承担行政责任的具体方式：承认错误，赔礼道歉；接受行政处罚；继续履行法定义务；恢复原状，返还财产；赔偿损失；仅对外国人适用的限期离境、驱逐出境、禁止入境。

二、行政赔偿

行政赔偿，是行政主体及其行政工作人员违法行使职权侵犯公民、法人和其他组织的合法权益并造成损害的，由国家给予赔偿的法律制度。

(一) 赔偿范围

(1) 行政机关及其工作人员在行使行政职权时有下列侵犯人身权情形之一的，受害人有取得赔偿的权利：

1) 违法拘留或者违法采取限制公民人身自由的行政强制措施的；

2) 非法拘禁或者以其他方法非法剥夺公民人身自由的；

3) 以殴打、虐待等行为或者唆使、放纵他人以殴打、虐待等暴力行为造成公民身体伤害或者死亡的；

4) 违法使用武器、警械造成公民身体伤害或者死亡的；

5) 造成公民身体伤害或者死亡的其他违法行为。

(2) 行政机关及其工作人员在行使行政职权时有下列侵犯财产权情形之一的，受害人有取得赔偿的权利：

1) 违法实施罚款、吊销许可证和执照、责令停产停业、没收财物等行政处罚的；

2) 违法对财产采取查封、扣押、冻结等行政强制措施的；

3) 违法征收、征用财产的；

4) 造成财产损害的其他违法行为。

(3) 属于下列情形之一的，国家不承担赔偿责任：

1) 行政机关工作人员与行使职权无关的个人行为；

问题：税务局工作人员甲下班路上开车撞伤了路人乙，乙要求赔偿损失 1 万元，该损失由谁赔偿？

答案：由甲赔偿。因为甲是在下班路上撞伤了人，不是在执行职务时撞伤人，甲撞伤人的行为与其职权无关，因此税务机关不承担责任，该责任应由甲自己承担。

2) 因公民、法人和其他组织自己的行为致使损害发生的；

例如：派出所民警小王在执勤时发现小李在自行车棚里鬼鬼祟祟，东摸西摸的，就走过去盘问，小李见警察来了，掉头就跑，一不小心，从台阶上摔下去，扭伤了脚踝，花费医药费500元，该500元损失国家不承担，由小李自己承担。

3）法律规定的其他情形。

（二）赔偿请求人和赔偿义务机关

1. 赔偿请求人

受害的公民、法人或者其他组织是赔偿请求人，有权要求赔偿。受害的公民死亡，其继承人和其他有扶养关系的亲属有权要求赔偿。

问题： 李某和赵某在街头打架，被民警王某发现，王某将两人带到派出所，因为李某态度不好，被王某殴打致死。李某有父母，有一个弟弟由李某扶养。请问：谁是赔偿请求人？

答案： 李某的父母和弟弟。李某的父母是其继承人，李某的弟弟是其所扶养的人，都有权要求赔偿。

注意： 如果受害的公民死亡，有权要求赔偿的不是近亲属，而是其继承人和其他有扶养关系的亲属。

受害的法人或者其他组织终止，其权利承受人有权要求赔偿。

2. 赔偿义务机关

行政机关及其工作人员行使行政职权侵犯公民、法人和其他组织的合法权益造成损害的，该行政机关为赔偿义务机关，即"谁侵权，谁赔偿"原则。

问题： 张某拒不履行县人民政府强制拆除其房屋的决定，县人民政府遂申请人民法院强制执行，后拆除房屋的决定被认定违法。下列有关赔偿义务机关的说法正确的是（　　）。

A. 应当由县人民政府进行行政赔偿
B. 应当由人民法院进行司法赔偿
C. 应当由人民法院执行人员负责赔偿
D. 应当由孙某负责赔偿

答案： A

两个以上行政机关共同行使行政职权时侵犯公民、法人和其他组织的合法权益造成损害的，共同行使行政职权的行政机关为共同赔偿义务机关。

法律、法规授权的组织在行使授予的行政权力时侵犯公民、法人和其他组织的合法权益造成损害的，被授权的组织为赔偿义务机关。

受行政机关委托的组织或者个人在行使受委托的行政权力时侵犯公民、法人和其他组织的合法权益造成损害的，委托的行政机关为赔偿义务机关。

赔偿义务机关被撤销的，继续行使其职权的行政机关为赔偿义务机关；没有继续行使其职权的行政机关的，撤销该赔偿义务机关的行政机关为赔偿义务机关。

经复议机关复议的，最初造成侵权行为的行政机关为赔偿义务机关，但复议机关的复议决定加重损害的，复议机关对加重的部分履行赔偿义务。

问题： 某县公安机关对张某作出拘留10天的决定，张某不服向市公安机关申请复议，市公安机关作出拘留15天的复议决定。拘留执行完毕后，张某向法院提起行政诉讼，要求撤销复议决定。法院最终作出了撤销复议决定的判决，如张某要求赔偿，则哪个机关是赔偿义务机关？

答案：县公安机关对10天拘留承担赔偿义务，市公安机关对5天拘留承担赔偿义务。

（三）行政赔偿程序

1. 申请

赔偿请求人要求赔偿应当先向赔偿义务机关提出，也可以在申请行政复议和提起行政诉讼时一并提出。

赔偿请求人可以向共同赔偿义务机关中的任何一个赔偿义务机关要求赔偿，该赔偿义务机关应当先予赔偿。

例如：市环保局和市水利局联合对某造纸厂进行检查，认为其废水排出口建在河流上游，排出的废水污染了河流，对其作出了责令停产停业的处罚决定。后市政府撤销了这一处罚决定，并给予造纸厂赔偿。如果造纸厂只向市环保局提出要求赔偿，环保局就应该给予赔偿。

赔偿请求人根据受到的不同损害，可以同时提出数项赔偿要求。

要求赔偿应当递交申请书，申请书应当载明下列事项：

（1）受害人的姓名、性别、年龄、工作单位和住所，法人或者其他组织的名称、住所和法定代表人或者主要负责人的姓名、职务；

（2）具体的要求、事实根据和理由；

（3）申请的年、月、日。

赔偿请求人书写申请书确有困难的，可以委托他人代书；也可以口头申请，由赔偿义务机关记入笔录。

2. 赔偿

赔偿义务机关应当自收到申请之日起两个月内，作出是否赔偿的决定。赔偿义务机关在规定期限内未作出是否赔偿的决定，赔偿请求人可以自期限届满之日起三个月内，向人民法院提起诉讼。

赔偿请求人对赔偿的方式、项目、数额有异议的，或者赔偿义务机关作出不予赔偿决定的，赔偿请求人可以自赔偿义务机关作出赔偿或者不予赔偿决定之日起三个月内，向人民法院提起诉讼。

3. 赔偿方式

行政赔偿以支付赔偿金为主要方式。

如果能够返还财产或者恢复原状的，应当予以返还财产或者恢复原状。

4. 请求赔偿的时效

赔偿请求人请求行政赔偿的时效为两年，自国家机关及其工作人员行使职权时的行为被依法确认为违法之日起计算，但被羁押等限制人身自由期间不计算在内。

赔偿请求人在赔偿请求时效的最后六个月内，因不可抗力或者其他障碍不能行使请求权的，时效中止。从中止时效的原因消除之日起，赔偿请求时效期间继续计算。

5. 行政追偿

赔偿义务机关赔偿损失后，应当责令有故意或者重大过失的工作人员或者受委托的组织或者个人承担部分或者全部赔偿费用。

6. 对责任人的处理

对有故意或者重大过失的责任人员，有关机关应当依法给予行政处分；构成犯罪的，应当依法追究刑事责任。

第五节　行政法规选介

一、行政许可法

（一）行政许可

1. 行政许可的定义

行政许可是指行政机关根据公民、法人或者其他组织的申请，经依法审查，准予其从事某项特定活动的行为。

例如：《中华人民共和国食品卫生法》规定：食品生产经营企业和食品摊贩，必须先取得卫生行政部门颁发的卫生许可证方可向市场监督管理部门申请登记。未取得卫生许可证的，不得从事食品生产经营活动。还有市场监督管理局颁发企业营业执照；专利局颁发专利权证书；商标局颁发商标权证书等都属于行政许可。

2. 行政许可的特征

（1）法律规定需要许可的事项才能设定行政许可。哪些事项需要设定许可是由法律规定的，法律没有规定的不能创设许可，即没有法律、行政法规等立法文件的规定，行政机关不能私自设定行政许可。

（2）行政许可属应申请的行政行为。公民、法人或者其他组织要从事某项特定活动，需要主动向相关行政机构申请，才能取得行政许可，行政机关不会主动给予行政许可。

例如：公司要从事营利性活动，就需要向市场监督管理局申请营业执照，市场监督管理局应申请颁发营业执照，给予许可。

（3）行政许可属要式行政行为。行政许可要符合法律规定的形式。一般情况下，行政许可应以书面形式作出，即使是当场作出的也应当是书面形式。

（二）行政许可的设定

1. 设定权限

《中华人民共和国行政许可法》（简称《行政许可法》）规定了行政许可设定权的分配：法律可以设定行政许可；尚未制定法律的，行政法规可以设定行政许可；尚未制定法律、行政法规的；地方性法规可以设定行政许可；省、自治区，直辖市人民政府规章可以设定临时性的行政许可；其他规范性文件一律不得设定行政许可。

例如：法律可以设定行政拘留，而行政法规不可以。

2. 设定程序

拟设定行政许可的，起草单位应当采取听证会、论证会等形式听取意见，并向制定机关说明设定该行政许可的必要性、对经济和社会可能产生的影响以及听取和采纳意见的情况。

3. 行政许可事项

《行政许可法》规定，下列事项可以设定行政许可：

（1）直接涉及国家安全、公共安全、经济宏观调控、生态环境保护以及直接关系人身健康、生命财产安全等特定活动，需要按照法定条件予以批准的事项；

例如：集会游行示威许可、危险物品生产运输许可、金融业务经营许可、排污许可等。

（2）有限自然资源开发利用，公共资源配置以及直接关系公共利益的特定行业的市场准入等，需要赋予权利的事项；

  例如：海域使用许可、出租车经营许可。
  （3）提供公众服务并且直接关系公共利益的职业、行业，需要确定具备特殊信誉、特殊条件或者特殊技能等资格、资质的事项；
  例如：法律职业资格、注册会计师资格。
  （4）企业或其他组织的设立等，需要确定主体资格的事项；
  例如：公司登记、事业单位登记、社会团体登记。
  （5）直接关系公共安全、人身健康、生命财产安全的重要设备、设施、产品、物品，需要按照技术标准、技术规范，通过检验、检测、检疫等方式进行审定的事项；
  （6）法律、行政法规规定可以设定行政许可的其他事项。

不需要设定行政许可的有以下情况：
  （1）公民、法人或者其他组织能够自主决定的；
  （2）市场竞争机制能够有效地调节的；
  （3）行业组织或中介机构能够自律管理的；
  （4）行政机关采用事后监督等其他行政管理方式能够解决的。

已设定的行政许可依法也可以停止实施。例如：省、自治区、直辖市人民政府对行政法规设定的有关经济事务的行政许可，事先经国务院批准，可以在本区域内停止实施该行政许可。

（三）行政许可实施机关

行政许可实施机关共有三类机关：行政机关；法律、法规授权组织；受委托行政机关。

1. 行政机关

行政机关是许可实施主要机关，行政许可由具有行政许可权的行政机关在其法定职权范围内实施。

2. 法律、法规授权组织

法律、法规授权的具有管理公共事务职能的组织，在法定授权范围内，可以以自己的名义实施行政许可。

例如：注册会计师协会组织注册会计师考试并颁发证书，该行为就属于授权实施。

3. 受委托行政机关

行政机关在其法定职权范围内，依照法律、法规、规章的规定，可以委托其他行政机关实施行政许可。

委托机关应当将受委托行政机关和受委托实施行政许可的内容予以公告。委托行政机关对受委托行政机关实施行政许可的行为应当负责监督，并对该行为的后果承担法律责任。

受委托行政机关在委托范围内，以委托行政机关名义实施行政许可；不得再委托其他组织或者个人实施行政许可。

例如：北京市公安局委托其下属的公安分局代为受理公民办理出入境通行证的申请材料。

（四）行政许可实施的一般程序

1. 申请

公民、法人或者其他组织从事特定活动，依法需要取得行政许可的，应当向行政机关提出申请。

申请书需要采用格式文本的，行政机关应当向申请人提供行政许可申请书格式文本，并且不得收费。

申请人可以委托代理人提出行政许可申请。但是，依法应当由申请人到行政机关办公场所提出行政许可申请的除外。行政许可申请也可以通过信函、电报、电传、传真、电子数据交换和电子邮件等方式提出。

申请人申请行政许可，应当如实向行政机关提交有关材料和反映真实情况，并对其申请材料实质内容的真实性负责。行政机关不得要求申请人提交与其申请的行政许可事项无关的技术资料和其他材料。

2. 受理

行政机关对申请人提出的行政许可申请，应当根据下列情况分别作出处理：

（1）申请事项依法不需要取得行政许可的，应当及时告知申请人不受理；

（2）申请事项依法不属于本行政机关职权范围的，应当即时作出不予受理的决定，并告知申请人向有关行政机关申请；

（3）申请材料存在可以当场更正的错误的，应当允许申请人当场更正；

（4）申请材料不齐全或者不符合法定形式的，应当当场或者在五日内一次告知申请人需要补正的全部内容，逾期不告知的，自收到申请材料之日起即为受理；

（5）申请事项属于本行政机关职权范围，申请材料齐全、符合法定形式，或者申请人按照本行政机关的要求提交全部补正申请材料的，应当受理行政许可申请。

行政机关受理或者不予受理行政许可申请，应当出具加盖本行政机关专用印章和注明日期的书面凭证。

3. 审查与决定

行政机关应当对申请人提交的申请材料进行审查。申请人的申请符合法定条件、标准的，行政机关应当依法作出准予行政许可的书面决定。

行政机关审查后作出的决定有以下几种：

（1）当场作出行政许可。决定申请人提交的申请材料齐全、符合法定形式，行政机关能够当场作出决定的，应当当场作出书面的行政许可决定。

（2）法定期限内作出行政决定。行政机关对行政许可申请进行审查后，除当场作出行政许可决定的外，应当在法定期限内按照规定程序作出行政许可决定。

（3）作出不予许可决定。行政机关依法作出不予行政许可的书面决定的，应当说明理由，并告知申请人享有依法申请行政复议或者提起行政诉讼的权利。

行政机关作出准予行政许可的决定，需要颁发行政许可证件的，应当向申请人颁发加盖本行政机关印章的行政许可证件，例如：许可证、执照、资格证、资质证、法律、行政机关的批准文件或者证明文件、法规规定的其他行政许可证件等。

4. 作出行政许可的期限

除可以当场作出行政许可决定的外，行政机关应当自受理行政许可申请之日起二十日内作出行政许可决定。二十日内不能作出决定的，经本行政机关负责人批准，可以延长十日，并应当将延长期限的理由告知申请人。但是，法律、法规另有规定的，依照其规定。

也就是说，正常情况下有三种期限：第一种是当场作出；第二种是受理申请之日起二十日内；第三种是三十日内。

行政许可采取统一办理或者联合办理、集中办理的，办理的时间不得超过四十五日；四十五日内不能办结的,经本级人民政府负责人批准,可以延长十五日,并应当将延长期限的理由告知申请人。

依法应当先经下级行政机关审查后报上级行政机关决定的行政许可,下级行政机关应当自其受理行政许可申请之日起二十日内审查完毕。但是,法律、法规另有规定的,依照其规定。

行政机关作出行政许可决定,依法需要听证、招标、拍卖、检验、检测、检疫、鉴定和专家评审的,所需时间不计算在上述规定的期限内。行政机关应当将所需时间书面告知申请人。

(五)行政许可实施的听证程序

听证程序是指在行政机关作出行政许可之前对一些重大事项或法律、法规、规章规定实施行政许可应当听证的事项,听取相关人员的申辩、质证并据以作出行政许可决定的程序。

例如:公共汽车票价是否上调、水费是否上调的许可听证。

1. 听证程序的启动

该程序的启动有两种:一种是行政机关主动作出听证决定;另一种是应申请人的申请进行听证。申请人、利害关系人提出听证申请的,行政机关应当在二十日内组织听证。申请人、利害关系人不承担行政机关组织听证的费用。

2. 听证程序

听证按照下列程序进行:

(1)通知、公告:行政机关应当于举行听证的七日前将举行听证的时间、地点通知申请人、利害关系人,必要时予以公告。

(2)指定听证主持人:行政机关应当指定审查该行政许可申请的工作人员以外的人员为听证主持人,申请人、利害关系人认为主持人与该行政许可事项有直接利害关系的,有权申请回避。

(3)申辩和质证:举行听证时,审查该行政许可申请的工作人员应当提供审查意见的证据、理由,申请人、利害关系人可以提出证据,并进行申辩和质证;听证应当公开举行。

(4)作出决定。行政机关应当根据听证笔录,作出行政许可决定。

听证应当制作笔录,听证笔录应当交听证参加人确认无误后签字或者盖章。

问题:李某向卫生局申请在小区设立个体诊所,卫生局受理了李某的申请,但小区居民王某等人提出,诊所的医疗垃圾会造成小区环境污染,不同意李某在小区设立个体诊所。下列表述符合法律规定的是(   )。

　　A. 李某可以口头向卫生局申请设立个体诊所
　　B. 卫生局可以口头告知李某其申请是否受理
　　C. 如果王某等小区居民提出听证要求,则组织听证费用应由王某等人承担
　　D. 如果卫生局拒绝李某的申请,则应作出书面决定告知李某

答案:D

二、行政处罚法

(一)行政处罚的定义

行政处罚是指行政机关依照法律、法规或者规章规定对公民、法人或者其他组织违反行政管理秩序的行为,给予行政制裁。

问题:《中华人民共和国治安管理处罚条例》属于(   )。

A. 行政法律　　　B. 行政法规　　　C. 行政规章　　　D. 其他行政规范性文件

答案：A

（二）行政处罚的种类和设定

1. 行政处罚的种类

行政处罚的种类包括：警告、通报批评、罚款、没收违法所得、没收非法财物；限制开展生产经营活动、责令停产停业、责令关闭、限制从业；暂扣或者吊销许可证、暂扣或者吊销执照；行政拘留；法律、行政法规规定的其他行政处罚。

2. 行政处罚的设定

（1）法律可以设定各种行政处罚。限制人身自由的行政处罚，只能由法律设定。

（2）行政法规可以设定除限制人身自由以外的行政处罚。法律对违法行为已经作出行政处罚规定，行政法规需要作出具体规定的，必须在法律规定的给予行政处罚的行为、种类和幅度的范围内规定。

（3）地方性法规可以设定除限制人身自由、吊销企业营业执照以外的行政处罚。法律、行政法规对违法行为已经作出行政处罚规定，地方性法规需要作出具体规定的，必须在法律、行政法规规定的给予行政处罚的行为、种类和幅度的范围内规定。

（4）国务院部门制定的规章可以在法律、行政法规规定的给予行政处罚的行为、种类和幅度的范围内作出具体规定。

（5）省、自治区、直辖市人民政府和省、自治区人民政府所在地的市人民政府以及经国务院批准的较大的市人民政府制定的规章可以在法律、法规规定的给予行政处罚的行为、种类和幅度的范围内作出具体规定。

除法律、行政法规、地方性法规和规章外，其他规范性文件不得设定行政处罚。

（三）行政处罚的实施机关

（1）行政处罚由具有行政处罚权的行政机关在法定职权范围内实施。

例如：行政拘留由公安机关行使，税务局、市场监督管理局就不能给予行政拘留的处罚。

（2）法律、法规授权的具有管理公共事务职能的组织可以在法定授权范围内实施行政处罚。

（3）行政机关依照法律、法规、规章的规定，可以在其法定权限内书面委托符合《中华人民共和国行政处罚法》（简称《行政处罚法》）规定条件的组织实施行政处罚。

但是，受委托组织必须符合以下条件：

1）依法成立管理公共事务职能；

2）有熟悉有关法律、法规、规章和业务并取得行政执法资格的工作人员；

3）需要进行技术检查或者技术鉴定的，应当有条件组织进行相应的技术检查或者技术鉴定。

行政机关不得委托其他组织或者个人实施行政处罚。

例如：有些城市将车辆违章停车处罚权委托给个人，或者是路边的餐馆，这都是违法的。

委托行政机关对受委托的组织实施行政处罚的行为应当负责监督，并对该行为的后果承担法律责任。

受委托组织在委托范围内，以委托行政机关名义实施行政处罚；不得再委托其他任何组织或者个人实施行政处罚。

（四）行政处罚的管辖和适用

1. 行政处罚的管辖

行政处罚由违法行为发生地县级以上地方人民政府具有行政处罚权的行政机关管辖。法律、行政法规另有规定的除外。

对管辖发生争议的，应当协商解决，协商不成的，报请共同的上一级行政机关指定管辖。

违法行为涉嫌犯罪的，行政机关应当及时将案件移送司法机关，依法追究刑事责任。

问题：小王家住北京朝阳区，在海淀区中关村开了一家专卖音像制品的店。一次，市场监督管理局在对其进行检查时，发现店里有盗版光盘，应该由哪个机构对其进行处罚？如何处罚？

答案：应由海淀区市场监督管理局对其进行处罚，可以对其进行罚款，没收违法所得，没收盗版光盘；如果发现盗版光盘数量很多，可能构成犯罪，就应将案件移送给中关村派出所，由派出所进行侦查，最后作出决定。

2. 行政处罚的适用

（1）行政机关实施行政处罚时，应当责令当事人改正或者限期改正违法行为。

（2）行政机关实施行政处罚时，应遵循"一事不再罚"原则。即对当事人的同一个违法行为，不得给予两次以上相同的行政处罚。

例如：某餐馆的食品卫生不过关，发生了顾客中毒事故，卫生局对其作出停产停业，罚款1万元的处罚决定。后市场监督管理局又对其作出罚款1万元的处罚决定。市场监督管理局的处罚决定就违反了以上的规定，属于违法行为。但是如果市场监督管理局作出吊销营业执照的行政处罚是可以的，不违反"一事不再罚"原则。

（3）以下三种情况不予处罚：

1）不满十四周岁的人有违法行为的，不予行政处罚，责令监护人加以管教；

2）精神病人在不能辨认或者不能控制自己行为时有违法行为的，不予行政处罚，但应当责令其监护人严加看管和治疗；

3）违法行为轻微并及时纠正，没有造成危害后果的，不予行政处罚。

（4）从轻或者减轻行政处罚的情况。当事人有下列情形之一的，应当依法从轻或者减轻行政处罚：

1）主动消除或者减轻违法行为危害后果的；

2）受他人胁迫或者诱骗实施违法行为的；

3）配合行政机关查处违法行为有立功表现的；

4）法律、法规、规章规定其他应当从轻或者减轻行政处罚的；

5）已满十四周岁不满十八周岁的人有违法行为的，从轻或者减轻行政处罚。

3. 行政处罚与刑事责任

违法行为构成犯罪，人民法院判处拘役或者有期徒刑时，行政机关已经给予当事人行政拘留的，应当依法折抵相应刑期。

违法行为构成犯罪，人民法院判处罚金时，行政机关已经给予当事人罚款的，应当折抵相应罚金。

问题：某企业非法印制注册商标标识被市场监督管理局发现，没收了非法所得和作案工具，并处1万元的罚款，后该案又被移送司法机关追究刑事责任，被人民法院判处罚金5万元。

对该处罚和罚金应该如何执行？

答案：没收的行政处罚仍然保持法律效力，行政处罚的罚款折抵罚金，该企业需要再缴纳4万元。

4. 行政处罚的追诉时效

行政处罚的追诉时效一般为二年，违法行为在两年内未被发现的，不再给予行政处罚。但治安管理处罚的追诉时效是六个月，税收行政处罚的追诉时效是五年。

追诉时效从违法行为发生之日起计算；违法行为有连续或者继续状态的，从行为终了之日起计算。

问题：小王在2008年开始销售少量盗版光盘，到2010年被发现时，期间一直断断续续在销售盗版光盘。对小王的行政处罚追诉时效从何时开始计算？

答案：从2010年开始计算。

（五）行政处罚的程序

1. 告知

行政机关在作出行政处罚决定之前，应当告知当事人拟作出的行政处罚内容及事实、理由、依据，并告知当事人依法享有的陈述、申辩、要求听证等权利。

例如：违法停车告知单。当公民违反交通管理法的规定，违法停车时，通常会在车左前门玻璃明显处看到贴有一张违法停车告知单。告知单告知公民在何时何地违反了《中华人民共和国道路交通安全法》第五十六条和《北京市实施〈中华人民公共和国道路交通安全法〉办法》第四十九条的规定，以及应去何机关接受处理。违法停车告知单上有告知人姓名及执法单位盖章。

行政机关及其执法人员在作出行政处罚决定之前，不依照行政处罚法的规定向当事人告知给予行政处罚的事实、理由和依据，行政处罚决定不能成立。

2. 陈述与申辩

当事人有权进行陈述和申辩。行政机关必须充分听取当事人的意见，对当事人提出的事实、理由和证据，应当进行复核；当事人提出的事实、理由或者证据成立的，行政机关应当采纳。

行政机关不得因当事人申辩而加重处罚，或者拒绝听取当事人的陈述、申辩，不得作出行政处罚决定；当事人放弃陈述或者申辩权利的除外。

3. 处罚程序

（1）简易程序。简易程序是指违法事实确凿并有法定依据，对公民处以二百元以下、对法人或者其他组织处以三千元以下罚款或者警告的行政处罚的，可以当场作出行政处罚决定。

问题：行政处罚简易程序的适用条件包括（　　）。

　　A. 违法事实确凿　　　　　　B. 有法定依据
　　C. 对公民处以二百元以下罚款　D. 对法人处以三千元以下罚款或警告

答案：ABD

执法人员当场作出行政处罚决定的，应当向当事人出示执法身份证件，填写预定格式、编有号码的行政处罚决定书。

例如：有时会见到一些餐馆的门口立一块牌子，上边写着"此处不许停车，违者罚款"，有些地方还出现戴红袖套的人对吐痰的行人罚款。如果遇到类似情况，先不要着急，一定要确认其身份，是否有有效的执法身份证件，并且要有行政处罚决定书。

行政处罚决定书应当场交付当事人。行政处罚决定书应当载明当事人的违法行为，行政处罚依据、罚款数额、时间、地点，申请行政复议、提起行政诉讼的途径和期限以及行政机关名称，并由执法人员签名或者盖章。

当事人对当场作出的行政处罚决定不服的，可以依法申请行政复议或者提起行政诉讼。

（2）一般程序。一般程序是指行政机关发现公民、法人或者其他组织有依法应当给予行政处罚的行为的，但不能当场作出行政处罚的，行政机关应当依法调查，在认真调查，事实和证据清楚的情况下作出处罚决定。

调查终结，行政机关负责人应当对调查结果进行审查，根据不同情况，作出的处罚决定分别为：

1）确有应受行政处罚的违法行为的，根据情节轻重及具体情况，作出行政处罚决定；
2）违法行为轻微，依法可以不予行政处罚的，不予行政处罚；
3）违法事实不能成立的，不予行政处罚；
4）违法行为已构成犯罪的，移送司法机关。

行政机关依照一般程序的规定给予行政处罚，也应当制作行政处罚决定书。行政处罚决定书应当载明下列事项：

1）当事人的姓名或者名称、地址；
2）违反法律、法规、规章的事实和证据；
3）行政处罚的种类和依据；
4）行政处罚的履行方式和期限；
5）申请行政复议、提起行政诉讼的途径和期限；
6）作出行政处罚决定的行政机关名称和作出决定的日期。

行政处罚决定书必须盖有作出行政处罚决定的行政机关的印章。

公安行政处罚决定书如图3-1所示。

公安行政处罚决定书

_____公（_____）决字[____]第__号

被处罚人_____

现查明_____

以上事实有_____等证据证实。

根据_____

现决定_____

被处罚人如不服本决定，可以在收到本决定书之日起六十日内向____申请行政复议或者在三个月内依法向____人民法院提起行政诉讼。

附：____清单共____份。

____年__月__日

（公安机关印章）

图3-1 公安行政处罚决定书

行政处罚决定书应当在宣告后当场交付当事人；当事人不在场的，行政机关应当在七日内依照《中华人民共和国民事诉讼法》(简称《民事诉讼法》)的有关规定，将行政处罚决定书送达当事人。

（3）听证程序。在行政机关作出行政处罚决定前，如涉及责令停产停业、吊销许可证或者执照、较大数额罚款等行政处罚，应当告知当事人有要求举行听证的权利。

问题：按照《行政处罚法》的规定，下列能够适用听证程序的有（　　）。

A. 行政拘留　　　　　　　B. 吊销个体户营业执照
C. 吊销企业营业执照　　　D. 责令停产停业

答案：BCD

行政处罚的听证程序和行政许可的听证程序在启动形式上不同。行政处罚的听证是被处罚人的权利，当事人可以要求行政机关进行听证，也可以不要求听证；行政机关是否听证完全取决于当事人的要求。

例如：菜农甲每天早上驾驶面包车从批发市场运菜到农贸市场，途经一路口，该路口按规定不允许左拐。甲虽然知道该规定，但因为在此路口左拐很方便，他认为早上路上行人很少，也没人注意，就左拐了。几次之后，什么事也没发生，他就继续每天早上从此路口左拐，直到面包车年检时他才发现，其应缴罚款1万多元。对此罚款属于较大数额罚款，菜农甲就可以要求公安机关在作出行政处罚决定前，举行听证，而且举行听证的费用由公安机关负担。

行政处罚的听证应当依照以下程序组织：

1）当事人要求听证的，应当在行政机关告知后五日内提出；

2）行政机关应当在听证的七日前，通知当事人举行听证的时间、地点；

3）除涉及国家秘密、商业秘密或者个人隐私外，听证公开举行；

4）听证由行政机关指定的非本案调查人员主持；当事人认为主持人与本案有直接利害关系的，有权申请回避；

5）当事人可以亲自参加听证，也可以委托一至二人代理；

6）举行听证时，调查人员提出当事人违法的事实、证据和行政处罚建议；当事人进行申辩和质证；

7）听证应当制作笔录；笔录应当交当事人审核无误后签字或者盖章；当事人或者其代理人拒绝签字或者盖章的，由听证主持人在笔录中注明。

（六）行政处罚的执行

1. 罚款

如果行政处罚是罚款，对其执行以下两种收缴罚款方式：

（1）有下列情形之一的，执法人员可以当场收缴罚款：

1）依法给予一百元以下的罚款的；

2）不当场收缴事后难以执行的。

在边远、水上、交通不便地区，行政机关及其执法人员依法作出罚款决定后，当事人向指定的银行或者通过电子支付系统缴纳罚款确有困难，经当事人提出，行政机关及其执法人员可以当场收缴罚款。

行政机关及其执法人员当场收缴罚款的，必须向当事人出具国务院财政部门或者省、自治区、直辖市人民政府财政部门统一制发的专用票据；不出具财政部门统一制发的专用票据的，当事人有权拒绝缴纳罚款。

执法人员当场收缴的罚款,应当自收缴罚款之日起二日内,交至行政机关;在水上当场收缴的罚款,应当自抵岸之日起二日内交至行政机关;行政机关应当在二日内将罚款缴付指定的银行。

(2)不能当场收缴的罚款,作出罚款决定的行政机关应当与收缴罚款的机构分离。也就是说,作出行政处罚决定的行政机关及其执法人员不得自行收缴罚款。

当事人应当自收到行政处罚决定书之日起十五日内,到指定的银行缴纳罚款。银行应当收受罚款,并将罚款直接上缴国库。

2. 其他行政处罚

除罚款外,其他行政处罚决定依法作出后,当事人应当在行政处罚决定的期限内,予以履行。

当事人对行政处罚决定不服,申请行政复议或者提起行政诉讼的,行政处罚不停止执行,法律另有规定的除外。

3. 逾期不履行

当事人逾期不履行行政处罚决定的,作出行政处罚决定的行政机关可以采取下列措施:

(1)到期不缴纳罚款的,每日按罚款数额的百分之三加处罚款,加处罚款的数额不得超出罚款的数额;

(2)根据法律规定,将查封、扣押的财物拍卖、依法处理或者将冻结的存款划拨抵缴罚款;

(3)依照《中华人民共和国行政强制法》的规定申请人民法院强制执行;

(4)根据法律规定,采取其他行政强制执行方式。

当事人确有经济困难,需要延期或者分期缴纳罚款的,经当事人申请和行政机关批准,可以暂缓或者分期缴纳。

三、行政复议法

(一)行政复议概念

行政复议是指公民、法人或者其他组织认为具体行政行为侵犯其合法权益,向行政机关提出行政复议申请,由行政机关对行政复议申请进行审查、作出行政复议决定的活动。

行政复议是对行政相对人的一种救济制度,属于行政司法行为。公民、法人或者其他组织对行政机关的具体行政行为不服,可以采取两种救济方式:行政复议和行政诉讼。但并不是所有的行政行为都可以提起行政复议或行政诉讼,行政复议和行政诉讼都是有范围的。

(二)行政复议范围

行政复议范围是行政复议机关受理行政复议案件的权限。

(1)有下列情形之一的,公民、法人或者其他组织可以依照《中华人民共和国行政复议法》(简称《行政复议法》)申请行政复议:

1)对行政机关作出的警告、罚款、没收违法所得、没收非法财物、责令停产停业、暂扣或者吊销许可证、暂扣或者吊销执照、行政拘留等行政处罚决定不服的;

2)对行政机关作出的限制人身自由或者查封、扣押、冻结财产等行政强制措施决定不服的;

3)对行政机关作出的有关许可证、执照、资质证、资格证等证书变更、中止、撤销的决定不服的；

4）对行政机关作出的关于确认土地、矿藏、水流、森林、山岭、草原、荒地、滩涂、海域等自然资源的所有权或者使用权的决定不服的；

5）认为行政机关侵犯合法的经营自主权的；

6）认为行政机关变更或者废止农业承包合同，侵犯其合法权益的；

7）认为行政机关违法集资、征收财物、摊派费用或者违法要求履行其他义务的；

8）认为符合法定条件，申请行政机关颁发许可证、执照、资质证、资格证等证书，或者申请行政机关审批、登记有关事项，行政机关没有依法办理的；

9）申请行政机关履行保护人身权利、财产权利、受教育权利的法定职责，行政机关没有依法履行的；

10）申请行政机关依法发放抚恤金、社会保险金或者最低生活保障费，行政机关没有依法发放的；

11）认为行政机关的其他具体行政行为侵犯其合法权益的。

（2）公民、法人或者其他组织认为行政机关的具体行政行为所依据的下列规定不合法，在对具体行政行为申请行政复议时，可以一并向行政复议机关提出对该规定的审查申请：

1）国务院部门的规定；

2）县级以上地方各级人民政府及其工作部门的规定；

3）乡、镇人民政府的规定。

上面所列规定不含国务院部、委员会规章和地方人民政府规章。规章的审查依照法律、行政法规办理。

对上述规定不能单独提起诉讼，只能和具体行政行为一起提起诉讼。

问题：某市场监督管理局发布文件，规定对市内各农贸市场设摊农户征收摊位费。李某设摊卖菜，被征收了摊位费。对此李某不服，他可以怎么做？

答案：李某可以直接就该征收行为提起行政复议，也可以在申请对征收行为复议的同时要求审查市场监督管理局发布的该文件，还可以直接向人民法院提起行政诉讼。但不能只针对市场监督管理局发布的文件提起复议。

（3）对行政机关作出的行政处分或者其他人事处理决定不服，不能申请行政复议，但可依照有关法律、行政法规的规定提出申诉。

（4）不服行政机关对民事纠纷作出的调解或者其他处理，依法申请仲裁或者向人民法院提起诉讼。

（三）行政复议机关

1. 行政复议机关的概念

行政复议机关是依照《行政复议法》履行行政复议职责的行政机关，一般是作出行政决定的行政机关的上一级行政机关。

例如：对北京市海淀区人民政府作出的行政决定不服，行政复议机关就应该是北京市人民政府。

行政复议机关的确定具体分以下情况：

（1）对县级以上地方各级人民政府工作部门的具体行政行为不服的，由申请人选择，复议机关可以是该部门的本级人民政府，也可以是上一级主管部门。

例如：对县公安局作出的行政拘留决定不服，其复议机关可以是县人民政府，也可以是市公安局。

（2）对海关、金融、国税、外汇管理等实行垂直领导的行政机关和国家安全机关的具体行政行为不服的，其上一级主管部门是行政复议机关。

例如：对自治州国家安全局的具体行政行为不服提起复议的行政复议机关是自治区国家安全局；对县地税局的具体行政行为不服提起复议的行政复议机关是省地税局。

（3）对地方各级人民政府的具体行政行为不服的，其上一级地方人民政府是行政复议机关。

（4）对省、自治区人民政府依法设立的派出机关所属的县级地方人民政府的具体行政行为不服的，该派出机关是行政复议机关。

例如：对某县人民政府作出的具体行政行为不服的，如果其所属的省政府有派出行政公署，则行政公署是复议机关。

（5）对国务院部门或者省、自治区、直辖市人民政府的具体行政行为不服的，国务院部门或者省、自治区、直辖市人民政府是行政复议机关。

（6）对县级以上地方人民政府依法设立的派出机关的具体行政行为不服的，设立该派出机关的人民政府是行政复议机关。

例如：对行政公署的具体行政行为不服，以设立该行政公署的省、自治区人民政府为行政复议机关；对街道办事处的具体行政行为不服，以设立该街道办事处的市辖区、不设区的市人民政府为行政复议机关。如对海淀街道办事处的具体行政行为不服，提起复议的行政复议机关就是海淀区人民政府。

（7）对政府工作部门依法设立的派出机构依照法律、法规或者规章规定，以自己的名义作出的具体行政行为不服的，设立该派出机构的部门或者该部门的本级地方人民政府是行政复议机关。

例如：对派出所的具体行政行为不服，其复议机关是县公安局或县人民政府。

（8）对法律、法规授权的组织的具体行政行为不服的，直接管理该组织的地方人民政府、地方人民政府工作部门或者国务院部门是行政复议机关。

例如：某教育部直属大学决定不授予刘同学博士学位，刘同学要提起行政复议，复议机关应该是教育部。

（9）对两个或者两个以上行政机关以共同的名义作出的具体行政行为不服的，其共同上一级行政机关是行政复议机关。

（10）对被撤销的行政机关在撤销前所作出的具体行政行为不服的，继续行使其职权的行政机关的上一级行政机关是行政复议机关。

2. 行政复议机关的职责

行政复议机关履行下列职责：

（1）受理行政复议申请；

（2）向有关组织和人员调查取证，查阅文件和资料；

（3）审查申请行政复议的具体行政行为是否合法与适当，拟订行政复议决定；

（4）处理或者转送对《行政复议法》第七条所列有关规定的审查申请；

（5）对行政机关违反《行政复议法》规定的行为依照规定的权限和程序提出处理建议；

（6）办理因不服行政复议决定提起行政诉讼的应诉事项；

（7）法律、法规规定的其他职责。

行政复议机关履行行政复议职责，应当遵循合法、公正、公开、及时、便民的原则，坚持有错必纠，保障法律、法规的正确实施。

（四）行政复议程序

行政复议程序分为申请、受理、审查、决定四个阶段。

1. 申请

（1）申请期限。自知道该具体行政行为之日起六十日内提出行政复议申请；但是法律规定的申请期限超过六十日的除外。因不可抗力或者其他正当理由耽误法定申请期限的，申请期限自障碍消除之日起继续计算。

行政复议申请期限的计算，依照下列规定办理：

1）当场作出具体行政行为的，自具体行政行为作出之日起计算；

2）载明具体行政行为的法律文书直接送达的，自受送达人签收之日起计算；

3）载明具体行政行为的法律文书邮寄送达的，自受送达人在邮件签收单上签收之日起计算；没有邮件签收单的，自受送达人在送达回执上签名之日起计算；

4）具体行政行为依法通过公告形式告知受送达人的，自公告规定的期限届满之日起计算；

5）行政机关作出具体行政行为时未告知公民、法人或者其他组织，事后补充告知的，自该公民、法人或者其他组织收到行政机关补充告知的通知之日起计算；

6）被申请人能够证明公民、法人或者其他组织知道具体行政行为的，自证据材料证明其知道具体行政行为之日起计算。

行政机关作出具体行政行为，依法应当向有关公民、法人或者其他组织送达法律文书而未送达的，视为该公民、法人或者其他组织不知道该具体行政行为。

公民、法人或者其他组织依照行政复议法的相关规定申请行政机关履行法定职责，行政机关未履行的，行政复议申请期限依照下列规定计算：

1）有履行期限规定的，自履行期限届满之日起计算；

2）没有履行期限规定的，自行政机关收到申请满六十日起计算。

公民、法人或者其他组织在紧急情况下请求行政机关履行保护人身权、财产权的法定职责，行政机关不履行的，行政复议申请期限不受前款规定的限制。

（2）申请人。依法申请行政复议的公民、法人或者其他组织是申请人。

有权申请行政复议的公民死亡的，其近亲属可以申请行政复议。有权申请行政复议的公民为无民事行为能力人或者限制民事行为能力人的，其法定代理人可以代为申请行政复议。有权申请行政复议的法人或者其他组织终止的，承受其权利的法人或者其他组织可以申请行政复议。

合伙企业申请行政复议的，应当以核准登记的企业为申请人，由执行合伙企业事务的合伙人代表该企业参加行政复议；其他合伙组织申请行政复议的，由合伙人共同申请行政复议。合伙企业以外的不具备法人资格的其他组织申请行政复议的，由该组织的主要负责人代表该组织参加行政复议；没有主要负责人的，由共同推选的其他成员代表该组织参加行政复议。

股份制企业的股东大会、股东代表大会、董事会认为行政机关作出的具体行政行为侵犯企业合法权益的，可以以企业的名义申请行政复议。

同一行政复议案件申请人超过5人的，推选1~5名代表参加行政复议。

（3）被申请人。公民、法人或者其他组织对行政机关的具体行政行为不服申请行政复议的，作出具体行政行为的行政机关是被申请人。行政机关与法律、法规授权的组织以共同的名义作出具体行政行为的，行政机关和法律、法规授权的组织为共同被申请人。行政机关与其他组织以共同名义作出具体行政行为的，行政机关为被申请人。

下级行政机关依照法律、法规、规章规定，经上级行政机关批准作出具体行政行为的，批准机关为被申请人。行政机关设立的派出机构、内设机构或者其他组织，未经法律、法规授权，对外以自己名义作出具体行政行为的，该行政机关为被申请人。

（4）申请方式。申请人申请行政复议，可以书面申请，也可以口头申请；口头申请的，行政复议机关应当当场记录申请人的基本情况，行政复议请求，申请行政复议的主要事实、理由和时间。

（5）提交复议申请的对象。提交复议申请的对象是指接受申请的对象，不一定是复议机关。

申请人一般情况下是向复议机关提交复议申请。但如果具体行政行为是派出所、派出机构、法律法规授权组织、被撤销机关作出的或者联名作出的，申请人可以向具体行政行为发生地的县级地方人民政府提出行政复议申请。县级地方人民政府可能是行政复议机关，也可能不是行政复议机关。对于属于自己管辖的案件，接受申请的县级地方人民政府应依法审查决定是否受理，如果不属于自己管辖的案件，应当自接到申请之日起七日内转送有权管辖的行政复议机关，并告知申请人。

2. 受理

（1）行政复议机关收到行政复议申请后，应当在五日内进行审查，审查后按照以下情况处理：

1）行政复议申请符合规定的，应当受理并告知申请人；如果行政复议机关没有告知受理，也没有告知申请人向有关行政复议机关提出，行政复议申请自行政复议机关负责法制工作的机构收到之日起即视为受理；

2）对不符合《行政复议法》规定的行政复议申请，决定不予受理，并书面告知申请人；

3）对符合《行政复议法》规定，但是不属于本机关受理的行政复议申请，应当告知申请人向有关行政复议机关提出；

4）接受行政复议申请的县级地方人民政府，属于其他行政复议机关受理的行政复议申请，应当自接到该行政复议申请之日起七日内，转送有关行政复议机关，并告知申请人。接受转送的行政复议机关应当依法决定是否受理。

（2）对复议机关决定不予受理的救济有以下两种方式：

1）提起行政诉讼。行政复议机关决定不予受理或者受理后超过行政复议期限不作答复的，公民、法人或者其他组织可以自收到不予受理决定书之日起或者行政复议期满之日起十五日内，依法向人民法院提起行政诉讼。

2）上级行政机关责令其受理或直接受理。公民、法人或者其他组织依法提出行政复议申请，行政复议机关无正当理由不予受理的，上级行政机关应当责令其受理；必要时，上级行政机关也可以直接受理。

3. 审查

（1）审查形式。行政复议原则上采取书面审查的办法，但是申请人提出要求或者行政复议机关负责法制工作的机构认为有必要时，可以采用口头审查形式，即向有关组织和人员调查情况，听取申请人、被申请人和第三人的意见。

（2）证据收集。行政复议机关负责法制工作的机构应当自行政复议申请受理之日起七日内，将行政复议申请书副本或者行政复议申请笔录复印件发送被申请人。被申请人应当自收到申请书副本或者申请笔录复印件之日起十日内，提出书面答复，并提交当初作出具体行政行为的证据、依据和其他有关材料。

申请人、第三人可以查阅被申请人提出的书面答复、作出具体行政行为的证据、依据和其他有关材料，除涉及国家秘密、商业秘密或者个人隐私外，行政复议机关不得拒绝。

在行政复议过程中，被申请人不得自行向申请人和其他有关组织或者个人收集证据。

（3）行政复议中止。行政复议期间有下列情形之一，影响行政复议案件审理的，行政复议中止：

1）作为申请人的自然人死亡，其近亲属尚未确定是否参加行政复议的；
2）作为申请人的自然人丧失参加行政复议的能力，尚未确定法定代理人参加行政复议的；
3）作为申请人的法人或者其他组织终止，尚未确定权利义务承受人的；
4）作为申请人的自然人下落不明或者被宣告失踪的；
5）申请人、被申请人因不可抗力，不能参加行政复议的；
6）案件涉及法律适用问题，需要有权机关作出解释或者确认的；
7）案件审理需要以其他案件的审理结果为依据，而其他案件尚未审结的；
8）其他需要中止行政复议的情形。

行政复议中止的原因消除后，应当及时恢复行政复议案件的审理。行政复议机构中止、恢复行政复议案件的审理，应当告知有关当事人。

（4）行政复议终止。行政复议期间有下列情形之一的，行政复议终止：

1）申请人要求撤回行政复议申请，行政复议机构准予撤回的；
2）作为申请人的自然人死亡，没有近亲属或者其近亲属放弃行政复议权利的；或者其近亲属尚未确定是否参加行政复议的满六十日；
3）作为申请人的法人或者其他组织终止，其权利义务的承受人放弃行政复议权利的；或者尚未确定权利义务承受人的中止行政复议，满六十日；
4）申请人与被申请人经行政复议机构准许达成和解的；
5）申请人对行政拘留或者限制人身自由的行政强制措施不服申请行政复议后，因申请人同一违法行为涉嫌犯罪，该行政拘留或者限制人身自由的行政强制措施变更为刑事拘留的。

作为申请人的自然人丧失参加行政复议的能力，尚未确定法定代理人参加行政复议的中止行政复议，满六十日行政复议中止的原因仍未消除的，行政复议终止。

（5）调解。有下列情形之一的，行政复议机关可以按照自愿、合法的原则进行调解：

1）公民、法人或者其他组织对行政机关行使法律、法规规定的自由裁量权作出的具体行政行为不服申请行政复议的；
2）当事人之间的行政赔偿或者行政补偿纠纷。

当事人经调解达成协议的，行政复议机关应当制作行政复议调解书。调解书应当载明行政复议请求、事实、理由和调解结果，并加盖行政复议机关印章。行政复议调解书经双方当事人签字，即具有法律效力。

调解未达成协议或者调解书生效前一方反悔的,行政复议机关应当及时作出行政复议决定。

（6）和解。公民、法人或者其他组织对行政机关行使法律、法规规定的自由裁量权作出的具体行政行为不服申请行政复议,申请人与被申请人在行政复议决定作出前自愿达成和解的,应当向行政复议机构提交书面和解协议;和解内容不损害社会公共利益和他人合法权益的,行政复议机构应当准许。

4. 作出行政复议决定

行政复议机关负责法制工作的机构应当对被申请人作出的具体行政行为进行审查,提出意见,经行政复议机关的负责人同意或者集体讨论通过后,按照下列规定作出行政复议决定:

（1）维持决定。具体行政行为认定事实清楚,证据确凿,适用依据正确,程序合法,内容适当的,决定维持。

（2）履行决定。被申请人不履行法定职责的,决定其在一定期限内履行。

（3）撤销、变更决定。具体行政行为有下列情形之一的,决定撤销、变更或者确认该具体行政行为违法:主要事实不清、证据不足的;适用依据错误的;违反法定程序的;超越或者滥用职权的;具体行政行为明显不当的。

（4）驳回行政复议申请,特别注意:

1）行政复议机关在申请人的行政复议请求范围内,不得作出对申请人更为不利的行政复议决定。

2）行政复议机关作出行政复议决定,应当制作行政复议决定书,并加盖印章。行政复议决定书一经送达,即发生法律效力。

3）行政复议期间具体行政行为不停止执行;但是,有下列情形之一的,可以停止执行:①被申请人认为需要停止执行的;②行政复议机关认为需要停止执行的;③申请人申请停止执行,行政复议机关认为其要求合理,决定停止执行的;④法律规定停止执行的。

（五）行政复议期限

行政复议机关应当自受理申请之日起六十日内作出行政复议决定;但是法律规定的行政复议期限少于六十日的除外。情况复杂,不能在规定期限内作出行政复议决定的,经行政复议机关的负责人批准,可以适当延长,并告知申请人和被申请人;但是延长期限最多不超过三十日。

（六）行政复议决定的执行

（1）被申请人应当履行行政复议决定,被申请人不履行或者无正当理由拖延履行行政复议决定的,行政复议机关或者有关上级行政机关应当责令其限期履行。

（2）申请人逾期不起诉又不履行行政复议决定的,或者不履行最终裁决的行政复议决定的,按照下列规定分别处理:

1）维持具体行政行为的行政复议决定,由作出具体行政行为的行政机关依法强制执行,或者申请人民法院强制执行;

2）变更具体行政行为的行政复议决定,由行政复议机关依法强制执行,或者申请人民法院强制执行。

问题: 县环保局认为某造纸厂污染环境,作出罚款2000元的处罚决定。该造纸厂不服,向市环保局申请行政复议,市环保局作出罚款500元,责令县环保局退还多收的1500元,并拆除污染设施的处罚决定。对该决定怎样执行?

答案: 如果县环保局不退还多收的罚款,则市环保局有权责令县环保局限期履行;如造纸厂不拆除污染设施，市环保局可以申请人民法院强制执行。

（七）对行政复议决定不服的救济

公民、法人或者其他组织对行政复议决定不服的，可以依照行政诉讼法的规定向人民法院提起行政诉讼，但以下情况除外：

（1）对国务院部门或者省、自治区、直辖市人民政府的具体行政行为不服的，向作出该具体行政行为的国务院部门或省、自治区、直辖市人民政府申请行政复议。对行政复议决定不服的，可以向人民法院提起行政诉讼；也可以向国务院申请裁决，国务院依照行政复议法的规定作出的最终裁决。

（2）根据国务院或者省、自治区、直辖市人民政府对行政区划的勘定、调整或者征用土地的决定，省、自治区、直辖市人民政府确认土地、矿藏、水流、森林、山岭、草原、荒地、滩涂、海域等自然资源的所有权或者使用权的行政复议决定为最终裁决。

（八）费用

行政复议机关受理行政复议申请，不得向申请人收取任何费用。行政复议活动所需经费，应当列入本机关的行政经费，由本级财政予以保障。

（九）送达、期间

行政复议期间的计算和行政复议文书的送达，依照民事诉讼法关于期间、送达的规定执行。

《行政复议法》关于行政复议期间有关"五日""七日"的规定是指工作日，不含节假日。"五日"是指五个工作日，"七日"是指七个工作日。

思考与练习

1. 如何理解行政合理性原则？
2. 行政机关和行政主体的关系是什么？
3. 行政赔偿的范围和程序有哪些？
4. 行政许可有什么特点？
5. 行政处罚的种类有哪些？它们具体的处罚形式是什么？
6. 行政复议适用的范围有哪些？

第四章 民 法

主要内容

（1）民法总则：民法的调整对象和基本原则，民事主体，民事行为，民事权利，民事责任和诉讼时效。
（2）合同：合同的概念及分类，合同的订立、形式、内容、效力、履行，合同权利义务的终止，合同责任。
（3）婚姻家庭：婚姻法的基本原则，结婚的概念、条件和程序，家庭关系，离婚的条件、程序和离婚后子女的抚养教育及财产处理，收养。
（4）继承：遗产，继承权，遗嘱继承，法定继承。
（5）知识产权法：知识产权的概念、特征，著作权法，专利法，商标法。

学习目的

通过本章的学习，能够熟悉和掌握民法的基本理念和基本精神，依据相关法律规定，能基本辨析和处理日常生活中出现的民事法律问题。

第一节 民法概述

一、民法的概念和调整对象

民法是调整平等主体的自然人、法人和非法人组织之间的人身关系和财产关系的法律规范的总称。民法具有以下特点：

（1）调整的法律关系主体之间是平等的。在民事关系中，民事主体法律地位平等，适用规则平等，权利保护平等。民事主体在民事活动中不存在管理与被管理、隶属与被隶属关系。
（2）调整的社会关系是民事关系。民事关系是民事主体产生、变更、终止民事权利义务的一种社会关系。其核心是权利义务。在民事关系中权利义务是相互对立、相互联系、相互依存的。
（3）民法调整的对象涉及人身关系和财产关系。《中华人民共和国民法典》（简称《民法典》）第二条规定：民法调整平等主体的自然人、法人和非法人组织之间的人身关系和财产关系。

人身关系包括身份关系和人格关系；财产关系包括财产所有关系、财产流转关系，如买卖关系、借贷关系、保管关系、继承关系等，范围非常广泛。

二、民法的基本原则

民法的基本原则是一切民事主体进行民事活动及司法机构在法律适用过程中应遵循的行为准则。在民事活动中，如果没有相关法律条文的规定，我们可以按照基本原则来活动或审理案件。

按照我国《民法典》的规定，民法的基本原则如下。

1. 平等原则

《民法典》第四条规定：民事主体在民事活动中的法律地位一律平等。

平等原则是指民事主体在法律地位上平等，不因年龄、性别、种族等的差别而有区别。平等原则包括公民的民事权利能力一律平等，例如法律规定男女都有继承权；不同民事主体参与民事法律关系适用同一法律，处于平等的地位。民事主体在民事法律关系中必须平等协商，例如在签订合同时，当事人不得将自己的意志强加给对方，或胁迫对方；法律对权利予以平等的保护。

2. 自愿原则

《民法典》第五条规定：民事主体从事民事活动，应当遵循自愿原则，按照自己的意思设立、变更、终止民事法律关系。

"自愿"也称为"意思自治"，是指民事主体在进行民事活动时，表现出来的行为完全是自己内心的意思表示，而且其意思表示必须是独立的、自主决定的，没有他人的强迫。在民事活动中，任何一方不能将自己的意志强加给对方，不能强迫、威胁对方按照自己的意思行事。

3. 公平原则

《民法典》第六条规定：民事主体从事民事活动，应当遵循公平原则，合理确定各方的权利和义务。

"公平"是指民事主体在进行民事活动时应公正持平，公平合理。一般来说，侵权主体所造成损失有多大，其赔偿就应该是多大，不能"漫天要价""狮子大张口"。

例如：《民法典》第四百九十六条规定：采用格式条款订立合同的，提供格式条款的一方应当遵循公平原则确定当事人之间的权利和义务，并采取合理的方式提示对方注意免除或者减轻其责任等与对方有重大利害关系的条款，按照对方的要求，对该条款予以说明。提供格式条款的一方未履行提示或者说明义务，致使对方没有注意或者理解与其有重大利害关系的条款的，对方可以主张该条款不成为合同的内容。

《民法典》第四百九十八条规定：对格式条款的理解发生争议的，应当按照通常理解予以解释。对格式条款有两种以上解释的，应当作出不利于提供格式条款一方的解释。格式条款和非格式条款不一致的，应当采用非格式条款。这一规定就体现了公平原则的具体运用。例如：有些商家给顾客的优惠券，会在注意事项的最后一条写有："本优惠券最后解释权在商家。"这就是明显不公平的做法，在纠纷出现时就可以适用上述规定。

4. 诚实信用原则

这一原则是最有民法特色的原则，最能体现民法的性质。该原则又被称为是民法中的"帝王原则"。

《民法典》第七条规定：民事主体从事民事活动，应当遵循诚信原则，秉持诚实，恪守承诺。"诚实信用"是指民事主体在民事活动中不欺诈，不隐瞒事实，不以次充好，不以假充真,要讲诚实,守承诺,即秉持"契约精神"。

5. 遵守法律、公序良俗原则

《民法典》第八条规定:民事主体从事民事活动,不得违反法律,不得违背公序良俗。

"不得违反法律"是说虽然法律允许民事主体在进行民事活动时采取自愿原则,但自愿不是绝对的,也是受法律约束的。如果有强制性法律规定,一定要遵守,否则要承担相应的法律责任。"不得违背公序良俗"是指民事主体在进行民事活动时要遵守社会秩序和善良风俗。

例如:婚姻存续期间一方未征得另一方的同意向出轨对象赠与钱财;赌博所欠赌资的支付请求等,法律都不会认可。

6. 绿色原则

《民法典》第九条规定:民事主体从事民事活动,应当有利于节约资源、保护生态环境。该原则涉及的是环境污染、资源消耗问题,是指民事主体在进行民事活动时应有节约资源、保护生态环境的理念,自觉遵守资源保护相关法律法规。

例如:商品包装不能过度;去超市购买东西时,尽量不使用一次性塑料袋;标的物有效使用年限届满后应予收回的,出卖人负有回收的义务等。

三、民事法律关系

民事法律关系是指民法所调整的以民事权利和民事义务为内容的社会关系,由主体、客体和内容构成。

1. 民事法律关系的主体

民事法律关系的主体是指参加民事法律关系,享有民事权利、负有民事义务和承担民事责任的人,包括自然人、法人和非法人组织。

2. 民事法律关系的客体

民事法律关系的客体是指民事权利和民事义务所指向的对象,是确立民事法律关系性质的重要依据。

3. 民事法律关系的内容

民事法律关系的内容是民事权利和民事义务。

民事法律关系的主体是权利、义务、责任的所属,客体是权利、义务、责任的所附,内容是权利、义务、责任的具体化,三者不可分离。

第二节 民事主体

民事主体包括自然人、法人和非法人组织。

一、自然人

自然人是指基于自然状态而出生的具有生命的社会个体,是最主要的一类民事主体。

在法律上,民事主体依年龄、心智发展及精神健康状况,将自然人分三类:完全民事行为能力人、限制民事行为能力人、无民事行为能力人。

1. 完全民事行为能力人

完全民事行为能力人是指年满十八周岁以上,精神正常的公民。年满十六周岁以上不满十八周岁的公民，但是以自己的劳动收入为主要生活来源的，视为完全民事行为能力人。完全民事行为能力人，可以独立进行民事活动。

2. 限制民事行为能力人

限制民事行为能力人是指年满八周岁以上的未成年人和不能完全辨认自己行为的成年人。

限制民事行为能力人可以独立进行与他的年龄、智力、精神健康状况相适应的民事活动或实施纯获利益的民事法律行为；其他民事活动由他的法定代理人代理，或者征得他的法定代理人的同意。

例如：15 岁的中学生可以自己买一本教科书，该行为就是合法有效的。但如果他去签订一份购买房屋的合同，该行为就得征得他的法定代理人的同意，否则其行为无效。过年时，9 岁的孩子接受压岁钱的行为就是有效民事法律行为。

3. 无民事行为能力人

无民事行为能力人是指不满八周岁的未成年人、八周岁以上不能辨认自己行为的未成年人和不能控制、辨认自己行为的成年人。无民事行为能力人，由他的法定代理人代理民事活动。

二、法人

1. 法人

法人是指具有民事权利能力和行为能力，依法独立享有民事权利和承担民事义务的社会组织。

一定要注意，法人不是某一个自然人，而是社会组织，是具备法人条件的某个社会组织。法人包括营利法人、非营利法人、特别法人等。

法人应当具备下列条件：

（1）依法成立；

（2）有必要的财产或者经费；

（3）有自己的名称、组织机构和住所；

（4）能够独立承担民事责任。

2. 法定代表人

法定代表人是指依照法律或者法人章程规定，代表法人从事民事活动的负责人。

因为法人是社会组织，对外活动需要由其法定代表人代表。法定代表人是自然人，其代表法人这一社会组织进行民事活动，如参加诉讼、签订合同等，而且不用授权委托书。例如，公司法人的法定代表人可以是董事长也可以是总经理。

问题：李某是 A 公司的法定代表人，如果李某因公司的事务委托张律师代理其出庭应诉，则以下正确的是（   ）。

A. 张律师应该有李某的授权委托书　　B. 张律师应该有 A 公司的授权委托书
C. 张律师是委托代理人　　　　　　　D. 张律师是法定代表人

答案：BC

三、非法人组织

非法人组织是不具有法人资格，但是能够依法以自己的名义从事民事活动的组织。非法人组织包括个人独资企业、合伙企业、不具有法人资格的专业服务机构等。非法人组织虽然不具有法人资格，但也是受民法调整的民事活动的一类主体。

注意：非法人组织与非法组织的区别。

非法人组织最大的特点是：其民事责任是一种无限连带责任。即非法人组织的财产不足以清偿债务的，其出资人或者设立人承担无限责任，除非法律另有规定的，依照其规定。例如，合伙企业中，合伙企业的财产不足以清偿合伙企业的债务，普通合伙人需要承担无限连带责任。

第三节 民事权利

民事权利是法律赋予民事主体享有的实施一定行为或不为一定行为以实现某种利益的可能性。民事权利主要有以下几种：人身权、物权、债权、继承权、知识产权、股权和其他投资性权利等。

一、人身权

人身权是指法律赋予民事主体的具有人身专属性而无直接财产内容的民事权利。人身权的特征包括：非财产性、不可转让性、不可放弃性、法定性、绝对性和支配性。

人身权包括人格权和身份权。

（1）人格权包括：自然人享有生命权、身体权、健康权、姓名权、肖像权、名誉权、荣誉权、人身自主权、隐私权、婚姻自主权、个人信息受法律保护权。法人、非法人组织享有名称权、名誉权、荣誉权。

（2）身份权包括：继承权、亲权、配偶权、亲属权。

二、物权

物权是权利人依法对特定物享有直接支配和排他的权利，包括所有权、用益物权和担保物权。

三、债权

债权是因合同、侵权行为、无因管理、不当得利以及法律的其他规定，权利人请求特定义务人为或者不为一定行为的权利。

债权产生的原因主要有四种：合同行为、侵权行为、不当得利和无因管理。

1. 合同行为

合同是当事人之间设立、变更、终止民事关系的协议。合同当事人签订合同后，在合同当事人之间就产生了债权，该债权就是按照合同约定履行合同。

2. 侵权行为

侵权行为是行为人侵害他人财产和其他合法权益依法应承担法律责任的行为。

问题：许多楼房的顶层都有露台，该层业主在露台上种植物，植物的根部破坏房屋防水层，导致楼下业主的屋顶被浸，甚至影响电路的正常使用。对这种情况，楼下业主该如何处理？

答案：电梯、走廊、露台、楼下绿地等均为业主的所有共同区域，开发商无权赠与或出售给某个业主单独使用。对本案的楼下业主来说，可以以侵权为由提起诉讼。

3. 不当得利

不当得利是指无法律依据也无约定，使他人受损而自己取得的利益。

问题：李某在汇款时，错将对方的账号写成了某公司的账号，将款项汇入了某公司的账户内，事后李某找到某公司要求退还款项，但该公司不还钱。李某将该公司告上法庭，要求该公司还钱，李某提供了该公司的汇入账号等证据，该公司承认账号是其公司账号，且不能提供取得该笔款项的合理证明。请问，李某的起诉有无法律根据，为什么？

答案：有法律根据。《民法典》规定，没有合法根据，取得不当利益，造成他人损失的，应当将取得的不当利益返还给当事人。因此该公司应将款项返还给李某。

4. 无因管理

无因管理是指无法定义务或约定义务，为他人管理事务或提供服务的行为。

例如：张某在自家的场院上晾晒稻谷，晒好后有急事就出门了。到了下午，天空突然刮风，并开始下雨，邻居李某见张某不在家，稻谷面临被雨水冲走的危险，就叫来家里人，并且拿出自家的薄膜，将张某家的稻谷收起来用薄膜盖好。李某的行为就是无因管理，如果李某的薄膜价值50元，李某就可以要求张某给付50元。

四、继承权

继承权是指自然人依照法律的规定或者被继承人生前立下的合法有效的遗嘱而承受被继承人遗产的权利。自然人依法享有继承权。自然人合法的私有财产可以依法继承。

五、知识产权

知识产权是指人们依据法律对其智力创造成果，在一定期限和地区范围内享有的专有权，主要包括著作权、专利权、商标权、地理标志权、商业秘密权等。

六、股权和其他投资性权利

股权是股东基于其对公司的投资或其他合法原因而持有公司资本份额而享有的一种权利。

其他投资性权利是指民事主体通过投资而享有的民事权利，包括信托权、期权等。

第四节 民事法律行为

一、民事法律行为的概念和特征

1. 民事法律行为的概念

民事法律行为是民事主体通过意思表示设立、变更、终止民事法律关系的行为。

民事法律行为是合法的民事行为，在进行民事活动时，必须符合法律的规定，否则就可能是无效民事行为或可撤销民事行为，会引起一系列不利的法律后果。

2. 民事法律行为的特征

（1）民事法律行为的实施主体是民事主体。非民事主体所作的行为就不是民事法律行为。

（2）民事法律行为是通过意思表示而实施的行为。法律行为是以意思表示为核心的行为。

（3）民事法律行为是会产生一定法律效果的行为。民事法律行为会导致民事法律关系的产生，也可能导致民事法律关系的变更或终止。

二、民事法律行为的有效要件

具备下列条件的民事法律行为有效：
（1）行为人具有相应的民事行为能力；
（2）意思表示真实；
（3）不违反法律、行政法规的强制性规定，不违背公序良俗。

例如：《民法典》第七百零七条规定：租赁期限六个月以上的，应当采用书面形式。

《民法典》第一千零六十五条规定：男女双方可以约定婚姻关系存续期间所得的财产以及婚前财产归各自所有、共同所有或者部分各自所有、部分共同所有。约定应当采用书面形式。

《民法典》第一千一百零九条规定：外国人在中华人民共和国收养子女，该收养人应当与送养人签订书面协议，亲自向省、自治区、直辖市人民政府民政部门登记。

法律规定民事法律行为需要特定形式的，应当依照法律规定。

三、无效和可撤销的民事法律行为

1. 无效的民事法律行为

下列民事行为无效：
（1）无民事行为能力人实施的民事法律行为无效；
（2）限制民事行为能力人实施的纯获利益的民事法律行为或者与其年龄、智力、精神健康状况相适应的民事法律行为之外其他民事法律行为无效；未经法定代理人同意或者追认的民事法律行为无效；
（3）行为人与相对人以虚假的意思表示实施的民事法律行为无效；
（4）违反法律、行政法规的强制性规定的民事法律行为无效。但是，该强制性规定不导致该民事法律行为无效的除外；
（5）违背公序良俗的民事法律行为无效；
（6）行为人与相对人恶意串通，损害他人合法权益的民事法律行为无效。

2. 可撤销的民事法律行为

下列民事行为，一方有权请求人民法院或者仲裁机关予以变更或者撤销：
（1）基于重大误解实施的民事法律行为；
（2）一方以欺诈手段，使对方在违背真实意思的情况下实施的民事法律行为，受欺诈方有权请求人民法院或者仲裁机构予以撤销；
（3）第三人实施欺诈行为，使一方在违背真实意思的情况下实施的民事法律行为，对方知道或者应当知道该欺诈行为的，受欺诈方有权请求人民法院或者仲裁机构予以撤销；
（4）一方或者第三人以胁迫手段，使对方在违背真实意思的情况下实施的民事法律行为，受胁迫方有权请求人民法院或者仲裁机构予以撤销；
（5）一方利用对方处于危困状态、缺乏判断能力等情形，致使民事法律行为成立时显失公平的，受损害方有权请求人民法院或者仲裁机构予以撤销；
（6）农村集体经济组织、村民委员会或者其负责人作出的决定侵害集体成员合法权益的，受侵害的集体成员可以请求人民法院予以撤销；

（7）业主大会或者业主委员会作出的决定侵害业主合法权益的，受侵害的业主可以请求人民法院予以撤销；

（8）债务人不履行到期债务或者发生当事人约定的实现抵押权的情形，抵押权人可以与抵押人协议以抵押财产折价或者以拍卖、变卖该抵押财产所得的价款优先受偿。协议损害其他债权人利益的，其他债权人可以请求人民法院撤销该协议。

3. 民事法律行为被确认无效或者被撤销后的法律后果

无效的或者被撤销的民事法律行为自始没有法律约束力。

民事法律行为部分无效，不影响其他部分效力的，其他部分仍然有效。

民事法律行为无效、被撤销或者确定不发生效力后，行为人因该行为取得的财产，应当予以返还；不能返还或者没有必要返还的，应当折价补偿。有过错的一方应当赔偿对方由此所受到的损失；各方都有过错的，应当各自承担相应的责任。法律另有规定的，依照其规定。

四、代理

（一）代理的概念及代理权的来源

1. 代理的概念

代理是指代理人在代理权限内，以被代理人的名义实施民事法律行为，由被代理人承担该行为的法律后果的民事法律行为。

现代社会各行各业分工越来越细，我们不可能对所有事情都亲力亲为，有些事情就可以通过代理人实施民事法律行为。

例如：李某被起诉到法院，他需要到法院应诉，但李某对法律不熟，他就可以委托律师帮他去法院应诉。

注意：不是所有的民事法律行为都能代理。依照法律规定或者按照双方当事人约定，应当由本人实施的民事法律行为，不得代理。

例如：某歌唱家签订的演唱合同，就需要歌唱家本人去履行（除非有特别约定）。

2. 代理权的来源

代理人的代理权有两个来源：一是受本人的委托，二是法律的规定。所以，代理包括委托代理和法定代理。

（1）委托代理。

受本人的委托而产生的代理就是委托代理，例如，委托律师参加诉讼。

委托代理人按照被代理人的委托行使代理权。

委托代理是常见的一种代理类型，在委托代理人时，可以用书面形式，也可以用口头形式。但是，法律规定采用书面形式的，应当用书面形式。书面委托代理的授权委托书应当载明代理人的姓名或者名称、代理事项、权限和期间，并由委托人签名或者盖章。委托书授权不明的，被代理人应当向第三人承担民事责任，代理人负连带责任。

所以，在委托时，即使法律没有规定用书面形式，也应该尽量采用书面形式，将双方的权利义务约定明确，有利于界定各方当事人的法律责任。

问题：下列各项行为中，不属于代理的是（   ）。

A. 张甲委托赵乙代理民事诉讼

B. 李四受王五委托，以王五名义与张三签订买卖合同

C. 马某受陈某委托办理货物托运
D. 甲公司由法定代表人与乙公司签订购销合同

答案：D

(2) 法定代理。

因法律的规定而产生的代理就是法定代理，例如：父母处理未成年子女的财产等。法定代理人依照法律的规定行使代理权。

(二) 无权代理

没有代理权、超越代理权或者代理权终止后的代理行为为无权代理。无权代理行为只有经过被代理人的追认，被代理人才承担民事责任。未经追认的行为，由行为人承担民事责任。

问题：2019年1月，A市粮油进出口公司委托甲、乙前往B市采购玉米，1月5日，二人到达B市，与该市某粮油公司经理丙洽谈后，双方签订了10万吨玉米的购销合同。次日甲独自外出，乙一人在宾馆里接到丙的电话，称有一批质量优良的小麦待售，问乙所在的粮油进出口公司是否需要。乙想到甲确实曾经说过公司也需要上好的小麦，就立即前往看货，发现小麦质量确实不错，于是就以A市粮油进出口公司的名义与丙签订了5吨小麦的购销合同。因时间问题，甲和乙回到本公司后，未来得及向公司详细汇报就又前往海南出差。2月底，B市某粮油公司将上述两批货物送到，并要求支付货款。A市粮油进出口公司收货时发现有5吨小麦，经询问才知道实际情况，但之前A市粮油进出口公司已经与另一家公司签订了小麦的购销合同，不再需要小麦。因此A市粮油公司要求退货，但B市某粮油公司不同意退货，并要求A市粮油进出口公司立即按照合同的约定支付全部货款。A公司能不能要求退货？如果A公司退货，小麦购销合同的违约责任由谁承担？

答案：A公司能要求退货。乙的行为属于超越授权范围的代理，如被代理人不追认，则对被代理人不产生法律效力。A市粮油公司不承担责任，该责任由乙承担。

被代理人知道他人以自己名义实施民事行为而不作否认表示的，视为同意，由被代理人承担民事责任。

代理人不履行职责而给被代理人造成损害的，应当承担民事责任。

代理人和第三人串通，损害被代理人利益的，由代理人和第三人负连带责任。

第三人知道行为人没有代理权、超越代理权或者代理权已终止还与行为人实施民事行为给他人造成损害的，由第三人和行为人负连带责任。

代理人知道被委托代理的事项违法仍然进行代理活动的，或者被代理人知道代理人的代理行为违法不表示反对的，由被代理人和代理人负连带责任。

委托代理人为被代理人的利益需要转托他人代理的，应当事先取得被代理人的同意。事先没有取得被代理人同意的，应当在事后及时告诉被代理人，如果被代理人不同意，由代理人对自己所转托的人的行为负民事责任。但在紧急情况下，为了保护被代理人的利益而转托他人代理的除外。紧急情况一般指生病、通信中断等。

问题：赵某受朋友委托将一车鲜鱼运往市水产公司，在运输途中，赵某突发心脏病，不能继续开车，他又怕耽误时间太长，鲜鱼腐烂，就让自己的助手小李帮着继续原来的运输。如果小李在开车过程中，不小心撞到护栏上，把车撞坏了，修车花去了半天时间，结果许多鱼死亡，该损失是赵某赔偿还是赵某的朋友自己承担？

答案：赵某的朋友自己承担。

（三）代理关系

（1）被代理人与代理人之间的关系是委托合同关系，该委托授权可以采用任何形式。

（2）代理人、代理人与第三人的关系有以下两种：

1）如第三人知道代理人身份，则被代理人与第三人之间是合同关系。

问题：韩国某公司 A 与北京某公司 B 签订《代理店合同书》，约定 B 为 A 在华的独家代理，同时约定由 B 指定进口代理人与 A 签订气缸阀门的进口合同。B 与 C 签订了进口代理协议，A 和 C 签订了进口协议，后 A 将货物交付 C，C 将货物交付 B，B 以货物质量不合格为由，拒绝付款给 C，A 向仲裁机构提出申请，要求 C 支付货物价款。请问 C 有无付款责任？

答案：仲裁庭裁定 C 不承担付款责任。在此，C 是代理人身份，其责任由被代理人承担。

2）如代理人以自己的名义在授权委托范围内行为，第三人不知道代理人身份，那么代理人与第三人之间是合同关系，例如中国的行纪合同、大陆法系的间接代理、英美法系的未披露本人的代理。如代理人不能履行合同，则可披露被代理人，由第三人选择合同的相对人。

例如：制造商 A 作为 C 的代理商 B 签订合同，但没有向 B 披露其事实上只是在帮 C 签订合同，B 发现 C 的存在后有权直接对 C 主张合同的权利。

（四）代理关系的终止

（1）有下列情形之一的，委托代理终止：

1）代理期间届满或者代理事务完成；
2）被代理人取消委托或者代理人辞去委托；
3）代理人或者被代理人死亡；
4）代理人丧失民事行为能力；
5）作为被代理人或者代理人的法人、非法人组织终止。

（2）有下列情形之一的，法定代理终止：

1）被代理人取得或者恢复民事行为能力；
2）被代理人或者代理人死亡；
3）代理人丧失民事行为能力；
4）法律规定的其他情形。

（3）代理关系的终止对第三人的效力：除非第三人知道或应当知道代理权终止，否则不影响第三人。

第五节　民事责任和诉讼时效

一、民事责任

民事责任是民事主体违反法律规定或合同约定应当承担的不利法律后果。

注意：民事责任是一种强制性法律责任，但这种强制性比行政责任和刑事责任的强制性要弱一些，在一定程度上体现当事人的意思自治；另外，民事责任一般情况下是财产性责任，其主要关注点是对财产损失的救济，如果是惩罚性民事赔偿责任，则需要法律的明文规定为前提。

例如：《中华人民共和国食品安全法》第一百四十八条规定，生产不符合食品安全标准的食品或销售明知是不符合食品安全标准的食品，消费者除了要求赔偿损失之外，还可以向生产者或销售者要求支付价款十倍的赔偿金。

1. 承担方式

承担民事责任的方式主要有：停止侵害；排除妨碍；消除危险；返还财产；恢复原状；修理、重作、更换；继续履行；赔偿损失；支付违约金；消除影响、恢复名誉；赔礼道歉。

以上承担民事责任的方式，可以单独适用，也可以合并适用。

例如：2019 年 9 月，杭州市某居民在一家网店购买了印有董存瑞、黄继光宣传形象及配文的贴画后，认为案涉网店经营者侵害了董存瑞、黄继光的名誉并伤害了其爱国情感，遂向杭州市西湖区检察院举报。同年 11 月，杭州互联网法院当庭宣判被告立即停止侵害英雄烈士名誉权的行为，并在国家级媒体公开赔礼道歉、消除影响。

2. 免责事由

免责事由是指根据法律规定或者当事人约定，当事人可对其不符合约定的行为或者对于他人人身、财产等损失不承担法律责任的事实和理由。

主要有以下几种：

（1）不可抗力。不可抗力是不能预见、不能避免且不能克服的客观情况，包括地震、台风等因自然原因造成的不可抗力，也包括战争、动乱等因社会原因造成的不可抗力。

因不可抗力不能履行民事义务的，不承担民事责任。除非法律另有规定，法律另有规定的，依照其规定。

（2）正当防卫。正当防卫是指行为人为了保护国家、公共利益、本人或者他人的人身、财产和其他权利免受正在进行的不法侵害，针对这一不法侵害而在必要限度内采取的防卫措施。

注意： 构成正当防卫要满足以下条件：正当防卫的前提是存在不法侵害；正当防卫必须是针对正在进行的不法侵害；正当防卫必须针对不法侵害人进行；目的具有正当性；不超过必要限度。

因正当防卫造成损害的，不承担民事责任。正当防卫超过必要的限度，造成不应有的损害的，正当防卫人应当承担适当的民事责任。

（3）紧急避险。紧急避险是指为了避免正在发生的危险使个人权益或公共利益、国家利益受损，行为人不得不采取的避险行为。紧急避险针对的危险必须是正在发生的，而且紧急避险是有必要限度的。限度就是紧急避险所引起的损害必须小于所避免的损害，如果超出必要限度的，需要承担相应的责任。因紧急避险造成损害的，由引起险情发生的人承担民事责任。

危险由自然原因引起的，紧急避险人不承担民事责任，可以给予适当补偿。紧急避险采取措施不当或者超过必要的限度，造成不应有的损害的，紧急避险人应当承担适当的民事责任。

（4）紧急救助。因自愿实施紧急救助行为造成受助人损害的，救助人不承担民事责任。自愿实施紧急救助行为是行为人针对紧急情势，及时对遭受困难的受助人予以救助的行为。例如：对突发疾病的人进行救助、对掉到河里的人进行救助等。该行为实际上就是"见义勇为"，也就是说，法律鼓励和倡导见义勇为、助人为乐的行为。

注意： 救助行为的自愿性是指救助人没有法定或约定的救助义务，在行为样态上表现为主动施救；另外，该免责是对受助人的损失免责，不承担民事责任，而不是对其他人的损失的免责。

二、诉讼时效

诉讼时效是指因不行使权利的事实状态持续经过法定期间，即依法发生权利不受法律保护的时效。

1. 诉讼时效期间

向人民法院请求保护民事权利的期间为三年。法律另有规定的，依照其规定。

也就是说，一般情况下，权利人应该在三年内去法院主张权利，如果权利人在三年内持续地不行使权利，义务人有权就诉讼时效期已过提出抗辩。

法律另有规定的，依照其规定。比如，因国际货物买卖合同和技术进出口合同争议提起诉讼或者申请仲裁的时效期间为四年；海事诉讼时效海商法另有规定。

但是，自权利被损害之日起超过二十年的，人民法院不予保护。有特殊情况的，人民法院可以根据权利人的申请决定延长。

问题：张老汉二十多年前养过一群羊，二十多年后的今天，李老汉和张老汉闲聊时，说起他二十多年前偷过张老汉一只羊，张老汉这才知道自己曾丢过一只羊，他去法院起诉要求李老汉赔偿，李老汉能否不赔偿？

答案：能。因为已过二十年诉讼时效。

注意，下列请求权不适用诉讼时效的规定：

（1）请求停止侵害、排除妨碍、消除危险；
（2）不动产物权和登记的动产物权的权利人请求返还财产；
（3）请求支付抚养费、赡养费或者扶养费；
（4）依法不适用诉讼时效的其他请求权。

2. 诉讼时效期间的起算

诉讼时效期间从知道或者应当知道权利被侵害以及义务人之日起计算。超过诉讼时效期间，当事人自愿履行的，不受诉讼时效限制。

问题：张某借给朋友小李 1 万元，约定一个月偿还，后来小李一直未还，张某也没跟小李要，三年半后，小李主动还张某 1 万元。还完后，有人跟小李说："其实你可以不用还钱。"小李听后就要求张某返还 1 万元。请问张某要不要返还小李 1 万元？

答案：不要返还。根据《民法典》一百九十二条第二款规定：诉讼时效期间届满后，义务人同意履行的，不得以诉讼时效期间届满为由抗辩；义务人已经自愿履行的，不得请求返还。本案中，虽然 3 年诉讼时效已过，张某丧失了胜诉权，但实体权利并没有丧失，所以小李主动还款后不得要求返还。

3. 诉讼时效中止

在诉讼时效期间的最后六个月内，因不可抗力或者其他障碍不能行使请求权的，诉讼时效中止。从中止时效的原因消除之日起，诉讼时效期间继续计算。

问题：甲乙公司之间签订合同，甲付款后于 2021 年 1 月 18 日收到乙发来的货物，发现质量有严重问题，甲随即要求乙退货，并赔偿损失，乙不愿意承担责任。甲本想去法院起诉乙，但因为公司太忙，就一直没起诉。到 2023 年 9 月 1 日，甲准备去法院起诉乙，这时正好发生地震，地震后一切被摧毁，3 个月后才恢复正常。甲起诉乙的诉讼时效如何计算？

答案：甲的诉讼时效应持续到 2024 年 4 月 18 日。

4. 诉讼时效中断

诉讼时效因提起诉讼、当事人一方提出要求或者同意履行义务而中断。从中断时起，诉讼时效期间重新计算。

问题： 2021年1月5日小张借给小李1万元，约定半年后还。半年后小李没还，但小李给小张说："对不起，我现在没钱，再过半年一定还你。"但半年后小李还是没还钱。请问，小张应在什么时间内起诉？

答案： 小张应在2022年1月5日到2025年1月5日起诉小李。

第六节 物　　权

一、物权概述

物权是指权利人依法对特定的物享有直接支配和排他的权利。这里的"物"包括动产和不动产。"不动产"是指依物理性质或法律规定不能移动或移动后会改变其物理性质的财产，如：土地、房屋、林木等土地定着物。"动产"是指能够移动而不损害其物理性质和经济价值的物，如：金钱、有价值的物品等。

1. 物权的设立、变更、转让和消灭

不动产物权的设立、变更、转让和消灭，应当依照法律规定登记。动产物权的设立和转让，应当依照法律规定交付。

（1）不动产登记。不动产物权的设立、变更、转让和消灭，经依法登记，发生效力；未经登记，不发生效力，但是法律另有规定的除外。

依法属于国家所有的自然资源，所有权可以不登记。

不动产登记，由不动产所在地的登记机构办理。自然资源部负责全国不动产统一登记工作。

国家对不动产实行统一登记制度。统一登记的范围、登记机构和登记办法，由法律、行政法规规定。例如：《不动产登记暂行条例实施细则》《不动产登记操作规范（试行）》。

当事人申请登记，应当根据不同登记事项提供权属证明和不动产界址、面积等必要材料。即登记时需提供两类材料：一是不动产物权权属证明材料，例如，申请人身份证明材料、合同等；二是标明不动产物权标的实际情况的材料，例如，描述不动产的数据、照片、图片、图纸等。

不动产物权的设立、变更、转让和消灭，依照法律规定应当登记的，自记载于不动产登记簿时发生效力。

当事人之间订立有关设立、变更、转让和消灭不动产物权的合同，除法律另有规定或者当事人另有约定外，自合同成立时生效；未办理物权登记的，不影响合同效力。

不动产登记簿是物权归属和内容的根据。

不动产权属证书是权利人享有该不动产物权的证明。不动产权属证书记载的事项，应当与不动产登记簿一致；记载不一致的，除有证据证明不动产登记簿确有错误外，以不动产登记簿为准。例如：房屋产权证记载的内容与房产管理部门登记簿记载的内容不同时，以房产管理部门的记载内容为准，除非能证明房管部门的登记内容有误。

如果权利人、利害关系人认为不动产登记簿记载的事项错误的，可以申请更正登记。不动产登记簿记载的权利人书面同意更正或者有证据证明登记确有错误的，登记机构应当予以更正。

不动产登记簿记载的权利人不同意更正的，利害关系人可以申请异议登记。登记机构予以异议登记，申请人自异议登记之日起十五日内不提起诉讼的，异议登记失效。异议登记不当，造成权利人损害的，权利人可以向申请人请求损害赔偿。

（2）动产交付。动产物权的设立和转让，自交付时发生效力，但是法律另有规定的除外。即没有交付就不会发生物权的变动。

注意：交付的形式一定要符合法律的规定，是明确的、一次性的、全部的移转，总之交付要能够切断让与人与该动产的联系。

船舶、航空器和机动车等的物权的设立、变更、转让和消灭，未经登记，不得对抗善意第三人。船舶、航空器和机动车等属于特殊的动产，所以其物权变动需要登记，例如《中华人民共和国海商法》第九条规定：船舶所有权的取得、转让和消灭，应当向船舶登记机关登记，未经登记的，不得对抗第三人。

注意：该登记是对抗善意第三人的要件，未登记前，物权变动在当事人之间已经生效，可以对抗一般债权人、不法侵害或恶意第三人的登记。

问题：甲将一辆汽车转让给乙，但未办理登记手续。乙在使用汽车时，被丙损坏，乙能否要求丙赔偿？

答案：能。虽然汽车还登记在甲名下，但已转让交付于乙，乙拥有汽车的所有权，所以乙享有汽车的损害赔偿请求权。

另外注意以下特殊情况：

1）动产物权设立和转让前，权利人已经占有该动产的，物权自民事法律行为生效时发生效力。

2）动产物权设立和转让前，第三人占有该动产的，负有交付义务的人可以通过转让请求第三人返还原物的权利代替交付。

3）动产物权转让时，当事人又约定由出让人继续占有该动产的，物权自该约定生效时发生效力。

4）因人民法院、仲裁机构的法律文书或者人民政府的征收决定等，导致物权设立、变更、转让或者消灭的，自法律文书或者征收决定等生效时发生效力。

5）因继承取得物权的，自继承开始时发生效力。

6）因合法建造、拆除房屋等事实行为设立或者消灭物权的，自事实行为成就时发生效力。

2. 物权的保护

物权受到侵害的，权利人可以通过以下几种方式进行保护：

（1）请求确认物权。因物权的归属、内容发生争议的，利害关系人可以请求确认权利。例如邻里之间对宅基地的大小、范围有争议，就可以向有关机关请求确认。

（2）请求返还原物。无权占有不动产或者动产的，权利人可以请求返还原物。

（3）请求排除妨害或者消除危险。妨害物权或者可能妨害物权的，权利人可以请求排除妨害或者消除危险。

问题：甲乙系邻居，甲家院子里有棵树，树冠很大越过了围墙，一部分伸到隔壁邻居乙家，对这部分树枝乙能否主张排除妨害呢？

答案：对该问题的回答要看具体情况，关键要区分是否妨害物权或者可能妨害物权，如果是，乙就可以主张排除妨害，砍掉树枝；如果不妨害则乙不能主张砍掉树枝，排除妨害。

（4）请求修理、重作、更换或者恢复原状。造成不动产或者动产毁损的，权利人可以依法请求修理、重作、更换或者恢复原状。

（5）请求损害赔偿。侵害物权，造成权利人损害的，权利人可以依法请求损害赔偿，也可以依法请求承担其他民事责任。

上述物权保护方式，可以单独适用，也可以根据权利被侵害的情形合并适用。

二、所有权

所有权是指所有权人对自己的不动产或者动产，依法享有占有、使用、收益和处分的权利。

所有权排斥所有人，禁止任何组织或者个人侵占、哄抢、私分、截留、破坏或者非法查封、扣押、冻结、没收。

（一）国家所有权、集体所有权和私人所有权

按照物权主体的不同，所有权分为以下类型。

1. 国家所有权

法律规定属于国家所有的财产，属于国家所有即全民所有。

（1）矿藏、水流、海域属于国家所有。

（2）无居民海岛属于国家所有，国务院代表国家行使无居民海岛所有权。

（3）城市的土地，属于国家所有。法律规定属于国家所有的农村和城市郊区的土地，属于国家所有。

（4）森林、山岭、草原、荒地、滩涂等自然资源，属于国家所有，但是法律规定属于集体所有的除外。

（5）法律规定属于国家所有的野生动植物资源，属于国家所有。

（6）无线电频谱资源属于国家所有。

（7）法律规定属于国家所有的文物，属于国家所有。

（8）国防资产属于国家所有。

（9）铁路、公路、电力设施、电信设施和油气管道等基础设施，依照法律规定为国家所有的，属于国家所有。

（10）国家机关对其直接支配的不动产和动产，享有占有、使用以及依照法律和国务院的有关规定处分的权利。

（11）国家举办的事业单位对其直接支配的不动产和动产，享有占有、使用以及依照法律和国务院的有关规定收益、处分的权利。

（12）国家出资的企业，由国务院、地方人民政府依照法律、行政法规规定分别代表国家履行出资人职责，享有出资人权益。

国有财产由国务院代表国家行使所有权。法律另有规定的，依照其规定。

2. 集体所有权

集体所有的不动产和动产包括：

（1）法律规定属于集体所有的土地和森林、山岭、草原、荒地、滩涂；

(2) 集体所有的建筑物、生产设施、农田水利设施；
(3) 集体所有的教育、科学、文化、卫生、体育等设施；
(4) 集体所有的其他不动产和动产。

3. 私人所有权

私人对其合法的收入、房屋、生活用品、生产工具、原材料等不动产和动产享有所有权。私人的合法财产受法律保护，禁止任何组织或者个人侵占、哄抢、破坏。

(二) 业主的建筑物区分所有权

建筑物区分所有权是不动产所有权的一种形态。业主对建筑物内的住宅、经营性用房等专有部分享有所有权，对专有部分以外的共有部分享有共有和共同管理的权利。

1. 专有部分

业主对其建筑物专有部分享有占有、使用、收益和处分的权利。业主行使权利不得危及建筑物的安全，不得损害其他业主的合法权益。

2. 共有部分

业主对建筑物专有部分以外的共有部分，享有权利，承担义务；不得以放弃权利为由不履行义务。

业主转让建筑物内的住宅、经营性用房，其对共有部分享有的共有和共同管理的权利一并转让。

建筑区划内的道路，属于业主共有，但是属于城镇公共道路的除外。建筑区划内的绿地，属于业主共有，但是属于城镇公共绿地或者明示属于个人的除外。建筑区划内的其他公共场所、公用设施和物业服务用房，属于业主共有。例如电梯属于业主所有，是否在电梯里张贴广告，应由业主决定，收入应归业主所有。

建筑区划内，规划用于停放汽车的车位、车库的归属，由当事人通过出售、附赠或者出租等方式约定。

占用业主共有的道路或者其他场地用于停放汽车的车位，属于业主共有。

例如：小区停车位紧张，能否不经过业主同意私自占用小区的公共活动场所作为停车位？物业能否私自将小区的公共活动场所划为车位并收费？答案显然是否定的，法律明确规定，占用业主共有的道路或者其他场地用于停放汽车的车位，属于业主共有。也就是说小区的公共活动场所属于全体业主所有，个别业主或物业公司是没有权利处分、使用的。

建筑区划内，规划用于停放汽车的车位、车库应当首先满足业主的需要。例如：物业将小区的自行车棚出租给小区居民之外的人，作为经营用地，赚取高额租金。该行为就属于违法行为。

(三) 相邻关系

相邻关系是指两个或两个以上相互毗邻不动产所有人或使用人在行使所有权或使用权时，相互之间给予便利或接受限制而形成的权利义务关系。

1. 相邻关系处理原则

不动产的相邻权利人应当按照有利生产、方便生活、团结互助、公平合理的原则，正确处理相邻关系。

法律、法规对处理相邻关系有规定的，依照其规定；法律、法规没有规定的，可以按照当地习惯。

例如：陈某诉地铁公司相邻关系纠纷案中，原告陈某以地铁公司围蔽施工影响其店铺经营为由，要求地铁公司赔偿。法院审理后认为，地铁工程是为社会利益而实施的工程，围蔽施工经过了有关机关审批，施工范围并未超出市政公共道路范围，陈某作为相邻一方，应为地铁公司施工提供相应的便利，对因为施工带来的影响负有必要容忍义务。另外，地铁公司的施工虽对陈某的经营有一定影响，但影响并不大，陈某仍可经营，陈某经营损失与地铁施工之间的因果关系并不必然，因此，判决驳回陈某的诉讼请求。

2. 相邻用水关系

不动产权利人应当为相邻权利人用水、排水提供必要的便利。

对自然流水的利用，应当在不动产的相邻权利人之间合理分配。对自然流水的排放，应当尊重自然流向。

3. 相邻通行关系

不动产权利人对相邻权利人因通行等必须利用其土地的，应当提供必要的便利。

4. 相邻管线安设关系

不动产权利人因建造、修缮建筑物以及铺设电线、电缆、水管、暖气和燃气管线等必须利用相邻土地、建筑物的，该土地、建筑物的权利人应当提供必要的便利。

5. 通风、采光和日照关系

建造建筑物，不得违反国家有关工程建设标准，不得妨碍相邻建筑物的通风、采光和日照。

例如：在陈某与南京某公司相邻关系纠纷案中，陈某主张被告某公司开发建设的大厦遮挡了其房屋的日照，要求被告给予赔偿。法院根据《城市居住区规划设计标准》，认为陈某要求具有合理性，判决支持陈某的诉讼请求。

6. 相邻"不可量物"侵害关系

不动产权利人不得违反国家规定弃置固体废物，排放大气污染物、水污染物、土壤污染物、噪声、光辐射、电磁辐射等有害物质。随着社会发展，现在的光辐射、电磁辐射、噪声越来越多，越来越影响生活，因此产生的纠纷也越来越多。在解决纠纷时，要严格依据国家规定，如果没有国家规定，则要考虑容忍程度，做好利益衡量。

不动产权利人挖掘土地、建造建筑物、铺设管线以及安装设备等，不得危及相邻不动产的安全。

不动产权利人因用水、排水、通行、铺设管线等利用相邻不动产的，应当尽量避免对相邻的不动产权利人造成损害。

（四）共有

共有又称共有所有权，是指两个或两个以上民事主体对同一物享有的所有权。也就是说，不动产或者动产可以由两个以上组织、个人共有。

1. 共有的分类

依据共有人之间权利义务关系的不同，共有包括按份共有和共同共有。

（1）按份共有。按份共有人对共有的不动产或者动产按照其份额享有所有权。例如：民事合伙、合伙企业、合伙人之间一般都是按份共有。

（2）共同共有。共同共有人对共有的不动产或者动产共同享有所有权。例如：夫妻共同共有财产、家庭共有财产。

2. 对共有物的管理

共有人按照约定管理共有的不动产或者动产；没有约定或者约定不明确的，各共有人都有管理的权利和义务。

处分共有的不动产或者动产以及对共有的不动产或者动产作重大修缮、变更性质或者用途的，应当经占份额三分之二以上的按份共有人或者全体共同共有人同意，但是共有人之间另有约定的除外。

这里注意，管理一般事务是共有人共同的意愿，但"处分共有的不动产或者动产以及对共有的不动产或者动产作重大修缮、变更性质或者用途的"，按份共有和共同共有是不同的：按份共有应当经占份额三分之二以上的按份共有人同意；共同共有应当经全体共同共有人同意。共有人之间另有约定的除外。

共有人对共有物的管理费用以及其他负担，有约定的，按照其约定；没有约定或者约定不明确的，按份共有人按照其份额负担，共同共有人共同负担。

3. 因共有物发生的债权债务关系

因共有的不动产或者动产产生的债权债务，在对外关系上，共有人享有连带债权、承担连带债务，但是法律另有规定或者第三人知道共有人不具有连带债权债务关系的除外。在共有人内部关系上，除共有人另有约定外，按份共有人按照份额享有债权、承担债务，偿还债务超过自己应当承担份额的按份共有人，有权向其他共有人追偿。共同共有人共同享有债权、承担债务。

三、用益物权

用益物权人对他人所有的不动产或者动产，依法享有占有、使用和收益的权利。

1. 土地承包经营权

土地承包经营权是指土地承包经营权人依法对其承包经营的耕地、林地、草地等享有占有、使用和收益的权利，有权从事种植业、林业、畜牧业等农业生产。

（1）土地承包经营权的期限。耕地的承包期为三十年。草地的承包期为三十年至五十年。林地的承包期为三十年至七十年。该承包期是法定期限，任何单位和个人均不得通过合同随意作出约定。承包期限届满，由土地承包经营权人依照农村土地承包的法律规定继续承包。

（2）土地承包经营权的设立和登记。土地承包经营权自土地承包经营权合同生效时设立。

土地承包经营权需要登记，登记机构应当向土地承包经营权人发放土地承包经营权证、林权证等证书，并登记造册，确认土地承包经营权。登记机构为县级以上地方人民政府。国务院《不动产登记暂行条例》规定：县级以上地方人民政府应当确定一个部门为本行政区域的不动产登记机构，负责不动产登记工作，并接受上级人民政府不动产登记主管部门的指导、监督。

（3）土地承包经营权的流转。土地承包经营权人依照法律规定，有权将土地承包经营权互换、转让。未经依法批准，不得将承包地用于非农建设。

土地承包经营权互换、转让的，当事人可以向登记机构申请登记；未经登记，不得对抗善意第三人。

土地承包经营权人可以自主决定依法采取出租、入股或者其他方式向他人流转土地经营权。土地经营权人有权在合同约定的期限内占有农村土地，自主开展农业生产经营并取得收益。

流转期限为五年以上的土地经营权，自流转合同生效时设立。当事人可以向登记机构申请土地经营权登记；未经登记，不得对抗善意第三人。

通过招标、拍卖、公开协商等方式承包农村土地，经依法登记取得权属证书的，可以依法采取出租、入股、抵押或者其他方式流转土地经营权。

2. 建设用地使用权

建设用地使用权是指建设用地使用权人依法对国家所有的土地享有占有、使用和收益的权利，有权利用该土地建造建筑物、构筑物及其附属设施。

（1）建设用地使用权的设立和登记。

建设用地使用权可以在土地的地表、地上或者地下分别设立。也就是说，建设用地使用权可以分层设立，例如：高架桥、空中走廊、地铁、地下商场、地下停车场等。

设立建设用地使用权，应当符合节约资源、保护生态环境的要求，遵守法律、行政法规关于土地用途的规定，不得损害已经设立的用益物权。

设立建设用地使用权，可以采取出让或者划拨等方式。

工业、商业、旅游、娱乐和商品住宅等经营性用地以及同一土地有两个以上意向用地者的，应当采取招标、拍卖等公开竞价的方式出让。

严格限制以划拨方式设立建设用地使用权。

通过招标、拍卖、协议等出让方式设立建设用地使用权的，当事人应当采用书面形式订立建设用地使用权出让合同。

设立建设用地使用权的，应当向登记机构申请建设用地使用权登记。建设用地使用权自登记时设立。登记机构应当向建设用地使用权人发放权属证书。

（2）建设用地使用权的流转。建设用地使用权人有权将建设用地使用权转让、互换、出资、赠与或者抵押，但是法律另有规定的除外。

建设用地使用权转让、互换、出资、赠与或者抵押的，当事人应当采用书面形式订立相应的合同。使用期限由当事人约定，但是不得超过建设用地使用权的剩余期限。

建设用地使用权转让、互换、出资或者赠与的，应当向登记机构申请变更登记。

建设用地使用权转让、互换、出资或者赠与的，附着于该土地上的建筑物、构筑物及其附属设施一并处分。

建筑物、构筑物及其附属设施转让、互换、出资或者赠与的，该建筑物、构筑物及其附属设施占用范围内的建设用地使用权一并处分。

（3）建设用地使用权的消灭。建设用地使用权期限届满前，因公共利益需要提前收回该土地的，应当依据法律规定对该土地上的房屋以及其他不动产给予补偿，并退还相应的出让金。

住宅建设用地使用权期限届满的，自动续期。续期费用的缴纳或者减免，依照法律、行政法规的规定办理。

非住宅建设用地使用权期限届满后的续期，依照法律规定办理。该土地上的房屋以及其他不动产的归属，有约定的，按照约定；没有约定或者约定不明确的，依照法律、行政法规的规定办理。

建设用地使用权消灭的，出让人应当及时办理注销登记。登记机构应当收回权属证书。

3. 宅基地使用权

宅基地使用权是指宅基地使用权人依法对集体所有的土地享有占有和使用的权利，有权依法利用该土地建造住宅及其附属设施。

（1）宅基地使用权的取得、行使和转让。宅基地使用权的取得、行使和转让，适用土地管理的法律和国家有关规定。例如《土地管理法》第六十二条规定：农村村民住宅用地，由乡（镇）人民政府审核批准。《中华人民共和国土地管理法实施条例》第三十四条规定：农村村民申请宅基地的，应当以户为单位向农村集体经济组织提出申请；没有设立农村集体经济组织的，应当向所在的村民小组或者村民委员会提出申请。宅基地申请依法经农村村民集体讨论通过并在本集体范围内公示后，报乡（镇）人民政府审核批准。

（2）宅基地使用权的灭失。宅基地因自然灾害等原因灭失的，宅基地使用权消灭。例如地震、河流改道、山体滑坡等，导致宅基地不能恢复原状、继续使用的。对失去宅基地的村民，应当依法重新分配宅基地。但权利人出卖、出租宅基地上的房屋，不得另行申请宅基地。

对于已经登记的宅基地使用权转让或者消灭的，应当及时办理变更登记或者注销登记。

4. 居住权

居住权是指居住权人有权按照合同约定，对他人的住宅享有占有、使用的用益物权，以满足生活居住的需要。

（1）居住权的设立。设立居住权，当事人应当采用书面形式订立居住权合同。

居住权无偿设立，但是当事人另有约定的除外。设立居住权的，应当向登记机构申请居住权登记。居住权自登记时设立。还可以以遗嘱方式设立居住权。

问题：2013年王老伯将拆迁安置所得的唯一住房登记到儿子王某和儿媳赵某的名下，但房屋一直由王老伯和老伴居住。

时隔一年，王某与赵某协议离婚，将该房屋赠与14周岁的儿子王某东。2021年6月，王某东将父母王某和赵某诉至法院，要求两人协助办理房屋不动产变更登记。对于王老伯和老伴来说，如何保障自己的权利呢？

答案：王老伯可以要求办理房屋产权转让登记时，同时登记自己和老伴的居住权。

（2）居住权的行使。居住权具有专属性，不得转让、继承。

居住权作为用益物权，需要使用设立有居住权的住宅，因此，设立居住权的住宅不得出租，但是当事人另有约定的除外。

（3）居住权的消灭。居住权期限届满或者居住权人死亡的，居住权消灭。居住权消灭的，应当及时办理注销登记。

5. 地役权

地役权是指地役权人按照合同约定，利用他人的不动产，以提高自己的不动产效益的权利。他人的不动产为供役地，自己的不动产为需役地。

（1）地役权的设立。设立地役权，当事人应当采用书面形式订立地役权合同。

地役权自地役权合同生效时设立。当事人要求登记的，可以向登记机构申请地役权登记；未经登记，不得对抗善意第三人。

问题：甲为了能在自己的房子里看风景，便与邻居乙约定：乙不在自己的土地上建设高层建筑，作为补偿，甲每年支付乙5000元。该地役权没有登记。两年后，乙将土地使用权转让给丙，丙随即在该土地上建起了高楼。甲因此与丙发生纠纷。请问，甲能否阻止丙建高楼？

答案：甲不能阻止乙建高楼，因为甲的地役权没有登记，不得对抗不知情第三人丙。

（2）地役权的行使。供役地权利人应当按照合同约定，允许地役权人利用其不动产，不得妨害地役权人行使权利。

地役权人应当按照合同约定的利用目的和方法利用供役地，尽量减少对供役地权利人物权的限制。

（3）地役权的期限。地役权期限由当事人约定；但是，不得超过土地承包经营权、建设用地使用权等用益物权的剩余期限。

（4）地役权的消灭。地役权人有下列情形之一的，供役地权利人有权解除地役权合同，地役权消灭：

1）违反法律规定或者合同约定，滥用地役权；

2）有偿利用供役地，约定的付款期限届满后在合理期限内经两次催告未支付费用。

（5）地役权的登记。已经登记的地役权变更、转让或者消灭的，应当及时办理变更登记或者注销登记。

四、担保物权

担保物权是指担保物权人在债务人不履行到期债务或者发生当事人约定的实现担保物权的情形，依法享有就担保财产优先受偿的权利。简单来说，"担保物权"，就是以"物"担保债权，以达到保全债权的目的。

担保物权包括：抵押权、质权、留置权。

（一）抵押权

抵押权是指为担保债务的履行，债务人或者第三人不转移财产的占有，将该财产抵押给债权人的，债务人不履行到期债务或者发生当事人约定的实现抵押权的情形，债权人就该财产优先受偿的权利。

1. 可抵押财产

债务人或者第三人有权处分的下列财产可以抵押：

（1）建筑物和其他土地附着物；

（2）建设用地使用权；

（3）海域使用权；

（4）生产设备、原材料、半成品、产品；

（5）正在建造的建筑物、船舶、航空器；

（6）交通运输工具；

（7）法律、行政法规未禁止抵押的其他财产。

2. 不可抵押财产

下列财产不得抵押：

（1）土地所有权；

（2）宅基地、自留地、自留山等集体所有土地的使用权，但是法律规定可以抵押的除外；

（3）学校、幼儿园、医疗机构等为公益目的成立的非营利法人的教育设施、医疗卫生设施和其他公益设施；

（4）所有权、使用权不明或者有争议的财产；

（5）依法被查封、扣押、监管的财产；

（6）法律、行政法规规定不得抵押的其他财产。

问题：某大学为了扩建校园，将学校已有的一栋办公楼抵押给银行从而借贷一千万元。该抵押是否有效？

答案：无效。

3. 抵押合同

设立抵押权，当事人应当采用书面形式订立抵押合同。

不动产设定抵押权，应当办理抵押登记。抵押权自登记时设立。

以动产抵押的，抵押权自抵押合同生效时设立；未经登记，不得对抗善意第三人。

（二）质权

质权是指为担保债务的履行，债务人或者第三人将其动产或者财产权利移交债权人占有，当债务人不履行到期债务或者发生当事人约定的实现质权的情形，债权人有权就该动产或财产权利优先受偿。

1. 动产质权

动产质权是指为担保债务的履行，债务人或者第三人将其动产出质给债权人占有的，债务人不履行到期债务或者发生当事人约定的实现质权的情形，债权人就该动产优先受偿的权利。

设立动产质权，当事人应当采用书面形式订立质押合同。

动产质权自出质人交付质押财产时设立。注意，不是合同成立时设立。

2. 权利质权

权利质权是指法律规定的具有可让与性的财产权利为标的而设立的质权。

债务人或者第三人有权处分的下列权利可以出质：

（1）汇票、本票、支票；

（2）债券、存款单；

（3）仓单、提单；

（4）可以转让的基金份额、股权；

（5）可以转让的注册商标专用权、专利权、著作权等知识产权中的财产权；

（6）现有的以及将有的应收账款；

（7）法律、行政法规规定可以出质的其他财产权利。

以汇票、本票、支票、债券、存款单、仓单、提单出质的，质权自权利凭证交付质权人时设立；没有权利凭证的，质权自办理出质登记时设立。法律另有规定的，依照其规定。

以基金份额、股权出质的和以注册商标专用权、专利权、著作权等知识产权中的财产权及应收账款出质的，质权自办理出质登记时设立。

（三）留置权

留置权是指在一定的法律关系中，债权人合法占有债务人的动产，在债务人未履行合同义务时，债权人对其占有的债务人的动产享有的变价优先受偿权。

例如：在红木家具厂定做家具，家具按时做好了，但订货方不能按时支付定制费。家具厂就可以行使留置权，将家具留到订货方付费时，如果定制方最终不能付费，家具厂可以变卖该定制家具，并优先取得定制费。

注意：留置权一般在合同关系中存在，在侵权关系中占有侵害人的财产一般是自助行为，而不是行使留置权。

例如：汽车撞倒行人后，为防止司机逃逸，拦下该肇事车辆的行为就是自助行为。

1. 留置权人的权利和义务

留置权人有权收取留置财产的孳息,但所收取的孳息应当先充抵收取孳息的费用。

留置权人负有妥善保管留置财产的义务;因保管不善致使留置财产毁损、灭失的,应当承担赔偿责任。

留置权人与债务人应当约定留置财产后的债务履行期限;没有约定或者约定不明确的,留置权人应当给债务人六十日以上履行债务的期限,但是鲜活易腐等不易保管的动产除外。债务人逾期未履行的,留置权人可以与债务人协议以留置财产折价,也可以就拍卖、变卖留置财产所得的价款优先受偿。

2. 留置权的行使

债务人可以请求留置权人在债务履行期限届满后行使留置权;留置权人不行使的,债务人可以请求人民法院拍卖、变卖留置财产。

留置财产折价或者拍卖、变卖后,其价款超过债权数额的部分归债务人所有,不足部分由债务人清偿。

同一动产上已经设立抵押权或者质权,该动产又被留置的,留置权人优先受偿。

3. 留置权消灭

留置权因以下情形消灭:

(1)主债权消灭,留置权消灭;

(2)留置权实现,留置权消灭;

(3)留置权人对留置财产丧失占有或者留置权人接受债务人另行提供担保的,留置权消灭。

五、占有

占有是一种事实状态,是占有人对物的事实上的控制和支配。作为一种对物进行占领、控制的事实,占有不是权利,但会产生一定的效力。

关于占有的规定,其实质意义在于保护无权占有中的善意占有。

1. 占有的分类

依照无权占有人是否知道自己有占有权源,将占有分为恶意占有和善意占有。

(1)恶意占有。占有人因使用占有的不动产或者动产,致使该不动产或者动产受到损害的,恶意占有人应当承担赔偿责任。

(2)善意占有。不动产或者动产被占有人占有的,权利人可以请求返还原物及其孳息;但是,应当支付善意占有人因维护该不动产或者动产支出的必要费用。

2. 占有的保护

占有虽然是一种既成事实,但也受法律保护,不受非法侵害。

例如:甲丢失一块手表,乙拾得之后,在寻找失主期间,乙对该手表的占有就属于善意占有。如果丙趁乙不注意,悄悄把手表拿走自己戴,乙有权要求丙返还手表。

占有的不动产或者动产被侵占的,占有人有权请求返还原物;对妨害占有的行为,占有人有权请求排除妨害或者消除危险;因侵占或者妨害造成损害的,占有人有权依法请求损害赔偿。

占有人返还原物的请求权,自侵占发生之日起一年内未行使的,该请求权消灭。

第七节 合 同

一、合同的概念和分类

1. 合同的概念

合同是民事主体之间设立、变更、终止民事法律关系的协议。

《民法典》规定：合同是指平等主体的自然人、法人、其他组织之间设立、变更、终止民事权利义务关系的协议。婚姻、收养、监护等有关身份关系的协议，适用有关身份关系的法律规定；没有规定的，可以根据其性质参照适用《民法典》第三编合同的规定。

注意： 此处所指合同是指平等主体之间签订的协议，不平等主体之间签订的合同不适用《民法典》第三编合同的规定，例如：劳动合同适用《中华人民共和国劳动合同法》。

另外，婚姻、收养、监护等有关身份关系的协议不适用《民法典》，而是适用其他法律规定。

2. 合同的分类

合同有许多种分类：有名合同和无名合同；双务合同和单务合同；有偿合同和无偿合同；束己合同和涉他合同；诺成合同和实践合同；要式合同和不要式合同；附条件合同和不附条件合同；附期限和不附期限合同；主合同和从合同；格式合同和非格式合同等。

在此着重注意诺成合同和实践合同，格式合同和非格式合同两种分类。

（1）诺成合同和实践合同。诺成合同指只要行为人意思表示一致，就能成立的合同；实践合同是指除当事人意思表示一致外，还需要实际交付标的物，才能成立生效的合同。常见的实践合同主要有动产质押、定金合同、借用合同、自然人之间的借贷合同、保管合同等。

另外应特别注意，赠与合同是诺成合同，只要受赠人已表示接受赠与，并不需要实际交付赠与物，赠与合同就成立。但是赠与人在赠与财产的权利转移之前，可以撤销赠与，不用交付赠与物，除非是具有救灾、扶贫等社会公益、道德性质的赠与合同或者经过公证的合同。

问题： 药某某案件结束后，被害人的家属在网上发表声明，要接受药某某父母以前所给的 20 万元，他们的依据是药某某父母在自己的博客中写到："这 20 万元我们会一直留着，等你父母和孩子在需要时来取。"但随后药某某父母发表声明说，钱是借朋友的，已经还给朋友了，现在没钱了，没法给被害人家属钱了。请问：药某某父母应否支付这 20 万元？

答案： 不应支付。药某某父母先前的行为是赠与，只要被害人家属表示接受赠与，赠与合同就成立了，但赠与物并没有转移权利，随后药某某父母表示"无法给被害人钱了"就是对先前赠与的撤销，所以不用再交付赠与物。但是如果赠与合同是经过公证机关公证的，则药某某父母不能撤销，只能支付这 20 万元了。

（2）格式合同和非格式合同。格式合同是指合同条款由一方当事人预先拟定，并能重复使用，对方当事人一般只能表示接受或者拒绝的合同。例如：在银行开立账户，要和银行签订一份合同，这种合同就是格式合同；还有，和保险公司签的合同也是格式合同。

非格式合同是指由双方当事人协商拟定条款而形成的合同。

在签订格式合同要特别注意：提供方应对合同中的免除责任、限制责任条款尽到提示和说明义务，否则，该条款不产生法律效力。另外，格式合同中免除造成对方人身伤害责任的或因故意、重大过失致对方财产损害的条款，不论是否说明和提示，都是无效的。

二、合同的订立

合同的订立是指合同当事人相互作出愿意订立合同的意思表示并最终达成一致意见的过程。

当事人订立合同，采取要约、承诺方式或者其他方式。其他方式包括招投标方式、拍卖方式等。

1. 要约

要约是希望和他人订立合同的意思表示，该意思表示应当符合下列规定：

（1）内容具体确定。这一点主要是与广告宣传进行区别，一般的广告宣传不能认为是要约。

问题： 有人想买房，售楼处人员带他看了样板间，他觉得样板间不错，很好，没有实际去看自己要买的房子，就直接签了合同。交房时，他发现房屋和样板间不一样，他认为开发商违约，要求赔偿。请问买房人的要求有法律依据吗？

答案： 没法律依据。样板间只是一个广告宣传，样板间的情况并不是合同的一部分，除非将样板间的情况都写入购房合同，否则，购房人不能因为所购房屋与样板间不同就要求赔偿。

问题： 甲对乙声称："我正在考虑卖掉家中祖传的一套家具，价格10万元。"乙立即向甲表示："我愿意以10万元价格购买此套家具。"下列判断正确的是（　　）。

　A. 甲对乙的表示构成要约　　　　B. 乙对甲的表示构成承诺
　C. 甲对乙的表示构成承诺　　　　D. 乙对甲的表示构成要约

答案： D。甲要卖掉其家具的意思并不确定，所以不构成要约，而是要签约邀请；乙的意思很明确，所以是要约。

（2）表明经受要约人承诺，要约人即受该意思表示约束。

要约到达受要约人时生效。如果是采用数据电文形式订立合同，收件人指定特定系统接收数据电文的，该数据电文进入该特定系统的时间，视为到达时间；未指定特定系统的，该数据电文进入收件人的任何系统的首次时间，视为到达时间。

例如： 在采用电子邮件形式签订合同时，签合同的双方当事人一定要事先在合同中指定邮箱地址，这样才能锁定要约生效时间，而且也能在第一时间看到对方的要约，免得错过。

2. 承诺

承诺是受要约人同意要约的意思表示。

承诺的内容应当与要约的内容一致。受要约人对要约的内容作出实质性变更的，为新要约。有关合同标的、数量、质量、价款或者报酬、履行期限、履行地点和方式、违约责任和解决争议方法等的变更，是对要约内容的实质性变更。承诺对要约的内容作出非实质性变更的，除要约人及时表示反对或者要约表明承诺不得对要约的内容作出任何变更外，该承诺有效，合同的内容以承诺的内容为准。

承诺应当以通知的方式作出，但根据交易习惯或者要约表明可以通过行为作出承诺的除外。

问题： 甲公司给乙公司发函称：我公司急需水泥1000吨，价格300元1吨，货到付款。乙收到函之后，未回函，但立即组织运输车队将1000吨水泥运抵甲公司。甲乙之间合同有没有成立？

答案： 合同成立。因为乙以行为的方式作出了有效承诺。

承诺应当在要约确定的期限内到达要约人。要约没有确定承诺期限的，承诺应当依照下列规定到达：

（1）要约以对话方式作出的，应当即时作出承诺；

（2）要约以非对话方式作出的，承诺应当在合理期限内到达。

要约以信件或者电报作出的，承诺期限自信件载明的日期或者电报交发之日开始计算。信件未载明日期的，自投寄该信件的邮戳日期开始计算。要约以电话、传真等快速通信方式作出的，承诺期限自要约到达受要约人时开始计算。

承诺通知到达要约人时生效。承诺不需要通知的，根据交易习惯或者要约的要求作出承诺的行为时生效。

问题： 甲商场向乙企业发出采购100台电冰箱的要约，乙企业于5月1日寄出承诺信件，5月8日信件寄至甲商场，适逢其总经理外出，5月9日总经理知悉了该信内容，遂于5月10日电话告知乙收到承诺。根据相关法律的规定，该承诺的生效时间是（　　）。

A. 5月1日　　　B. 5月8日　　　C. 5月9日　　　D. 5月10日

答案： B

采用数据电文形式订立合同的，收件人指定特定系统接收数据电文的，该数据电文进入该特定系统的时间，视为到达时间；未指定特定系统的，该数据电文进入收件人的任何系统的首次时间，视为到达时间。

承诺生效时合同成立。

三、合同的形式

当事人订立合同，可以采用书面形式、口头形式和其他形式。法律、行政法规规定采用书面形式的，应当采用书面形式。当事人约定采用书面形式的，应当采用书面形式。

也就是说，当事人在订立合同时，先要了解法律、行政法规对该类合同的形式有无特殊要求，如果有要求就应该采用要求的形式；如果没有要求，当事人可以根据具体情况约定合同形式。当事人可以约定采用书面形式、口头形式和其他形式。

1. 书面形式

书面形式是指合同书、信件和数据电文（包括电报、电传、传真、电子数据交换和电子邮件）等可以有形地表现所载内容的形式。

问题： 甲方和乙方签订货物买卖合同，甲乙双方签字后，甲方当场盖了章，乙方说忘了带公章来，回公司后再盖章，让甲方先发货。甲方随后将货发给乙方，但乙方公司迟迟没有支付货款，甲方到乙方公司催要货款，乙方说，合同没有他方盖章，合同没有成立。甲方无权要货款。甲方到底有无权利得到货款？

答案：《民法典》第四百九十条规定：当事人采用合同书形式订立合同的，自双方当事人签字或者盖章时合同成立。因此，乙方虽然没有在合同上盖章，但是乙方已在合同上签字，只要有签字或盖章的一种行为就能表明合同已成立。因此乙方应向甲方支付货款。

为了证明需要，建议在签合同时尽量用书面形式。

例如：张某向朋友李某借钱，没有写借条，如果张某赖账，这件事就说不清了，李某的权益就可能无法得到保护。但是，如果李某要求张某写一借条或是通过银行转账手续将钱借给张某的，或者李某有手机短信等形式能证明双方之间有借钱的关系，李某的权益可能会得到保护。

法律、行政法规规定应当是书面形式的，《民法典·合同编》规定租赁期限六个月以上的，应当采用书面形式；融资租赁合同应当采用书面形式；保理合同应当采用书面形式；建设工程合同应当采用书面形式；技术开发合同应当采用书面形式；技术转让合同和技术许可合同应当采用书面形式；物业服务合同应当采用书面形式。

2. 口头形式

口头形式是指当事人用口头语言来表示，通过对话形式确定双方之间的权利义务关系的协议。其优点是简单快捷，但因为缺乏书面文字依据，在发生纠纷后难以举证查清责任，因此适用范围相对较小，主要适用于交易金额较小，内容比较简单且能够即时清结的合同关系。例如：去饭店吃饭、去超市买点日常用品，签订书面合同就非常不经济了。

3. 默示形式

默示形式是当事人用行为来表示双方的权利义务关系的形式。

问题：甲乙双方约定双方之间的合同要采用书面形式，但甲方没有签订书面合同就将货物发给了乙方，乙方也顺利接受了货物，但迟迟不给货款，乙方认为双方之间没有书面合同，因此不支付款项，乙方能否以没有书面合同来拒绝付款？

答案：按照合同法的规定，法律、行政法规或者当事人约定采用书面形式订立合同，当事人未采用书面形式的，但乙方已经履行主要义务，对方接受的，该合同成立。因此，乙方接收货物的行为，已经表明他们之间的合同已经成立，乙方应按照合同的约定支付货款。

四、合同的内容

合同的内容是由合同的条款组成的。合同的内容由当事人约定，充分体现当事人意思自治原则，但是当事人在约定内容时，不得违反法律行政法规的强制性规定。合同的内容一般包括以下条款：

（1）当事人的名称或者姓名和住所；
（2）标的；
（3）数量；
（4）质量；
（5）价款或者报酬；
（6）履行期限、地点和方式；
（7）违约责任；
（8）解决争议的方法。

当事人可以参照各类合同的示范文本订立合同。例如，建设工程承包合同、购房合同等。

注意：以上规定并不是强制性的，只是一个指导性规定，当事人可以根据自己的需要选择相应条款。一般认为，当事人的名称或者姓名、标的是必备条款，所有合同都得有，其他内容属于选择性条款，根据具体情况选择。

五、合同的效力

合同的效力是指合同在依法成立后应产生的法律拘束力。

（一）合同的效力分类

1. 有效合同

依法成立的合同，自成立时生效。

判断是否是有效合同，主要看合同是否具备以下条件：

（1）合同当事人有订立合同的资格。合同当事人在签订合同时应当具备相应的民事权利能力和民事行为能力，如果是委托人代签合同，委托人必须有代理权。

（2）意思表示真实。当事人在签订合同时，合同的内容真实反映了其内心意思，也就是"内外意思一致"。不存在欺诈、重大误解、胁迫、乘人之危等情况。

（3）不违反法律、行政法规的强制性规定，不违背公序良俗。不违反法律、行政法规的强制性规定包括合同的形式符合法律法规的要求，合同订立手续符合法律法规的要求，合同内容合法。

如果法律、行政法规对合同的形式有特别要求，要求必须具备一定形式合同才生效，合同形式就应该符合该要求，否则合同无效。

如果法律法规规定应办理批准、登记手续，并以此为生效条件的，应办理批准、登记手续。《中华人民共和国技术进出口管理条例》第十六条规定：技术进口经许可的，由国务院外经贸主管部门颁发技术进口许可证。技术进口合同自技术进口许可证颁发之日起生效。

合同的内容不得违反法律的强制性规定，例如：当事人签订的买卖毒品的合同。也不得违反公共道德和善良风尚，例如：夫妻一方偷偷将夫妻共同财产赠与自己情人的赠与合同等，内容都是违法的，是无效合同。

2. 效力待定合同

效力待定合同是指合同成立后，其有效还是无效处于不确定状态，需等待权利人的意思表示来确定其效力的合同。

效力待定合同主要有以下三种：

（1）限制民事行为能力人订立的合同，经法定代理人追认后，该合同有效，但纯获利益的合同或者与其年龄、智力、精神健康状况相适应而订立的合同，不必经法定代理人追认。

例如：14周岁孩子去买本学习辅导书的买卖合同就应该是有效的，因为该行为与其年龄、智力、精神健康状况相适应。或者接受赠与的合同也是有效的。

但是其购买价格为1.5万元的电脑，该买卖合同的效力就不确定，需要法定代理人追认才有效。

相对人可以催告法定代理人在三十日内予以追认。法定代理人未作表示的，视为拒绝追认。合同被追认之前，善意相对人有撤销的权利。撤销应当以通知的方式作出。

（2）行为人没有代理权、超越代理权或者代理权终止后以被代理人名义订立的合同，未经被代理人追认，对被代理人不发生效力，由行为人承担责任。

相对人可以催告被代理人在三十日内予以追认。被代理人未作表示的，视为拒绝追认。无权代理人以被代理人的名义订立合同，被代理人已经开始履行合同义务或者接受相对人履行的，视为对合同的追认。

合同被追认之前，善意相对人有撤销的权利。撤销应当以通知的方式作出。

（3）无处分权的人处分他人财产，经权利人追认或者无处分权的人订立合同后取得处分权的，该合同有效。

但注意除法律另有规定外，符合下列情形的，受让人取得该不动产或者动产的所有权：

1）受让人受让该不动产或者动产时是善意；

2）以合理的价格转让；

3）转让的不动产或者动产依照法律规定应当登记的已经登记，不需要登记的已经交付给受让人。

例如：李某有一只古董花瓶，托朋友张某保管，张某的朋友孙某在张某家玩时，发现了花瓶，非常喜欢，就向张某表示想买下来。张某见孙某出价很高就同意了，于是将花瓶卖给了孙某。如果张某没有处分权，但孙某对此并不知情，其以合理的价格购买，且花瓶已经交付孙某，则该购买合同有效，孙某取得该花瓶的所有权。如果孙某知道张某没有处分权，仍然从张某处购买花瓶，李某知道后，如果他不同意张某的行为，则张某和朋友孙某的买卖合同无效，但如果李某同意了张某的行为，则张某和朋友孙某的买卖合同有效。

3. 无效合同

有下列情形之一的，合同是无效的：

（1）无民事行为能力人订立的合同无效。

（2）行为人与相对人以虚假的意思表示签订的合同无效。

所谓"行为人与相对人以虚假的意思表示"指双方都知道自己的意思并不是真意，也就是实际中"名为某某，实为某某"，这种合同是无效合同。

（3）违反法律、行政法规的强制性规定，违背公序良俗签订的合同无效。

例如：法律规定技术转让合同必须是书面的，书面形式是合同有效要件的，那么，当事人在签订合同时合同形式必须是书面形式，否则合同无效。

甲乙双方签订一份房屋租赁合同，约定将甲的一栋办公楼出租给乙经营酒店，合同中特别约定：租赁物经有关部门鉴定为危楼，需加固后方能使用。乙对租赁物的前述问题及瑕疵已充分了解，并承诺对租赁物进行加固，确保租赁物达到商业房产使用标准，乙承担全部费用。后乙与某技术工程有限公司签订加固改造工程协议书，将租赁的房屋发包给某技术工程有限公司加固改造。在加固施工过程中，案涉建筑物大部分垮塌。甲向法院提出诉请：解除其与乙签订的租赁合同，由乙赔偿其各项经济损失，本案诉讼费用由乙承担。

法院裁决认为：案涉危房不符合安全、防灾等工程建设强制性标准，违反的虽然是行政规章，但涉案房屋已经鉴定为危房必须拆除，约定将该房屋出租用于经营可能危及不特定公众人身及财产安全的酒店，明显损害了社会公共利益、违背了公序良俗，因而应当依法认定租赁合同无效。

（4）行为人与相对人恶意串通，损害他人合法权益签订的合同无效。

例如：许多城市居民购买农村房屋，签订购房协议后，因为拆迁款的问题，许多原房主提出起诉，要求返还房屋。法院一般都会认定房屋买卖协议无效要求把房屋返还给农民。主要原因就是法律规定城镇居民不能购买农村宅基地和房屋。

还有，合同中的下列免责条款无效：

（1）造成对方人身损害的；

（2）因故意或者重大过失造成对方财产损失的。

4. 可撤销合同

下列合同，当事人一方有权请求人民法院或者仲裁机构撤销：

（1）基于重大误解签订的合同，行为人有权请求人民法院或者仲裁机构予以撤销。

（2）一方以欺诈手段，使对方在违背真实意思的情况下签订的合同，受欺诈方有权请求人民法院或者仲裁机构予以撤销。

问题：甲公司向乙公司订购一批奶粉。在签订合同时，乙公司将国产奶粉谎称为进口奶粉，甲知情后，因正好国产奶粉也很畅销，就准备履行合同，但乙公司则想将该批奶粉高价卖给他人。当事人的行为将对合同效力产生的影响是（   ）。

    A. 如果甲向乙催告交货，则合同有效
    B. 如果甲向乙预付货款，则合同有效
    C. 如果乙将该批奶粉卖给他人，则合同无效
    D. 如果乙因欺诈事由而向甲提出撤销合同，则合同无效

答案：AB。因为该合同已经成立生效，虽然乙有欺诈行为，但撤销合同权在于甲，如果甲不撤销合同则合同的效力就不会改变。

（3）第三人实施欺诈行为，使一方在违背真实意思的情况下签订的合同，对方知道或者应当知道该欺诈行为的，受欺诈方有权请求人民法院或者仲裁机构予以撤销。

（4）一方或者第三人以胁迫手段，使对方在违背真实意思的情况下签订的合同，受胁迫方有权请求人民法院或者仲裁机构予以撤销。

（5）一方利用对方处于危困状态、缺乏判断能力等情形，致使签订的合同成立时显失公平的，受损害方有权请求人民法院或者仲裁机构予以撤销。

注意：撤销权的行使是有时间限制的，法律规定具有撤销权的当事人自知道或者应当知道撤销事由之日起一年内没有行使撤销权，重大误解的当事人自知道或者应当知道撤销事由之日起九十日内没有行使撤销权，撤销权消灭。当事人自民事法律行为发生之日起五年内没有行使撤销权的，撤销权消灭。

这一条规定很重要，实际生活中，很多人就因为不知道这一条规定，导致自己的合法权益无法得到保护。

问题：甲和女朋友小李分手后，小李又和乙交了朋友，甲认为小李和自己分手是因为乙的原因，觉得很没面子，就叫了几个朋友，把乙骗到一家旅馆房间，要求乙签订一份借款合同，内容是："乙借甲人民币1万元，一年之内还清。"要求乙签字，乙不签字，就不让走，也不让吃饭、睡觉、上厕所和与外面联系。后乙没办法，只好签字。事情过后，乙见甲也没有再找自己要钱，就以为事情已经结束，当然他也不知道到法院去撤销该合同。一年后甲来找乙，要求乙还钱。乙不同意，甲起诉到法院。乙该不该还钱？

答案：应该还钱。本案中乙是受胁迫所签合同没错，但该种情况属于可撤销合同，乙应该及时（一年内）去法院起诉，要求法院撤销该合同。一年过后，撤销权就消失了，按照法律规定，具有撤销权的当事人知道撤销事由后明确表示或者以自己的行为放弃撤销权的撤销权消失。所以法院就会认为乙已放弃撤销权。有人认为乙不懂法律的该项规定，他并不是真正想放弃撤销权，但是法律规定的是"当事人知道撤销事由后"而不是"知道法律规定后"，所以乙的权益就无法得到法律的保护。实践中，这种情况也非常多见，所以，懂一些基本的法律知识，对保护我们的合法权益非常有益。

（二）确认合同效力的机构

合同是否有效，能否被撤销不是由当事人决定的，有权决定的机构只能是有管辖权的人民法院和仲裁机构。

（三）合同被确认无效或者被撤销后的法律后果

无效的合同或者被撤销的合同自始没有法律约束力。合同部分无效，不影响其他部分效

力的，其他部分仍然有效。

合同无效、被撤销的，不影响合同中独立存在的有关解决争议方法的条款的效力

合同无效或者被撤销后，因该合同取得的财产，应当予以返还；不能返还或者没有必要返还的，应当折价补偿。有过错的一方应当赔偿对方因此所受到的损失，双方都有过错的，应当各自承担相应的责任。

当事人恶意串通，损害国家、集体或者第三人利益的，因此取得的财产收归国家所有或者返还集体、第三人。

六、合同的履行

1. 履行原则

当事人应当按照约定全面履行自己的义务。

当事人应当遵循诚实信用原则，根据合同的性质、目的和交易习惯履行通知、协助、保密等义务。

2. 约定条款不明确的合同的履行

合同生效后，当事人就质量、价款或者报酬、履行地点等内容没有约定或者约定不明确的，可以协议补充；不能达成补充协议的，按照合同有关条款或者交易习惯确定。

如果依照以上规定仍不能确定的，适用下列补缺性规定：

（1）质量要求不明确的，按照强制性国家标准履行；没有强制性国家标准的，按照推荐性国家标准履行；没有推荐性国家标准的，按照行业标准履行；没有国家标准、行业标准的，按照通常标准或者符合合同目的的特定标准履行。

（2）价款或者报酬不明确的，按照订立合同时履行地的市场价格履行；依法应当执行政府定价或者政府指导价的，依照规定履行。

执行政府定价或者政府指导价的，在合同约定的交付期限内政府价格调整时，按照交付时的价格计价。逾期交付标的物的，遇价格上涨时，按照原价格执行；价格下降时，按照新价格执行。逾期提取标的物或者逾期付款的，遇价格上涨时，按照新价格执行；价格下降时，按照原价格执行。

（3）履行地点不明确，给付货币的，在接受货币一方所在地履行；交付不动产的，在不动产所在地履行；其他标的，在履行义务一方所在地履行。

（4）履行期限不明确的，债务人可以随时履行，债权人也可以随时请求履行，但是应当给对方必要的准备时间。

问题：春节来临，李小姐选择网购的方式给老家的父母置办年货，她跟卖家商量，到货时间是春节前，这样，自己回家后，网购年货也会到家。后李小姐在大年三十晚上才收到年货。请问李小姐可否以交货延迟拒收货物？

答案：不可以。因为春节的概念是模糊的，按照中国的传统，从大年三十到正月十五都是春节，因此在大年三十到货并不算延迟。该约定本身就有问题，如果想及时收到货物就应该约定详细的时间，比如几月几日。

问题：假如，李小姐和卖方约定了具体的日期，但收到货物的时间延迟，李小姐能否拒收？

答案：如果是遇到雨雪天气耽误运输，则看协议中有无规定，如无规定则属不可抗力，李小姐不能拒收；如果是运输问题则李小姐可以拒收，也可要求卖方赔偿，然后卖方再向运输

公司追偿；如果是卖方自己的责任，则李小姐可以拒收后要求卖方赔偿。

通过互联网等信息网络订立的电子合同的标的为交付商品并采用快递物流方式交付的，收货人的签收时间为交付时间。电子合同的标的为提供服务的，生成的电子凭证或者实物凭证中载明的时间为提供服务时间；前述凭证没有载明时间或者载明时间与实际提供服务时间不一致的，以实际提供服务的时间为准。

电子合同的标的物为采用在线传输方式交付的，合同标的物进入对方当事人指定的特定系统且能够检索识别的时间为交付时间。

电子合同当事人对交付商品或者提供服务的方式、时间另有约定的，按照其约定。

对于交付时间、方式的确定，是电子合同履行的重要内容，涉及货物风险的承担、所有权的转移、标的物孳息等问题，而电子合同的交付又具有特殊性，所以一定要注意法律对其的特殊规定。

（5）履行方式不明确的，按照有利于实现合同目的的方式履行。

（6）履行费用的负担不明确的，由履行义务一方负担；因债权人原因增加的履行费用，由债权人负担。

3. 合同履行的特殊情况

（1）标的有多项而债务人只需履行其中一项的，债务人享有选择权；但是，法律另有规定、当事人另有约定或者另有交易习惯的除外。

享有选择权的当事人在约定期限内或者履行期限届满未作选择，经催告后在合理期限内仍未选择的，选择权转移至对方。

（2）当事人约定由债务人向第三人履行债务的，债务人未向第三人履行债务或者履行债务不符合约定，应当向债权人承担违约责任。

当事人约定由第三人向债权人履行债务的，第三人不履行债务或者履行债务不符合约定，债务人应当向债权人承担违约责任。

（3）当事人互负债务，没有先后履行顺序的，应当同时履行。一方在对方履行之前有权拒绝其履行要求。一方在对方履行债务不符合约定时，有权拒绝其相应的履行要求。

（4）当事人互负债务，有先后履行顺序，先履行一方未履行的，后履行一方有权拒绝其履行要求。先履行一方履行债务不符合约定的，后履行一方有权拒绝其相应的履行要求。

应当先履行债务的当事人，有确切证据证明对方有下列情形之一的，可以中止履行：

1）经营状况严重恶化；

2）转移财产、抽逃资金，以逃避债务；

3）丧失商业信誉；

4）有丧失或者可能丧失履行债务能力的其他情形。

当事人没有确切证据中止履行的，应当承担违约责任。

当事人依照上述规定中止履行的，应当及时通知对方。对方提供适当担保时，应当恢复履行。中止履行后，对方在合理期限内未恢复履行能力且未提供适当担保的，视为以自己的行为表明不履行主要债务，中止履行的一方可以解除合同，并可以请求对方承担违约责任。

（5）债权人可以拒绝债务人提前履行债务，但提前履行不损害债权人利益的除外。债务人提前履行债务给债权人增加的费用，由债务人负担。

问题：合同约定甲公司应在4月30日向乙公司交付一批货物，4月中旬，甲公司把货物运送到乙公司,对此乙公司应该怎么处理?

A. 拒绝接收货物
B. 拒绝接收货物,并要求甲公司承担违约责任
C. 接收货物,并要求甲公司承担违约责任
D. 接收货物,并要求甲公司增加因提前接收货物而支出的费用

答案: AD

(6)债权人可以拒绝债务人部分履行债务,但部分履行不损害债权人利益的除外。债务人部分履行债务给债权人增加的费用,由债务人负担。

(7)因债务人怠于行使其到期债权或者与该债权有关的人权利,影响债权人的到期债权实现的,债权人可以向人民法院请求以自己的名义代位行使债务人对相对人的权利,但该权利专属于债务人自身的除外。

代位权的行使范围以债权人的到期债权为限。债权人行使代位权的必要费用,由债务人负担。

(8)因债务人放弃其到期债权或者无偿转让财产,对债权人造成损害的,债权人可以请求人民法院撤销债务人的行为。债务人以明显不合理的低价转让财产,对债权人造成损害,并且受让人知道该情形的,债权人也可以请求人民法院撤销债务人的行为。

撤销权的行使范围以债权人的债权为限。债权人行使撤销权的必要费用,由债务人负担。

撤销权自债权人知道或者应当知道撤销事由之日起一年内行使。自债务人的行为发生之日起五年内没有行使撤销权的,该撤销权消灭。

(9)合同生效后,当事人不得因姓名、名称的变更或者法定代表人、负责人、承办人的变动而不履行合同义务。

七、合同权利义务终止

有下列情形之一的,债权债务终止:
(1)债务已经履行;
(2)债务相互抵销;
(3)债务人依法将标的物提存;
(4)债权人免除债务;
(5)债权债务同归于一人;
(6)法律规定或者当事人约定终止的其他情形;
(7)合同解除。

(一)债务已经履行

债务已经履行是指债务人已经按照合同约定或者法律规定履行完毕合同义务。此处的债务人可以是债务人本人,也可以是债务人的代理人或第三人。履行标准是合同约定或者法律规定。

问题: 2010年1月,孙某向好朋友张某借款5万元,约定借款期为1年。2011年1月,孙某还给张某5万元,张某认为,孙某还应该按照订立合同时银行同期贷款利率支付利息。孙某应否支付利息给张某?为什么?

答案: 孙某和张某之间的借款属于自然人之间的借款,按照《民法典》第六百八十条规定:借款合同对支付利息没有约定的,视为没有利息。所以孙某在合同约定期限还钱,可以不支付利息。

注意： 自然人之间的借款合同，没有约定利息的，按照法律规定，视为没有利息。

（二）债务相互抵销

抵销分为合意抵销和法定抵销。

合意抵销是指互负债务的当事人双方协商一致，互相消灭对方债权的行为。按照意思自治原则，当事人互负到期债务，只需双方合意就可互相抵销债务，而不论债务是否种类、品质相同，是否到期，是否过了诉讼时效等。

法定抵销是指按照法律规定，互负债务的当事人，当该债务的标的物种类、品质相同时，任何一方可以将自己的债务与对方的债务抵销，但依照法律规定或者按照合同性质不得抵销的除外。

当事人主张抵销的，应当通知对方。通知自到达对方时生效。抵销不得附条件或者附期限。

（三）债务人依法将标的物提存

1. 提存的概念

提存是指由于债权人的原因使得债务人无法向其履行合同义务，债务人将合同标的物提交给提存机关从而消灭合同权利义务关系的行为。

我国法律没有明确规定提存机关，司法部 1995 年 6 月 2 日发布实施的《提存公证规则》中规定，提存是公证机关的一项业务，所以公证机关可以提存。另外人民法院也可以担任提存机关，当事人也可以向法院提存。

2. 提存的情形

有下列情形之一，难以履行债务的，债务人可以将标的物提存：

（1）债权人无正当理由拒绝受领；

（2）债权人下落不明；

（3）债权人死亡未确定继承人、遗产管理人或者丧失民事行为能力未确定监护人；

（4）法律规定的其他情形。

标的物不适于提存或者提存费用过高的，债务人依法可以拍卖或者变卖标的物，提存所得的价款。

3. 提存的效力

债务人将标的物或者将标的物依法拍卖、变卖所得价款交付提存部门时，提存成立。

提存成立的，视为债务人在其提存范围内已经交付标的物。

标的物提存后，债务人应当及时通知债权人或者债权人的继承人、遗产管理人、监护人财产代售人。

标的物提存后，毁损、灭失的风险由债权人承担。提存期间，标的物的孳息归债权人所有。提存费用由债权人负担。

债权人可以随时领取提存物，但是，债权人对债务人负有到期债务的，在债权人未履行债务或者提供担保之前，提存部门根据债务人的要求应当拒绝其领取提存物。

4. 除斥期间

债权人领取提存物的权利，自提存之日起五年内不行使而消灭，提存物扣除提存费用后归国家所有。

（四）债权人免除债务

债权人免除债务人部分或者全部债务的，债权债务部分或者全部终止，但是债务人在合理期限内拒绝的除外。免除债务通常认为是抛弃债权的行为，形式不限，一经作出，债即消灭。

（五）债权债务同归于一人

债权和债务同归于一人的，债权债务终止，但是损害第三人利益的除外。

例如：合同双方当事人甲公司和乙公司合并，债权债务同归于一人，合同权利义务终止。

（六）法律规定或者当事人约定终止的其他情形

该规定是合同终止的兜底条款。法律规定的情形：如"委托人死亡，委托合同终止"。当事人约定终止的其他情形有："当事人约定合同终止期限的，期限届至时，合同终止。"

（七）合同解除

1. 合同解除的定义

合同解除，是指合同当事人一方或者双方依照法律规定或者当事人的约定，依法解除合同效力的行为。

2. 合同解除的分类

合同解除有以下三种：

（1）协商解除。当事人协商一致，可以解除合同。

（2）约定解除。当事人可以约定一方解除合同的事由。解除合同的事由发生时，解除权人可以解除合同。

问题：甲乙在合同中约定若甲方在履行合同中出现某种情况，乙方可以解除合同。后乙方在履行中确认出现了约定的情况，立即通知甲方解除合同。通知到达甲方后，甲方没有提出异议。那么，合同解除了吗？

答案：甲乙双方的合同已经解除。

（3）法定解除。有下列情形之一的，当事人可以解除合同：

1）因不可抗力致使不能实现合同目的；

2）在履行期限届满前，当事人一方明确表示或者以自己的行为表明不履行主要债务；

3）当事人一方迟延履行主要债务，经催告后在合理期限内仍未履行；

4）当事人一方迟延履行债务或者有其他违约行为致使不能实现合同目的；

5）法律规定的其他情形。

3. 解除权行使期限

以持续履行的债务为内容的不定期合同，当事人可以随时解除合同，但是应当在合理期限之前通知对方。

这个规定针对生活中一些不定期继续性合同，例如租赁合同、保管合同等。根据该规定，当事人可以随时解除合同，但要在合理时间之前通知对方。

注意：虽然法律规定了合同可以解除，但当事人不可滥用解除权随意解除合同，也就是说，合同是严肃的，不能视为儿戏，只有在双方协商一致、有约定或有法定解除情形的情况下才能解除。

法律规定或者当事人约定解除权行使期限，期限届满当事人不行使的，该权利消灭。

法律没有规定或者当事人没有约定解除权行使期限，自解除权人知道或者应当知道解除事由之日起一年内不行使，或者经对方催告后在合理期限内不行使的，该权利消灭。

4. 法律后果

合同解除后，尚未履行的，终止履行；已经履行的，根据履行情况和合同性质，当事人可以要求恢复原状或者采取其他补救措施，并有权要求赔偿损失。

八、缔约过失责任

1. 缔约过失责任的概念

缔约过失责任是指在合同成立前的缔约过程中，因一方当事人的过失使合同不成立或无效，该过失给对方造成损失，应当承担的损害赔偿责任。

注意缔约过失责任和合同责任的区别：

（1）缔约过失责任的责任方违反的是"先合同义务"。这个时候合同还没有成立，所以不存在合同责任，当事人承担责任是基于诚信义务。

（2）行为人主观有过错。行为人对合同的不成立或无效具有归责性。

（3）对方受到损失。该处的损失通常指信赖利益的损失，包括直接损失和间接损失，其最高数额一般不会超过合同有效情况下当事人所享有的履行利益。

问题：甲明知自己的车子被盗，仍然积极地与乙磋商订立车子买卖合同，致使乙花费一定的订约费用。甲对乙的订约费用可基于（　　）获得赔偿。

A．违约责任　　　　　　　　B．侵权责任
C．缔约过失责任　　　　　　D．违约责任或缔约过失责任

答案：C

2. 缔约过失责任的适用情形

当事人在订立合同过程中有下列情形之一，造成对方损失的，应当承担损害赔偿责任：

（1）假借订立合同，恶意进行磋商；

（2）故意隐瞒与订立合同有关的重要事实或者提供虚假情况；

（3）有其他违背诚信原则的行为。

当事人在订立合同过程中知悉的商业秘密或者其他应当保留的信息，无论合同是否成立，不得泄露或者不正当地使用。泄露或者不正当地使用该商业秘密或者信息，造成对方损失的，应当承担赔偿责任。

问题：甲乙两个公司就某电子产品的市场开发和销售合作进行了洽谈。在此过程中，乙公司从甲公司处得知了其客户资料，遂推迟与甲公司签订合同，而是有针对性采取措施吸引甲的客户，使甲的市场份额锐减。甲得知原因后，要求乙给予赔偿。甲的要求有无法律依据？

答案：有。该案件中涉及的责任就是缔约过失责任。不正当地使用在订立合同过程中知悉的商业秘密，给对方造成损失的，应当承担损害赔偿责任。

九、违约责任

1. 违约责任的概念

违约责任又称合同责任，是指当事人一方不履行合同义务或者履行合同义务不符合约定的，应当承担继续履行、采取补救措施或者赔偿损失等违约责任。

2. 违约责任承担的方式

违约责任承担的方式有以下5种：

（1）继续履行。

（2）采取补救措施。例如：修理、更换、重作、退货、减少价款或者报酬等。

（3）赔偿损失。损失赔偿额应当相当于因违约所造成的损失，包括合同履行后可以获得的

利益,但不得超过违反合同一方订立合同时预见到或者应当预见到的因违反合同可能造成的损失。

例如:2013年3月19日,杨某以网购形式从付某开办的电子经营部购买价值15123元的电脑一台,下单后货款及邮寄费95元均已向付某付清。同日,付某委托某市速递有限公司(简称"速递公司")送货。该货物于同月24日到达交货地后被他人冒领。为此,杨某多次要求付某交货未果,遂诉至法院,请求判令速递公司、付某赔偿其电脑款15123元和邮寄费95元。

受诉法院认为,杨某以网购形式从付某处购买商品,并向付某支付了货款和邮寄费,付某作为托运人委托速递公司将货物交付给杨某,分别形成网购合同关系和运输合同关系。从当事人各自的权利义务来看,在网购合同中,杨某通过网上银行已经支付了货款和邮寄费,履行了合同一方的付款义务,付某作为合同另一方依约负有向杨某交货的义务。

虽然付某已将货物交给速递公司发运,但在运输过程中,速递公司的工作人员在送货时未验证对方身份信息擅自将货物交由他人签收,销售者付某尚未完成货物交付义务,构成违约,故对杨某请求付某赔偿已付的电脑款15123元和邮寄费95元的诉讼请求应予支持。根据合同相对性原则,合同只约束缔约双方当事人,速递公司将货物错交给他人,属于付某与速递公司之间的运输关系。速递公司不应在本案中承担赔偿责任,故对杨某关于速递公司应当承担赔偿责任的请求不予支持。受诉法院判决付某赔偿杨某已付的电脑款15123元和邮寄费95元。

经营者对消费者提供商品或者服务有欺诈行为的,依照《中华人民共和国消费者权益保护法》的规定承担损害赔偿责任。

(4)违约金。当事人可以约定一方违约时应当根据违约情况向对方支付一定数额的违约金,也可以约定因违约产生的损失赔偿额的计算方法。

约定的违约金低于造成的损失的,人民法院或者仲裁机构可以根据当事人的请求予以增加;约定的违约金过分高于造成的损失的,人民法院或者仲裁机构可以根据当事人的请求予以适当减少。

当事人就迟延履行约定违约金的,违约方支付违约金后,还应当履行债务。

(5)定金。当事人可以约定一方向对方给付定金作为债权的担保。定金合同自实际交付定金时成立。

债务人履行债务的,定金应当抵作价款或者收回。给付定金的一方不履行债务或者履行债务不符合约定,致使不能实现合同目的的,无权要求返还定金;收受定金的一方不履行债务或者履行债务不符合约定,致使不能实现合同目的的,应当双倍返还定金。

当事人既约定违约金,又约定定金的,一方违约时,对方可以选择适用违约金或者定金条款。

在约定定金时注意:定金数额由当事人自由约定,但是不能超过主合同标的额的20%。超过20%的部分不产生定金的效力。实际交付的定金数额多于或者少于约定数额的,视为变更约定的定金数额。

第八节 人格权

一、人格权概述

1. 人格权

人格权指民事主体依法享有的以人格利益为客体的基本权利。

所谓"人格利益"是指民事主体自然生存和社会生存所必需的利益。人格权为人的自然生存和社会生存提供了保护。

人格权包括一般人格权和具体人格权。一般人格权包括人格自由权、人格尊严权；具体人格权包括生命权、身体权、健康权、姓名权、名称权、肖像权、名誉权、荣誉权、隐私权等权利。

2. 人格权的法律保护

民事主体的人格权受法律保护，任何组织或者个人不得侵害。

人格权是一种对世权，民事主体可以对抗任何不特定人的非法侵害。人格权受到侵害的，受害人有权依照法律的规定请求行为人承担民事责任。

受害人的停止侵害、排除妨碍、消除危险、消除影响、恢复名誉、赔礼道歉请求权，不适用诉讼时效的规定。

3. 人格权的限制

（1）人格权不得放弃、转让或者继承。人格权具有专属性，只能为特定的权利人所享有，与权利主体不可分割。所以人格权不得放弃、转让或者继承。

民事主体可以将自己的姓名、名称、肖像等许可他人使用，但是依照法律规定或者根据其性质不得许可的除外。

（2）死者的姓名、肖像、名誉、荣誉、隐私、遗体等受到侵害的，其配偶、子女、父母有权依法请求行为人承担民事责任；死者没有配偶、子女且父母已经死亡的，其他近亲属有权依法请求行为人承担民事责任。

（3）为公共利益实施新闻报道、舆论监督等行为的，可以合理使用民事主体的姓名、名称、肖像、个人信息等；使用不合理侵害民事主体人格权的，应当依法承担民事责任。

二、具体的人格权

（一）生命权、身体权、健康权

自然人享有生命权、身体权、健康权。自然人的生命安全、生命尊严、身体完整、行动自由和身心健康受法律保护。任何组织或者个人不得侵害他人的生命权、身体权和健康权。

注意：只有自然人享有生命权、身体权、健康权，法人或非法人组织不享有该权利。

1. 生命权

生命权是以自然人的生命安全利益为内容的权利，是自然人享有的最基本的人格权。

生命权包括维护生命安全权和维护生命尊严的权利，主要体现为对生命的维护以及不被他人侵害、要求他人尊重的权利。

2. 身体权

身体权是指自然人保持其身体组织完整并支配其肢体、器官及其他身体组织的权利。

身体权包括维护身体完整权、对自己身体的支配权和维护身体自由权。

完全民事行为能力人有权依法自主决定无偿捐献其人体细胞、人体组织、人体器官、遗体。任何组织或者个人不得强迫、欺骗、利诱其捐献。

完全民事行为能力人依据法律规定同意捐献的，应当采用书面形式，也可以订立遗嘱。

自然人生前未表示不同意捐献的，该自然人死亡后，其配偶、成年子女、父母可以共同决定捐献，决定捐献应当采用书面形式。

禁止以任何形式买卖人体细胞、人体组织、人体器官、遗体。如果违反法律规定进行买卖，则该买卖行为无效。

以非法拘禁等方式剥夺、限制他人的行动自由，或者非法搜查他人身体的，受害人有权依法请求行为人承担民事责任。

3. 健康权

健康权是自然人维护自己身体和心理机能健康的权利。

（1）为研制新药、医疗器械或者发展新的预防和治疗方法，需要进行临床试验的，应当依法经相关主管部门批准并经伦理委员会审查同意，向受试者或者受试者的监护人告知试验目的、用途和可能产生的风险等详细情况，并经其书面同意。

进行临床试验的，不得向受试者收取试验费用。

（2）从事与人体基因、人体胚胎等有关的医学和科研活动，应当遵守法律、行政法规和国家有关规定，不得危害人体健康，不得违背伦理道德，不得损害公共利益。

（3）禁止性骚扰。违背他人意愿，以言语、文字、图像、肢体行为等方式对他人实施性骚扰的，受害人有权依法请求行为人承担民事责任。

机关、企业、学校等单位应当采取合理的预防、受理投诉、调查处置等措施，防止和制止利用职权、从属关系等实施性骚扰。

（二）姓名权、名称权

1. 姓名权

姓名权是指自然人享有的决定和使用自己姓名的权利。姓名是自然人的名称，是人与人区别的外在表征，与人格利益密切相关。

自然人享有姓名权，有权依法决定、使用、变更或者许可他人使用自己的姓名，但是不得违背公序良俗。

姓名权包括姓名决定权、姓名改动权、姓名使用权、姓名持有权、许可他人使用自己姓名的权利、请求他人正确使用自己姓名的权利。

自然人在行使自己姓名权时不得违背公序良俗。例如为侮辱他人，故意将自己的宠物命名为他人的姓名。

任何组织或者个人不得以干涉、盗用、假冒等方式侵害他人的姓名权。

自然人应当随父姓或者母姓，但是有下列情形之一的，可以在父姓和母姓之外选取姓氏：

（1）选取其他直系长辈血亲的姓氏；

（2）因由法定扶养人以外的人扶养而选取扶养人姓氏；

（3）有不违背公序良俗的其他正当理由。

少数民族自然人的姓氏可以遵从本民族的文化传统和风俗习惯。

自然人决定、变更姓名，应当依法向有关机关办理登记手续，但是法律另有规定的除外。

自然人变更姓名，变更前实施的民事法律行为对其具有法律约束力。

具有一定社会知名度，被他人使用足以造成公众混淆的笔名、艺名、网名、译名、姓名等，参照适用姓名权保护的有关规定。

2. 名称权

名称权是法人或非法人组织对其确定和代表自己并区别于他人的标志所享有的权利，是法人、非法人组织从事民事活动的前提和基础。

法人、非法人组织享有名称权，有权依法决定、使用、变更、转让或者许可他人使用自己的名称。

任何组织或者个人不得以干涉、盗用、假冒等方式侵害他人的名称权。

法人、非法人组织决定、变更、转让名称的,应当依法向有关机关办理登记手续,但是法律另有规定的除外。

民事主体变更名称的,变更前实施的民事法律行为对其具有法律约束力。

具有一定社会知名度,被他人使用足以造成公众混淆的字号和名称的简称等,参照适用名称权保护的有关规定。

(三) 肖像权

1. 肖像权概述

肖像是通过影像、雕塑、绘画等方式在一定载体上所反映的特定自然人可以被识别的外部形象。

自然人享有肖像权,有权依法制作、使用、公开或者许可他人使用自己的肖像。

(1) 权利主体是自然人,法人、非法人组织,游戏、动漫中的虚拟角色形象不享有肖像权。

(2) 肖像是特定自然人的外部形象,而且必须是可以被识别的外部形象。

例如,乔丹体育商标争议案中,被诉侵害乔丹肖像权的商标是一名正在打篮球的自然人的剪影。最后法院认为,涉案商标没有明确体现乔丹的个人特征,不具备可识别性。因此不构成侵害肖像权。

2. 法律保护

任何组织或者个人不得以丑化、污损,或者利用信息技术手段伪造等方式侵害他人的肖像权。未经肖像权人同意,不得制作、使用、公开肖像权人的肖像,但是法律另有规定的除外。

未经肖像权人同意,肖像作品权利人不得以发表、复制、发行、出租、展览等方式使用或者公开肖像权人的肖像。

合理实施下列行为的,可以不经肖像权人同意:

(1) 为个人学习、艺术欣赏、课堂教学或者科学研究,在必要范围内使用肖像权人已经公开的肖像;

(2) 为实施新闻报道,不可避免地制作、使用、公开肖像权人的肖像;

(3) 为依法履行职责,国家机关在必要范围内制作、使用、公开肖像权人的肖像;

(4) 为展示特定公共环境,不可避免地制作、使用、公开肖像权人的肖像;

(5) 为维护公共利益或者肖像权人合法权益,制作、使用、公开肖像权人的肖像的其他行为。

(四) 名誉权

1. 名誉权概述

名誉权是指民事主体对自身名誉享有的不受他人侵害的权利。名誉是对民事主体的品德、声望、才能、信用等的社会评价。

民事主体享有名誉权。任何组织或者个人不得以侮辱、诽谤等方式侵害他人的名誉权。

2. 权利限制

行为人为公共利益实施新闻报道、舆论监督等行为,影响他人名誉的,不承担民事责任,但是有下列情形之一的除外:

(1) 捏造、歪曲事实;

（2）对他人提供的严重失实内容未尽到合理核实义务；
（3）使用侮辱性言辞等贬损他人名誉。

认定行为人是否尽到合理核实义务，应当考虑下列因素：
（1）内容来源的可信度；
（2）对明显可能引发争议的内容是否进行了必要的调查；
（3）内容的时限性；
（4）内容与公序良俗的关联性；
（5）受害人名誉受贬损的可能性；
（6）核实能力和核实成本。

3. 权利保护

行为人发表的文学、艺术作品以真人真事或者特定人为描述对象，含有侮辱、诽谤内容，侵害他人名誉权的，受害人有权依法请求该行为人承担民事责任。行为人发表的文学、艺术作品不以特定人为描述对象，仅其中的情节与该特定人的情况相似的，不承担民事责任。

民事主体有证据证明报刊、网络等媒体报道的内容失实，侵害其名誉权的，有权请求该媒体及时采取更正或者删除等必要措施。

例如：蔡某作为公众人物，引起了社会舆论的关注。一些网络用户在某度贴吧中，发表了对蔡某具有侮辱、诽谤性质的文字和图片信息。蔡某委托代理人以电话方式与某度公司就贴吧中的内容进行交涉，但某度公司未予处理，蔡某又委托律师向某度公司发送律师函，要求某度公司履行法定义务、删除侵权言论。某度公司在收到律师函之后才删除侵权的网帖。蔡某就某度公司的侵权行为向法院起诉，要求某度公司承担侵权责任，赔偿自己的精神损失。法院认为，某度公司在收到投诉后未及时采取相应措施，在投诉和发正式律师函这段时间怠于行使管理义务，致使蔡某的损害后果扩大，应当承担侵权责任，赔偿蔡某精神抚慰金10万元。

民事主体可以依法查询自己的信用评价；发现信用评价不当的，有权提出异议并请求采取更正、删除等必要措施。信用评价人应当及时核查，经核查属实的，应当及时采取必要措施。

民事主体与征信机构等信用信息处理者之间的关系，适用《民法典》有关个人信息保护的规定和其他法律、行政法规的有关规定。

（五）荣誉权

荣誉权是民事主体享有因荣誉而产生各种利益的权利。荣誉是民事主体因一定事由而获得的积极评价。民事主体享有荣誉权。任何组织或者个人不得非法剥夺他人的荣誉称号，不得诋毁、贬损他人的荣誉。

例如：在葛某、宋某诉洪某名誉权、荣誉权纠纷案中，被告洪某撰写《小学课本〈狼牙山五壮士〉有多处不实》《"狼牙山五壮士"的细节分歧》等文章，文中以细节否定英雄，导致读者对"狼牙山五壮士"这一英雄群体的事迹和体现出来的英雄精神产生了怀疑，从而贬损、丑化了葛某、宋某的名誉、荣誉。受诉法院作出一审宣判，判决被告洪某立即停止侵害葛某、宋某名誉、荣誉的行为；判决生效后三日内，被告洪某在媒体上刊登公告，向原告葛某、宋某赔礼道歉，消除影响。

获得的荣誉称号应当记载而没有记载的，民事主体可以请求记载；获得的荣誉称号记载错误的，民事主体可以请求更正。

（六）隐私权和个人信息保护

1. 隐私权

隐私权是指自然人享有的维持自身生活所必需的安宁与平静的权利。自然人享有隐私权。任何组织或者个人不得以刺探、侵扰、泄露、公开等方式侵害他人的隐私权。

隐私是自然人的私人生活安宁和不愿为他人知晓的私密空间、私密活动、私密信息。

除法律另有规定或者权利人明确同意外，任何组织或者个人不得实施下列行为：

（1）以电话、短信、即时通信工具、电子邮件、传单等方式侵扰他人的私人生活安宁；

（2）进入、拍摄、窥视他人的住宅、宾馆房间等私密空间；

（3）拍摄、窥视、窃听、公开他人的私密活动；

（4）拍摄、窥视他人身体的私密部位；

（5）处理他人的私密信息；

（6）以其他方式侵害他人的隐私权。

2. 个人信息保护

自然人的个人信息受法律保护。

个人信息是以电子或者其他方式记录的能够单独或者与其他信息结合识别特定自然人的各种信息，包括自然人的姓名、出生日期、身份证件号码、生物识别信息、住址、电话号码、电子邮箱、健康信息、行踪信息等。

个人信息中的私密信息，适用有关隐私权的规定；没有规定的，适用有关个人信息保护的规定。

处理个人信息的，应当遵循合法、正当、必要原则，不得过度处理，并符合下列条件：

（1）征得该自然人或者其监护人同意，但是法律、行政法规另有规定的除外；

（2）公开处理信息的规则；

（3）明示处理信息的目的、方式和范围；

（4）不违反法律、行政法规的规定和双方的约定。

个人信息的处理包括个人信息的收集、存储、使用、加工、传输、提供、公开等。

处理个人信息，有下列情形之一的，行为人不承担民事责任：

（1）在该自然人或者其监护人同意的范围内合理实施的行为；

（2）合理处理该自然人自行公开的或者其他已经合法公开的信息，但是该自然人明确拒绝或者处理该信息侵害其重大利益的除外；

（3）为维护公共利益或者该自然人合法权益，合理实施的其他行为。

自然人可以依法向信息处理者查阅或者复制其个人信息；发现信息有错误的，有权提出异议并请求及时采取更正等必要措施。

自然人发现信息处理者违反法律、行政法规的规定或者双方的约定处理其个人信息的，有权请求信息处理者及时删除。

信息处理者不得泄露或者篡改其收集、存储的个人信息；未经自然人同意，不得向他人非法提供其个人信息，但是经过加工无法识别特定个人且不能复原的除外。

信息处理者应当采取技术措施和其他必要措施，确保其收集、存储的个人信息安全，防止信息泄露、篡改、丢失；发生或者可能发生个人信息泄露、篡改、丢失的，应当及时采取补救措施，按照规定告知自然人并向有关主管部门报告。

国家机关、承担行政职能的法定机构及其工作人员对于履行职责过程中知悉的自然人的隐私和个人信息，应当予以保密，不得泄露或者向他人非法提供。

第九节 婚姻家庭

婚姻家庭法是调整因婚姻家庭产生的夫妻之间、家庭成员之间及其他近亲属之间的人身关系和财产关系的法律规范。该人身关系存在于特定亲属主体之间，因结婚、出生或收养等法律事实而产生，因离婚、死亡或收养关系解除等法律事实而消灭。该财产关系以特定亲属人身关系为前提，与身份密不可分，不同于其他财产关系的等价有偿。

一、婚姻基本原则

1. 婚姻自由原则

禁止任何人干涉婚姻自由，禁止包办、买卖婚姻和其他干涉婚姻自由的行为。婚姻自由包括结婚自由和离婚自由。

2. 一夫一妻制原则

禁止一妻多夫、一夫多妻，也禁止同性婚姻。

3. 男女平等原则

在婚姻家庭生活中，男女地位平等，在婚姻关系和家庭生活中享有平等的权利、承担平等的义务。

4. 保护妇女、未成年人、老人和残疾人的合法权益原则

由于妇女、未成年人、老人和残疾人本身的特点，需要在婚姻家庭生活中给予更多的关注，对他们的合法权益应该给予特别的保护。不允许虐待老人、妇女、未成年人，也不允许遗弃老人、妇女、未成年人。

5. 收养应当遵循最有利于被收养人的原则

保障被收养人和收养人的合法权益。禁止借收养名义买卖未成年人。

二、结婚

1. 结婚的条件

（1）男女双方必须完全自愿。结婚应当男女双方完全自愿，禁止任何一方对另一方加以强迫，禁止任何组织或者个人加以干涉。

（2）结婚年龄符合法律规定。男不得早于 22 周岁，女不得早于 20 周岁。

（3）直系血亲或者三代以内的旁系血亲禁止结婚。

2. 结婚的程序

要求结婚的男女双方必须亲自到婚姻登记机关进行结婚登记。符合《民法典》规定的，予以登记，发给结婚证。取得结婚证，即确立夫妻关系。

夫妻关系的确立以是否经过结婚登记，领取结婚证为判断依据，而不是办理结婚仪式或是否同居。另外，结婚登记必须男女双方亲自到登记部门去登记，不得代理。

问题：李某跟妻子 16 年前在老家结婚，当时没有去婚姻登记处登记，只办理仪式并摆了酒席。后李某在外地打工，认识了张某，两人打算结婚。李某如果和张某结婚算重婚吗？

答案：李某和妻子虽然没有登记，但以夫妻名义共同生活了16余年，已形成事实婚姻。李某如想跟别人结婚，必须先跟妻子解除事实婚姻关系，现在婚姻法不承认事实婚姻，因此李某需要到当地法院诉讼，请求法院判决解除和妻子的同居关系，才能和张某结婚。

未办理结婚登记的，应当补办登记。如属于补办登记的，婚姻关系从双方均符合结婚的实质要件时起确立夫妻关系。

内地居民办理婚姻登记的机关是县级人民政府民政部门或乡（镇）人民政府，省、自治区、直辖市人民政府可以按照便民原则确定农村居民办理婚姻登记的机关。中国公民同外国人，内地居民与港、澳、台居民、华侨办理婚姻登记的机关是省、自治区、直辖市人民政府民政部门或其确定的机关。

三、家庭关系

家庭关系包括夫妻之间的关系、父母子女之间的关系、兄弟姐妹之间的关系及祖孙之间关系。

（一）夫妻关系

夫妻关系是家庭中的基本关系，包括夫妻人身关系和夫妻财产关系。

1. 夫妻人身关系

夫妻在家庭中地位平等，主要体现在以下5个方面：

（1）夫妻双方都有各自使用自己姓名的权利。

（2）夫妻双方都有参加生产、工作、学习和社会活动的自由，一方不得对另一方加以限制或干涉。

（3）夫妻有互相扶养的义务。夫妻一方不履行扶养义务时，需要扶养的一方，有要求对方付扶养费的权利。

（4）夫妻一方因家庭日常生活需要而实施的民事法律行为，对夫妻双方发生效力，但是夫妻一方与相对人另有约定的除外。

夫妻之间对一方可以实施的民事法律行为范围的限制，不得对抗善意相对人。

（5）夫妻有相互继承遗产的权利。

2. 夫妻财产关系

（1）约定财产制。按照《民法典》的规定：夫妻可以约定婚姻关系存续期间所得的财产以及婚前财产归各自所有、共同所有或部分各自所有、部分共同所有。约定应当采用书面形式。没有约定或约定不明确的，适用法律规定。

也就是说，《民法典》对夫妻财产的规定有两种制度：有约定的按约定，也就是约定财产制；没有约定的按照法律规定，也就是法定财产制。

注意：夫妻对财产的约定应当采用书面形式。

（2）法定财产制。夫妻在婚姻关系存续期间所得的下列财产，为夫妻的共同财产，归夫妻共同所有：

1）工资、奖金、劳务报酬。劳务报酬如：咨询费、稿费等不能被工资、奖金涵盖的收入。

2）生产、经营、投资的收益。投资的收益如：股票、基金等投资产生的收益。

3）知识产权的收益。

4）继承或者受赠的财产，但是遗嘱或者赠与合同中确定只归一方的财产除外。

5）其他应当归共同所有的财产。包括婚姻存续期间实际取得或应取得的住房补贴、住房公积金、养老保险金、破产安置补偿费，军人复员费和自主择业费。

有下列情形之一的，为夫妻一方的财产：

1）一方的婚前财产。"婚前财产"指夫妻各自的婚前财产。例如：个人积蓄、房屋、汽车等。

2）一方因受到人身损害获得的赔偿或者补偿。例如：医疗费、残疾人生活补助费等费用。

3）遗嘱或赠与合同中确定只归一方的财产。如果夫妻中的一方父母要将自己的房屋赠给自己方的孩子，由父母写一份赠与合同，表明该房屋只赠与自己的女儿或儿子，也可以夫妻双方签一份协议，约定父母赠与的房屋归夫或妻一方所有。这样房屋就属于夫妻一方的个人财产。

4）一方专用的生活用品。

5）其他应当归一方的财产。例如：一方使用婚前个人积蓄在婚后购买的房屋、车辆等。

（3）夫妻债务制度。夫妻债务制度分为：夫妻共同债务和个人债务。

1）夫妻共同债务。夫妻双方共同签名或者夫妻一方事后追认等共同意思表示所负的债务，以及夫妻一方在婚姻关系存续期间以个人名义为家庭日常生活需要所负的债务，属于夫妻共同债务。

对于夫妻共同债务的认定，民法典规定了"共债共签"原则。夫妻共同债务用共同财产偿还，由夫妻双方承担连带责任。

2）个人债务。夫妻一方在婚姻关系存续期间以个人名义超出家庭日常生活需要所负的债务，不属于夫妻共同债务；但是，债权人能够证明该债务用于夫妻共同生活、共同生产经营或者基于夫妻双方共同意思表示的除外。

个人债务应当用个人财产偿还。

夫妻对婚姻关系存续期间所得的财产约定归各自所有的，夫或妻一方对外所负的债务，相对人知道该约定的，以夫或妻一方所有的财产清偿。

注意： 在我国现有的法律体系中，认定夫妻共同债务的标准偏严，所以债权人在建立债权债务关系时应尽到审慎的注意义务，最好让夫妻双方都签字。

（二）父母子女关系

1. 父母与亲生子女关系

父母对子女有抚养教育的义务，子女对父母有赡养扶助的义务。这是一种广义上的"扶养"义务，也就是说，父母子女之间存在相互供养和扶助的法定义务。父母和子女也有相互继承遗产的权利。

问题： 小李的父母在小李3岁时离婚，法院判决小李和母亲一起生活，父亲给付抚养费。但实际上小李的父亲从来没给过抚养费，一直是小李的母亲独自抚养小李。现小李父亲想让小李给付赡养费，小李能否拒绝给付赡养费？

答案： 分两种情况：第一种情况，小李父亲具有抚养能力而不履行抚养义务的，小李可以拒绝给付赡养费；第二种情况，小李父亲确实因为经济能力或其他客观原因而未能履行抚养义务的，现在生活困难，而小李也有赡养能力，则不能拒绝给付赡养费。

父母不履行抚养义务的，未成年子女或不能独立生活的子女，有要求父母给付抚养费的权利。

注意： 有权要求父母给付抚养费的是"未成年女子"或"不能独立生活的子女"，而不是成年子女或有独立生活能力的子女。所以，"啃老"一族无权跟父母要生活费。

成年子女不履行赡养义务的，缺乏劳动能力或生活困难的父母，有要求成年子女给付赡养费的权利。

注意：缺乏劳动能力的或生活困难的父母有权要求子女给付赡养费。这里的"子女"没有限定，只要是子女就有赡养父母的义务。

父母有教育和保护未成年子女的权利和义务。未成年子女造成他人损害的，父母应当依法承担民事责任。

注意：这里的子女也是只指"未成年子女"，如果是成年子女，父母就不承担民事责任，而由其自己承担。

非婚生子女享有与婚生子女同等的权利，任何组织或个人不得加以危害和歧视。

不直接抚养非婚生子女的生父或生母，应当负担未成年子女或者不能独立生活的成年子女的抚养费。

2. 养父母和养子女关系

国家保护合法的收养关系。养父母和养子女间的权利义务关系，同父母与亲生子女之间的关系规定。

养子女和生父母以及其他近亲属间的权利义务关系，因收养关系的成立而消除。

问题：钱某在 2 岁时被养父母收养，但钱某一直和生父母有来往。后生父死亡，留有一笔遗产，钱某认为自己是其女儿，也应当分得一部分遗产。钱某分割生父遗产的要求能否得到满足？

答案：本案中，钱某已经被合法收养，则钱某和生父母之间只存在血缘关系，没有法律上的父母与子女的关系，所以抚养、赡养、继承的权利义务关系都已经消除，因此钱某不能继承生父的遗产。钱某和养父母之间有抚养、赡养、继承的权利义务关系，钱某只能继承养父母的遗产。

3. 继父母与继子女关系

继父母与继子女间，不得虐待或歧视。

继父或继母和受其抚养教育的继子女间的权利义务关系，适用《民法典》关于父母子女关系的有关规定。

这里要注意，继父母与继子女之间本质上是一种姻亲关系，只有在特定情况下，即继子女受继父或继母抚养教育，才能适用《民法典》对父母子女关系的有关规定，这种关系被称为"拟制血亲关系"。

现实情况下，继父母子女关系分三种情况：

（1）父或母再婚时，继子女成年并已独立生活。

（2）父或母再婚时，继子女未成年或未独立生活，再婚后，继子女与继父母长期共同生活，形成了抚养教育关系。

（3）父或母再婚时，继子女未成年或未独立生活，但再婚后，继子女与继父母未共同生活或未受其抚养教育。只有上述第二种情况，继父母与继子女之间才成立拟制血亲关系。

问题：张某 3 岁时母亲去世，后父亲娶了继母，继母有一个儿子，张某和父亲、继母及继母的儿子在一起生活。继母对自己的儿子非常好，经常虐待张某偏袒自己的儿子，对张某的身心造成很大的伤害。张某发奋要出人头地，后考上大学，有了一份稳定的工作和收入。现在继母年老多病，没有退休金，继母的儿子没有工作，生活艰难，父亲退休金很低，继母想让张某给其看病并赡养。张某断然拒绝，认为继母没有尽到抚养自己的义务，因而自己也没有赡养继母的义务。张某的这种做法能得到法律的支持吗？

答案：本案中，张某有赡养继母的义务。张某同父亲继母及继母的儿子一起生活，已经形成了抚养关系。根据法律的规定，张某与父亲和继母之间的关系等同于生父母与子女之间的关系，像赡养关系、财产继承关系等。虽然继母对张某不公，有些偏心，张某感情很受伤害，但从法律上来说，张某与继母之间的母子关系是存在的，张某应该赡养其继母。

4. 亲子关系异议之诉

亲子关系又称父母子女关系。根据亲子关系产生根据的不同，可以分为自然血亲的亲子关系和法律拟制的亲子关系。自然血亲的亲子关系基于子女出生的事实产生；法律拟制的亲子关系基于法律的认可而设定，包括父母养子女关系和形成抚养关系的继父母子女关系。

父母子女关系的争议，主要有两种情况：确认和否认父母子女关系。

对亲子关系有异议且有正当理由的，父或者母可以向人民法院提起诉讼，请求确认或者否认亲子关系。

对亲子关系有异议且有正当理由的，成年子女可以向人民法院提起诉讼，请求确认亲子关系。

对于亲子关系的确认或否认涉及一系列权利义务的产生、消灭和变更，所以在当事人提起诉讼时要求有正当理由，并且提供证据予以证明。而法院在受理该类案件时，要对当事人提交的证据进行审查和认定，比如亲子鉴定报告的采信。

例如：原告李某与被告张某结婚后生有一女小李，小李的出生医学证明上载明"出生孕周40周"，但李某和张某结婚时间只有6个月。李某向法院起诉，要求法院对自己是否为其女儿小李生物学父亲进行亲子鉴定。被告张某不同意鉴定，经法院释明后，被告张某仍拒绝进行亲子鉴定。法院根据法律规定推定原告李某和小李之间不存在亲子关系。

（三）祖孙关系

有负担能力的祖父母、外祖父母，对于父母已经死亡或父母无力抚养的未成年的孙子女、外孙子女，有抚养的义务。有负担能力的孙子女、外孙子女，对于子女已经死亡或子女无力赡养的祖父母、外祖父母，有赡养的义务。

问题：韩某从小在农村长大，爷爷奶奶有韩某父亲和姑姑两个孩子。韩某考入大学，毕业分配在乙公司上班，收入颇丰。在韩某娶妻之后，韩某的父亲在一次车祸中身亡，韩某的姑姑瘫痪在床，母亲身体多病基本已失去劳动能力。韩某就经常寄钱给母亲和爷爷奶奶，韩某的这一举动引起了妻子的不满，两人经常吵架。妻子认为不该给爷爷奶奶寄钱，他没有赡养爷爷奶奶的义务，只应该给母亲寄钱。韩某有赡养爷爷奶奶的义务吗？

答案：在本案中虽然韩某的姑姑和母亲都还健在，但是都丧失了劳动能力，不能负担爷爷奶奶的生活。韩某作为孙子，有负担能力，因此，韩某有赡养爷爷奶奶的义务。

（四）兄弟姐妹关系

有负担能力的兄、姐，对于父母已经死亡或父母无力抚养的未成年的弟、妹，有扶养的义务。由兄、姐抚养长大的有负担能力的弟、妹，对于缺乏劳动能力又缺乏生活来源的兄、姐，有扶养的义务。

问题：张某和妻子结婚后生有三个子女，后妻子因病故去，张某又同孙某结婚，生有一个孩子，后张某又因车祸去世。现在孙某想让张某和前妻生的三个孩子抚养自己和张某所生的孩子，她的要求能得到法律的支持吗？

答案：从以上规定看，孙某的要求不能得到支持，因为孙某作为孩子的母亲没有死亡并且有能力抚养孩子，应该由孙某承担抚养孩子的义务。兄弟姐妹抚养未成年的弟妹是有条件的，一是自己有负担能力，二是父母都已死亡或丧失劳动能力，两个条件缺一不可。

四、离婚

离婚是指夫妻双方通过法律途径解除夫妻关系。离婚需要法定程序才能生效，根据我国婚姻法的规定，夫妻双方解除婚姻关系有以下两种途径。

（一）协议离婚

协议离婚也叫自愿离婚，是指男女双方自愿离婚的，并且已就子女和财产问题作出适当处理的，双方到婚姻登记机关申请离婚。

协议离婚需要具备的条件是双方必须自愿，并且对子女和财产问题作出了适当的处理，申请离婚时需要双方都到场，不能代理。

夫妻双方自愿离婚的，应当签订书面离婚协议，并亲自到婚姻登记机关申请离婚登记。自婚姻登记机关收到离婚登记申请之日起三十日内，任何一方不愿意离婚的，可以向婚姻登记机关撤回离婚登记申请。

该三十日被称为"离婚冷静期"，期限届满后三十日内，双方应当亲自到婚姻登记机关申请发给离婚证；未申请的，视为撤回离婚登记申请。

婚姻登记机关查明双方确实是自愿离婚，并已经对子女抚养、财产以及债务处理等事项协商一致的，予以登记，发给离婚证。

（二）诉讼离婚

如果夫妻双方不能就子女和财产问题作出适当的处理，或者其中一方不同意离婚，要求离婚的一方就应该到法院起诉离婚。

1. 婚姻关系的解除

人民法院审理离婚案件，应当进行调解；如感情确已破裂，调解无效，应准予离婚。

也就是说法院在判决是否离婚时，判断的依据是夫妻双方感情是否确已破裂。如何判断感情确已破裂呢？一般法院会从婚姻基础、婚后感情、离婚原因、夫妻双方有无和好可能等方面综合分析。

法官在处理离婚案件中，发现有下列法定情形之一，调解无效的，应准予离婚：

（1）重婚或有配偶者与他人同居。重婚是指有配偶者又与他人结婚的违法行为；有配偶者与他人同居是指有配偶者与他人持续、稳定的共同生活。这两种行为均违背了夫妻忠诚义务，破坏了我国婚姻一夫一妻制的基本原则。重婚是犯罪行为，如果当事人告诉，还应追究重婚者的刑事责任。

（2）实施家庭暴力或虐待、遗弃家庭成员。一般在婚姻关系中女方常会成为家庭暴力的对象，这时，女方一定要学会保护自己的权利，及时留下证据，去法院要求离婚。如果证据充分，法院会判决离婚，不要等到实在支撑不了，再采取过激行为伤害自己或伤害男方。

（3）有赌博、吸毒等恶习屡教不改的。

（4）因感情不和分居满二年的。

注意：这里分居满二年的原因是"感情不和"，而不是工作或其他原因。

（5）其他导致夫妻感情破裂的情形。

一方被宣告失踪，另一方提出离婚诉讼的，应准予离婚。

问题： 王某与丈夫结婚后因为性格差异较大，常因琐事而冷战。从2017年以来，一直处于冷战状态，几乎没有进行过交流，两人都不存在婚外情。请问该种情况下，王某提起离婚诉讼，法院应支持王某的诉讼请求吗？

答案： 离婚的条件是夫妻之间感情确已破裂，判断感情是否确已破裂是根据夫妻双方的日常生活来判断，不是以有无婚外情来判断。王某与丈夫长期冷战，应视为感情已破裂，应支持王某的离婚请求。

还有一些夫妻，因为各种原因一方感情发生了变化，要求离婚。但另一方认为感情没问题，死活不同意离婚，可能还会威胁，如果对方要求离婚，就要自杀或者杀掉对方，他或她认为只要自己坚持不同意离婚，法院就不能判决离婚。从以上规定看出，法院在判决能解除婚姻关系时，主要看双方感情是否破裂，如果感情确已破裂，法院还是会判决双方婚姻关系，不会因为一方的威胁就不判决离婚。

当然还应注意，在离婚时，法律有两个特殊的规定：

（1）是对现役军人的保护规定。现役军人的配偶要求离婚，须得军人同意，但军人一方有重大过错的除外。这里的重大过错是指：

1）重婚或有配偶者与他人同居的；

2）实施家庭暴力或虐待、遗弃家庭成员的；

3）有赌博、吸毒等恶习屡教不改的。

（2）是对女方的特殊保护规定。女方在怀孕期间、分娩后一年内或中止妊娠后六个月内，男方不得提出离婚。但女方提出离婚的，或人民法院认为确有必要受理男方离婚请求的除外。

问题： 夫妻双方结婚多年，没有子女，后妻子怀孕，并生下一个儿子。在儿子7个月大的时候，丈夫得知，妻子与其大学时的初恋情人来往密切，对孩子的身份产生怀疑。经过做亲子鉴定，丈夫发现孩子不是自己亲生的，向法院提出离婚诉讼，法院能否判决离婚？

答案： 就法律条文来看，在女方分娩以后的一年内，男方不能提出离婚。但是本案中，情况比较特殊，妻子的行为已经严重影响了夫妻之间的感情，这种情况就属于人民法院认为有必要受理男方离婚请求的情况，如果丈夫坚持离婚，法院会判决双方解除婚姻关系。

在现实中还出现有这样的情况，夫妻中女方要离婚，男方不同意离婚，后法院判决离婚，女方领取了离婚判决书，男方没有领取判决书，仍然骚扰女方，认为双方没有离婚证，就还是夫妻，还没有离婚。这就是对离婚判决书的效力认识不足。在我国，离婚判决书就能证明夫妻双方已经解除婚姻关系，不需要再去办理离婚证。男方的说法是不合法的。

但是注意如果夫妻一方将来要与外国人在国外登记结婚，还应该去原婚姻登记机关注销结婚证，领取离婚证或对国内法院的法院判决进行相关的公证，才能得到国外婚姻登记机关的承认。

离婚除涉及夫妻双方能否解除双方婚姻关系，还涉及父母与子女之间关系及夫妻之间的财产关系。

2. 离婚后父母子女关系处理问题

（1）离婚后父母子女关系。父母与子女间的关系，不因父母离婚而消除。离婚后，子女无论由父或母直接抚养，仍是父母双方的子女。

离婚后，父母对于子女仍有抚养、教育、保护的权利和义务。

（2）离婚后子女抚养问题。离婚后，不满两周岁的子女，以由母亲直接抚养为原则。已满两周岁的子女，父母双方对抚养问题协议不成的，由人民法院根据双方的具体情况，按照最有利于未成年子女的原则判决。子女已满八周岁的，应当尊重其真实意愿。

离婚后，子女由一方直接抚养的，另一方应负担部分或者全部抚养费。负担费用的多少和期限的长短，由双方协议；协议不成时，由人民法院判决。

关于子女抚养费的协议或判决，不妨碍子女在必要时向父母任何一方提出超过协议或判决原定数额的合理要求。

问题：夫妻双方10年前离婚，法院判决3岁女儿由女方抚养，男方每月支付50元抚养费。现在因为生活水平提高，孩子的各项生活学习费用也越来越多，能否要求男方增加抚养费？

答案：能要求。只要男方有能力支付，法院会支持子女要求提高抚养费的请求。

但这里要注意，要求的抚养费应该合理，现在随着小学生出国热潮的高涨，有的父母会让孩子去国外读小学或中学，离婚后抚养孩子的一方要求另一方提高抚养费时以国外就读时的花费作为标准要求，这种情况下，法院一般不会支持。

（3）探视权问题。离婚后，不直接抚养子女的父或母，有探望子女的权利，另一方有协助的义务。

行使探望权利的方式、时间由当事人协议；协议不成时，由人民法院判决。

父或母探望子女，不利于子女身心健康的，由人民法院依法中止探望；中止的事由消失后，应当恢复探望。

3. 离婚时财产和债务处理问题

在离婚案件中，财产和债务如何处理是最为复杂和敏感的问题。

（1）夫妻的共同财产的处理。《民法典》规定：离婚时，夫妻的共同财产由双方协议处理；协议不成的，由人民法院根据财产的具体情况，按照照顾子女、女方和无过错方权益的原则判决。

对夫或者妻在家庭土地承包经营中享有的权益等，应当依法予以保护。

问题：李某与刘某（女）于2018年11月登记结婚，因双方性格不合，经常争吵。刘某于2021年2月1日向人民法院提起离婚诉讼，要求分割共同财产，女儿（3岁）由自己抚养。本案涉及的财产：房屋一套，价值80万，由李某婚前购买，首付款20万由李某婚前支付，其余60万婚后夫妻双方共同支付。按照相关法律的规定，财产应该如何分配？

答案：就本案说，需要分配的财产主要就是一套房屋，按照最高人民法院《关于适用〈中华人民共和国婚姻法〉若干问题解释（三）》的规定：一方在婚前已经通过银行贷款的方式向房地产公司支付了全部购房款，买卖房屋的合同义务已经履行完毕，即在婚前就取得了购房合同确认给购房者的全部债权，婚后获得房产的物权只是财产权利的自然转化，故离婚分割财产时将按揭房屋认定为一方的个人财产相对比较公平。对按揭房屋在婚后的增值，应考虑配偶一方参与还贷的实际情况，对其作出公平合理的补偿。所以，房屋应分给李某，但其应给刘某公平合理的补偿。

夫妻一方因抚育子女、照料老年人、协助另一方工作等负担较多义务的，离婚时有权向另一方请求补偿，另一方应当给予补偿。具体办法由双方协议；协议不成的，由人民法院判决。

（2）夫妻共同债务的偿还。离婚时，夫妻共同债务应当共同偿还。共同财产不足清偿的或财产归各自所有的，由双方协议清偿；协议不成的，由人民法院判决。

离婚时，如果一方生活困难，有负担能力的另一方应当给予适当帮助。具体办法由双方协议；协议不成时，由人民法院判决。

离婚时，一方隐藏、转移、变卖、毁损、挥霍夫妻共同财产，或者伪造夫妻共同债务企图侵占另一方财产的，在离婚分割夫妻共同财产时，对隐藏、转移、变卖、毁损、挥霍夫妻共同财产或伪造夫妻共同债务的一方，可以少分或不分。离婚后，另一方发现有上述行为的，可以向人民法院提起诉讼，请求再次分割夫妻共同财产。

问题：李某和刘某结婚数年感情一直很好，随着丈夫刘某的生意越做越好，李某在家照顾家庭，后双方感情恶化，起诉至法院要求离婚。在法院的调解下，双方达成协议，对孩子的抚养和家庭财产分割进行了处理，之后解除婚姻关系。两年之后，李某在清理家中杂物时发现了一张转让合同和一份收据，知道刘某在离婚之前曾经将两人经营的一家餐馆转让给别人获利10万，而当时刘某对李某的解释是餐馆被有关部门责令停业了。李某找到刘某要求分割这10万元，但刘某认为李某在结婚时并没有提出这一要求，现在双方已解除了婚姻关系，自己没有义务再给李某分割这部分财产。那么，李某能否要求分割这部分财产，如果可以，李某应该怎样做？

答案：餐馆属于夫妻双方的共同财产，应该在离婚时给予分割，但因为刘某故意转移共同财产，根据婚姻法该条的规定，李某可以就该笔收入起诉刘某要求法院给予分割，从而保护自己的权利。

4. 离婚损害赔偿

有下列情形之一，导致离婚的，无过错方有权请求损害赔偿：

（1）重婚；

（2）与他人同居；

（3）实施家庭暴力；

（4）虐待、遗弃家庭成员；

（5）有其他重大过错。

注意：在离婚诉讼中要求有过错方赔偿，对过错方的过错要求很高，一般的过错法院并不支持赔偿请求。只有在过错方的过错非常严重的情况下，法院才会支持。像一般的婚外情，或者说"有第三者"并不会引起损害赔偿。

另外，无过错方要求损害赔偿时应在办理协议离婚时提出或者在向法院起诉离婚时提出，如在协议离婚时明确表示放弃该项请求或在办理离婚登记手续一年后提出的，法院不予支持。

注意：无过错方在办理离婚登记手续后，另行提出离婚损害赔偿请求的期限是一年，该期限是除斥期间，没有中止、中断、延长的情形。

五、收养

收养是指收养人领养他人的子女为自己的子女，依法创设拟制血亲关系的法律行为。

（一）收养关系的成立

1. 被收养人

下列未成年人，可以被收养：

（1）丧失父母的孤儿。此处的"孤儿"指"生父母已经死亡或被宣告死亡的未满18周岁的未成年人"。

（2）查找不到生父母的未成年人，比如"弃婴"（被生父母遗弃了的儿童）。但是对被拐获救的未成年人不在被收养人范围之列。

（3）生父母有特殊困难无力抚养的子女。

2. 送养人

下列个人、组织可以作送养人：

（1）孤儿的监护人；

（2）儿童福利机构；

（3）有特殊困难无力抚养子女的生父母。

未成年人的父母均不具备完全民事行为能力且可能严重危害该未成年人的，该未成年人的监护人可以将其送养。

生父母送养子女，应当双方共同送养。生父母一方不明或者查找不到的，可以单方送养。

3. 收养人

收养人应当同时具备下列条件：

（1）无子女或者只有一名子女；

（2）有抚养、教育和保护被收养人的能力；

（3）未患有在医学上认为不应当收养子女的疾病；

（4）无不利于被收养人健康成长的违法犯罪记录；

（5）年满三十周岁。

4. 亲属间收养

收养三代以内旁系同辈血亲的子女，可以不受以下三项条件的限制：

（1）被收养人生父母有特殊困难无力抚养；

（2）送养人有特殊困难无力抚养子女；

（3）无配偶者收养异性子女的，收养人与被收养人的年龄应当相差四十周岁以上。

华侨收养三代以内旁系同辈血亲的子女，还可以不受"收养人无子女或者只有一名子女"的限制。

5. 收养子女人数

无子女的收养人可以收养两名子女；有子女的收养人只能收养一名子女。

收养孤儿、残疾未成年人或者儿童福利机构抚养的查找不到生父母的未成年人，可以不受收养子女人数的限制和收养人无子女或者只有一名子女的限制。

6. 有配偶者收养子女，应当夫妻共同收养。

无配偶者收养异性子女的，收养人与被收养人的年龄应当相差四十周岁以上。

继父或者继母经继子女的生父母同意，可以收养继子女，而且收养条件放宽，可以不受生父母有特殊困难无力抚养的子女、收养人条件、收养子女人数的限制。

收养人收养与送养人送养，应当双方自愿。收养八周岁以上未成年人的，应当征得被收养人的同意。

7. 收养程序

（1）收养登记。收养为正式法律行为，只有履行了法定登记程序，收养才能成立并产生法律效力。

收养应当向县级以上人民政府民政部门登记。收养关系自登记之日起成立。

收养查找不到生父母的未成年人的，办理登记的民政部门应当在登记前予以公告。

收养关系当事人愿意签订收养协议的，可以签订收养协议。

收养关系当事人各方或者一方要求办理收养公证的，应当办理收养公证。

在收养登记前，县级以上人民政府民政部门应当依法进行收养评估。评估结果支持收养的，予以登记，反之，不予登记。

（2）户口登记。收养关系成立后，公安机关应当按照国家有关规定为被收养人办理户口登记。

8. 涉外收养

外国人在中国收养子女属于涉外收养。为确保被收养人及其生父母的合法权利，我国法律对涉外收养规定了更为严格的条件和程序。

外国人在中华人民共和国收养子女，应当经其所在国主管机关依照该国法律审查同意。

收养人应当提供由其所在国有权机构出具的有关其年龄、婚姻、职业、财产、健康、有无受过刑事处罚等状况的证明材料，证明材料应当经收养人所在国外交机关或者外交机关授权的机构认证，并经中华人民共和国驻该国使领馆认证，国家另有规定的除外。收养人应当与送养人签订书面协议，并亲自向省、自治区、直辖市人民政府民政部门登记。

9. 收养保密

收养信息属于收养各方当事人的隐私，未经当事人同意，知悉收养秘密的人应当保密。收养人、送养人要求保守收养秘密的，其他人应当尊重其意愿，不得泄露。

（二）收养的效力

收养自成立起生效。

1. 收养的效力

收养成立会产生两方面的法律效力：一是收养的拟制效力；二是收养的解销效力。

自收养关系成立之日起，在养父母与养子女及其他近亲属之间产生法律拟制血亲关系，养父母与养子女的权利义务关系适用《民法典》关于父母子女关系的规定；养子女与养父母的近亲属间的权利义务关系，适用《民法典》关于子女与父母的近亲属关系的规定。

养子女与生父母以及其他近亲属间的权利义务关系，因收养关系的成立而消除。

2. 养子女的姓氏

养子女可以随养父或者养母的姓氏，经当事人协商一致，也可以保留原姓氏。未确定姓氏不影响收养登记的效力。

3. 无效收养行为

收养无效的情形：

（1）收养人与送养人不具有完全民事行为能力；

（2）收养人不具有真实的收养意思；

（3）收养行为违反法律的强制性规定或违背公序良俗；

（4）收养行为不得损害他人利益；

（5）违反《民法典·收养编》规定的收养行为无效；

（6）收养各方当事人不符合法律规定的条件；

（7）无收养同意权人的同意；

（8）超出收养子女人数限制的；

(9) 不符合异性收养年龄差距的;
(10) 有配偶者,其配偶不同意收养的。

无效的收养行为自始没有法律约束力。如果确认收养无效,则被收养人与收养人之间未成立父母子女关系,被收养人与其生父母之间的父母子女关系也未消除。

(三) 收养关系的解除

1. 收养关系解除的方式

收养关系的解除有两种方式:一是当事人合意解除;二是一方当事人请求解除,这种方式应向法院提起诉讼,由法院作出是否准许解除收养关系的判决。

(1) 被收养人成年之前的解除。收养人在被收养人成年以前,不得解除收养关系,但是收养人、送养人双方协议解除的除外。养子女八周岁以上的,应当征得本人同意。

收养人不履行抚养义务,有虐待、遗弃等侵害未成年养子女合法权益行为的,送养人有权要求解除养父母与养子女间的收养关系。送养人、收养人不能达成解除收养关系协议的,可以向人民法院提起诉讼。

(2) 被收养人成年之后的解除。养父母与成年养子女关系恶化、无法共同生活的,可以协议解除收养关系。不能达成协议的,可以向人民法院提起诉讼。

例如:李某乙,出生后不久即被李某甲与前妻成某抱回家中抚养,共同生活。李某乙父母均同意送养,但双方未签订书面收养协议;2000年9月23日成某因病去世,2012年李某甲再婚;婚后一年半李某乙与李某甲共同居住,后李某乙搬至其他地方居住至今;李某甲主张李某乙搬走后未尽到日常照顾义务,对其再婚及再婚妻子落户有意见,双方关系恶化,向法院提起诉讼,请求解除其与李某乙的收养关系。李某乙主张搬走后每年均看望李某甲,给李某甲钱,送李某甲去医院看病,没有阻止过李某甲再婚,亦同意配合落户,不同意解除双方的收养关系。

法院经审理认为,李某甲与李某乙之间虽不存在血缘关系,但双方结缘源于养父母的慈念,养父女情义在长达近二十年的养育中建立和稳固,现已到李某乙尽赡养义务之时。双方近年因家庭生活琐事产生矛盾,但远未到关系恶化需解除养父女关系之程度,故对李某甲要求解除养父女关系的诉求不予支持,判决驳回李某甲的诉讼请求。

李某甲不服该判决,提起上诉。

二审法院经审理后认定李某甲、李某乙的收养关系应当解除,对于李某甲上诉主张解除李某甲与李某乙养父女关系的请求予以支持。最终二审法院撤销一审判决,改判解除李某甲与李某乙的收养关系。

诉讼解除收养关系的,自法院作出解除收养关系的判决生效时收养关系终止。

当事人协议解除收养关系的,应当到民政部门办理解除收养关系登记。收养关系自双方当事人至收养登记机关办理完成解除登记,发给解除收养关系证明时终止。

2. 收养关系解除的法律后果

收养关系解除后,养子女与养父母以及其他近亲属间的权利义务关系即行消除,与生父母以及其他近亲属间的权利义务关系自行恢复。但是,成年养子女与生父母以及其他近亲属间的权利义务关系是否恢复,可以协商确定。

收养关系解除后,经养父母抚养的成年养子女,对缺乏劳动能力又缺乏生活来源的养父母,应当给付生活费。因养子女成年后虐待、遗弃养父母而解除收养关系的,养父母可以要求养子女补偿收养期间支出的抚养费。

生父母要求解除收养关系的，养父母可以要求生父母适当补偿收养期间支出的抚养费；但是，因养父母虐待、遗弃养子女而解除收养关系的除外。

第十节 继　承

继承法是调整因继承产生的民事关系的法律规范，主要内容在《民法典·继承编》。

注意：继承法主要调整继承问题，不调整家庭析产，也不调整自然人生前赠与等问题。

一、继承基本原则

1. 保护自然人私有财产的原则

国家保护自然人的继承权。所谓"有恒产者有恒心"，保护继承权实际上就是保护自然人财产流转的安全性、稳定性，从而保护社会经济秩序，使经济社会健康发展。

2. 继承权平等原则

继承权男女平等。不得因为传统或习惯而剥夺女性的继承权。另外，非婚生子女和婚生子女的继承权平等，养子女、继子女与亲生子女继承权平等，同一顺序继承人的继承权平等。

3. 养老育幼、照顾病残原则

遗产分割时，应当保留胎儿的继承份额。遗嘱应当为缺乏劳动能力又没有生活来源的继承人保留必要的遗产份额。

4. 互谅互助、团结和睦原则

继承人应当本着互谅互让、和睦团结的精神，协商处理继承问题。遗产分割的时间、办法和份额，由继承人协商确定；协商不成的，可以由人民调解委员会调解或者向人民法院提起诉讼。

5. 权利义务相一致原则

在确定继承人时，要考虑继承人与被继承人之间是否有法定的扶养义务；在遗产分配时要考虑继承人是否尽了法定扶养义务等。

二、遗产

1. 遗产概述

遗产是自然人死亡时遗留的个人合法财产，包括：

（1）自然人的收入；

（2）自然人的房屋、储蓄和生活用品；

（3）自然人的林木、牲畜和家禽；

（4）自然人的文物、图书资料；

（5）法律允许自然人所有的生产资料；

（6）自然人的著作权、专利权中的财产权利；

（7）自然人的其他合法财产。

2. 不能继承的遗产

依照法律规定或者根据其性质不得继承的遗产，不得继承。

依照法律规定不得继承的遗产包括自然资源利用权、宅基地使用权、指定了受益人的保险金等。

根据其性质不得继承的遗产包括抚养费请求权、赡养费请求权、残疾人补助金等。

三、继承权

继承权是自然人享有的重要财产权,自然人依法享有继承权。

1. 继承权的取得

(1) 基于法律规定取得。按照法律规定：配偶、父母子女、兄弟姐妹、祖孙、有扶养关系的丧偶儿媳和丧偶女婿有继承权。

(2) 基于遗嘱取得。基于遗嘱取得继承权有两个条件：有法定继承权,有合法有效的遗嘱。如果立遗嘱人将遗产留给了法定继承人之外的人,此人是否就有了继承权呢？答案是否定的,他的权利是受遗赠权而不是继承权。

2. 继承权的丧失

在《民法典·继承编》中明确规定,继承人有下列行为之一的,丧失继承权。

(1) 故意杀害被继承人；

(2) 为争夺遗产而杀害其他继承人；

(3) 遗弃被继承人,或者虐待被继承人情节严重；

(4) 伪造、篡改、隐匿或销毁遗嘱,情节严重；

(5) 以欺诈、胁迫手段迫使或者妨碍被继承人设立、变更或者撤回遗嘱,情节严重。

但是若继承人有上述行为 (3)、(4)、(5) 条的,但确有悔改表现,被继承人表示宽恕或者事后在遗嘱中将其列为继承人的,该继承人不丧失继承权。

受遗赠人故意杀害被继承人的,丧失受遗赠权。

受遗赠人应当在知道受遗赠后六十日内,作出接受或者放弃受遗赠的表示；到期没有表示的,视为放弃受遗赠。

四、遗嘱继承

遗嘱继承是指继承人按照被继承人生前所立的合法有效的遗嘱进行继承的一种方式。

自然人可以依照法律规定立遗嘱处分个人财产,并可以指定遗嘱执行人。

自然人可以立遗嘱将个人财产指定由法定继承人中的一人或者数人继承。

自然人可以立遗嘱将个人财产赠与国家、集体或者法定继承人以外的组织、个人。

自然人可以依法设立遗嘱信托。

1. 遗嘱的形式

(1) 自书遗嘱。自书遗嘱由遗嘱人亲笔书写,签名,注明年、月、日。自书遗嘱由遗嘱人亲笔书写是指遗嘱的所有字迹均要求立遗嘱人本人亲自书写上去,不能找他人代笔,也不能打印,这是自书遗嘱最主要的形式要件。立自书遗嘱时还应注意要保留立遗嘱人的其他笔迹,以便将来因笔迹真伪发生争议时进行笔迹比对。

(2) 代书遗嘱。代书遗嘱应当有两个以上见证人在场见证,由其中一人代书,并由遗嘱人、代书人和其他见证人签名,注明年、月、日。注意在场见证是指同时在同一地点进行见证。

(3) 打印遗嘱。打印遗嘱应当有两个以上见证人在场见证。遗嘱人和见证人应当在遗嘱每一页签名，注明年、月、日。

（4）录音录像遗嘱。以录音录像形式立的遗嘱，应当有两个以上见证人在场见证。遗嘱人和见证人应当在录音录像中记录其姓名或者肖像，以及年、月、日。

（5）口头遗嘱。遗嘱人在危急情况下，可以立口头遗嘱。口头遗嘱应当有两个以上见证人在场见证。危急情况消除后，遗嘱人能够以书面或者录音录像形式立遗嘱的，所立的口头遗嘱无效。

（6）公证遗嘱。公证遗嘱由遗嘱人到有管辖权的国家公证机关办理公证手续，经公证机关证明的遗嘱。公证遗嘱具有较强的证明力。

2. 遗嘱见证人资格

遗嘱见证人是指能够证明遗嘱确系遗嘱人本人所订立，且遗嘱内容能够体现遗嘱人真实意思表示的人。

见证人对遗嘱效力会产生重要影响，所以其有无见证资格非常重要。下列人员不能作为遗嘱见证人：

（1）无民事行为能力人、限制民事行为能力人以及其他不具有见证能力的人；

（2）继承人、受遗赠人；

（3）与继承人、受遗赠人有利害关系的人。

3. 遗嘱的撤回、变更

遗嘱人可以撤回、变更自己所立的遗嘱。

立遗嘱后，遗嘱人实施与遗嘱内容相反的民事法律行为的，视为对遗嘱相关内容的撤回。

4. 遗嘱的效力

立有数份遗嘱，内容相抵触的，以最后的遗嘱为准。所以在立遗嘱时，年月日一定要注明。

问题：某老人先立了一份公证遗嘱，想把房产留给大儿子，但后来又后悔了，立了一份自书遗嘱，要把房产平分给两个儿子。那么，应以哪份遗嘱为准呢？

答案：在这两份遗嘱中，尽管有公证遗嘱，但后面的自书遗嘱表达了老人最终的真实意愿，按照《民法典·继承编》的规定，最后一份遗嘱有效。继承开始后，只能按照第二份自书遗嘱继承。

无民事行为能力人或者限制民事行为能力人所立的遗嘱无效。

遗嘱必须表示遗嘱人的真实意思，受欺诈、胁迫所立的遗嘱无效。

伪造的遗嘱无效。

遗嘱被篡改的，篡改的内容无效。

在立遗嘱时，还应考虑遗嘱内容的有效性。首先立遗嘱时，只能处分自己有权处分的财产，如果在遗嘱中处分了不属于自己的财产或无权处分的财产，则该部分无效。

问题：张老汉和老伴两个人共有房屋三间，没有其他财产，有两个儿子。张老汉立有一份遗嘱，将房屋三间全给了大儿子。张老汉死后，是不是老伴和小儿子就得搬出去住，将三间房屋全给大儿子呢？

答案：不是。首先，张老汉遗嘱内容处分了不属于自己所有的财产，将老伴的财产也给处分了，所以这一部分内容是无效的，在处理张老汉遗产时，应该先将老伴的一间半房屋分出来归老伴所有，另一半房屋属于张老汉的遗产，由大儿子继承，小儿子无法继承。

5. 附义务遗嘱

遗嘱继承或者遗赠附有义务的，继承人或者受遗赠人应当履行义务。没有正当理由不履行义务的，经利害关系人或者有关组织请求，人民法院可以取消其接受附义务部分遗产的权利。

五、法定继承

1. 继承顺序

如果没有遗嘱或遗嘱无效，则遗产按照下列顺序继承：

第一顺序：配偶、子女、父母。

第二顺序：兄弟姐妹、祖父母、外祖父母。

继承开始后，由第一顺序继承人继承，第二顺序继承人不继承。没有第一顺序继承人继承的，由第二顺序继承人继承。

问题：李某和张某是夫妻，有一儿一女，夫妻共有一套房屋。现张某去世，没有留遗嘱，请问该房产怎么分？

答案：根据我国《民法典·继承编》的规定，没有遗嘱的适用法定继承，夫妻一方死亡的，先把夫妻共同财产的一半分出作为另一方的个人财产，剩余财产作为遗产，按照法定继承顺序来继承，配偶、子女都是第一顺序继承人，享有平等的继承权。

问题：孙某父母有两间平房，父母去世后由哥哥继承，改为哥哥的名字，哥哥离婚时将一间房屋分给其前妻和孩子，并把房屋改成前妻的名字。现哥哥去世，前妻将另一间房屋也占据了，但孙某的户口一直在那里，请问孙某能继承哥哥的房产吗？如果该房屋拆迁，孙某能否要求补偿？

答案：孙某父母死亡后房产由哥哥继承，则该房应是哥哥的财产，哥哥死亡后，再由哥哥的继承人来继承，孙某虽然是哥哥的继承人，但为第二顺序的继承人，而哥哥的儿子为第一顺序的继承人。按照我国《民法典·继承编》的规定，先由第一顺序继承人继承，如果没有第一顺序继承人，第二顺序继承人才能继承。因此，该房屋应由哥哥的儿子继承，孙某不能继承。但是孙某的户口在那，拆迁时可能得到适当的补偿。

被继承人的子女先于被继承人死亡的，由被继承人的子女的直系晚辈血亲代位继承。

被继承人的兄弟姐妹先于被继承人死亡的，由被继承人的兄弟姐妹的子女代位继承。

代位继承人一般只能继承被代位继承人有权继承的遗产份额。

丧偶儿媳对公婆，丧偶女婿对岳父母，尽了主要赡养义务的，作为第一顺序继承人。

2. 继承份额

同一顺序继承人继承遗产的份额，一般应当均等。

对生活有特殊困难又缺乏劳动能力的继承人，分配遗产时，应当予以照顾。

对被继承人尽了主要扶养义务或者与被继承人共同生活的继承人，分配遗产时，可以多分。

有扶养能力和有扶养条件的继承人，不尽扶养义务的，分配遗产时，应当不分或者少分。

继承人协商同意的，也可以不均等。

对继承人以外的依靠被继承人扶养的人，或者继承人以外的对被继承人扶养较多的人，可以分给适当的遗产。

六、遗产的处理

遗产管理人是对死者的财产进行妥善保管分配的人。继承开始后,遗嘱执行人为遗产管理人;没有遗嘱执行人的,继承人应当及时推选遗产管理人;继承人未推选的,由继承人共同担任遗产管理人;没有继承人或者继承人均放弃继承的,由被继承人生前住所地的民政部门或者村民委员会担任遗产管理人。

对遗产管理人的确定有争议的,利害关系人可以向人民法院申请指定遗产管理人。

遗产管理人应当履行下列职责:

（1）清理遗产并制作遗产清单;
（2）向继承人报告遗产情况;
（3）采取必要措施防止遗产毁损、灭失;
（4）处理被继承人的债权债务;
（5）按照遗嘱或者依照法律规定分割遗产;
（6）实施与管理遗产有关的其他必要行为。

遗产管理人应当依法履行职责,因故意或者重大过失造成继承人、受遗赠人、债权人损害的,应当承担民事责任。

遗产管理人可以依照法律规定或者按照约定获得报酬。

七、继承开始

继承从被继承人死亡时开始。

1. 通知

继承开始后,知道被继承人死亡的继承人应当及时通知其他继承人和遗嘱执行人。继承人中无人知道被继承人死亡或者知道被继承人死亡而不能通知的,由被继承人生前所在单位或者住所地的居民委员会、村民委员会负责通知。

2. 继承

相互有继承关系的数人在同一事件中死亡,难以确定死亡时间的,推定没有其他继承人的人先死亡。都有其他继承人,辈分不同的,推定长辈先死亡;辈分相同的,推定同时死亡,相互不发生继承。

继承开始后,按照法定继承办理;有遗嘱的,按照遗嘱继承或者遗赠办理;有遗赠抚养协议的,按照协议办理。

有下列情形之一的,遗产中的有关部分按照法定继承办理:

（1）遗嘱继承人放弃继承或者受遗赠人放弃受遗赠;
（2）遗嘱继承人丧失继承权或者受遗赠人丧失受遗赠权;
（3）遗嘱继承人、受遗赠人先于遗嘱人死亡或者终止;
（4）遗嘱无效部分所涉及的遗产;
（5）遗嘱未处分的遗产。

继承开始后,继承人放弃继承的,应当在遗产处理前,以书面形式作出放弃继承的表示;没有表示的,视为接受继承。

3. 遗产保管

存有遗产的人，应当妥善保管遗产，任何组织或者个人不得侵吞或者争抢。

存有遗产的人，是指被继承人死亡时实际控制遗产人，和遗产管理人不完全等同。存有遗产的人如果没有妥善保管遗产，导致遗产价值贬损的，应当负相应的法律责任。

4. 转继承

继承开始后，继承人于遗产分割前死亡，并没有放弃继承的，该继承人应当继承的遗产转给其继承人，但是遗嘱另有安排的除外。

5. 遗产分割

遗产分割时，应当保留胎儿的继承份额。胎儿娩出时是死体的，保留的份额按照法定继承办理。

遗产分割应当有利于生产和生活需要，不损害遗产的效用。

不宜分割的遗产，可以采取折价、适当补偿或者共有等方法处理。

分割遗产，应当清偿被继承人依法应当缴纳的税款和债务；但是，应当为缺乏劳动能力又没有生活来源的继承人保留必要的遗产。

无人继承又无人受遗赠的遗产，归国家所有，用于公益事业；死者生前是集体所有制组织成员的，归所在集体所有制组织所有。

第十一节　知识产权法

一、知识产权及知识产权法

（一）知识产权

知识产权是指民事主体对自己创造性劳动取得的智力成果所享有的民事权利，包括著作权、专利权、商标权等。

知识产权作为一种民事权利，具有民事权利的最本质的特征，但它也具有自己独特的特点。

1. 时间性

知识产权在法律上有明确的期限，期限届满，则权利消失。

例如：著作权中的财产权的保护期，作者是公民的，为作者终生及其死亡后五十年；作者是法人或者其他组织的，保护期为五十年。电影作品和以类似摄制电影的方法创作的作品、摄影作品，不管作者是公民还是法人或者其他组织，其权利的保护期为五十年。

发明专利权的期限为二十年，实用新型专利权为十年，外观设计专利权的期限为十五年，均自申请日起计算。

注册商标的有效期为十年，自核准注册之日起计算。

注册商标有效期满，需要继续使用的，应当在期满前六个月内申请续展注册；在此期间未能提出申请的，可以给予六个月的宽展期。宽展期满仍未提出申请的，注销其注册商标。每次续展注册的有效期为十年。

2. 地域性

一个国家的知识产权法只在其主权范围内有效，知识产权的保护只在其主权范围内，不发生域外效力，除非在一定情况下适用保护知识产权的国际公约或一个国家承认另一国的知识产权。

例如：海信西门子商标纠纷案。

"Hisense"是青岛海信集团的英文商标，通过多年来的精心培育，成为在国内外知名品牌。1999年1月5日，国家工商总局商标局正式认定海信集团的"Hisense""海信"商标为驰名商标。1999年1月11日，德国西门子集团下属的博世—西门子公司在德国抢先注册了"HiSense"商标，与"Hisense"商标仅有微小的差别。1999年7月，该公司又申请了马德里国际商标注册和欧共体商标注册。

2002年底，西门子以海信集团多次在德国参加展览会，使用"海信"商标为由，状告海信集团侵权。海信集团应诉，并要求德国商标局依法撤销博世—西门子公司注册的海信商标。从2002年底开始，海信集团与博世—西门子公司多次就商标抢注和转让问题进行磋商，并提出愿意出5万欧元作为注册的补偿，但博世—西门子公司要出天价，要求海信支付商标转让费4000万欧元。海信集团无法接受，使商标转让的谈判陷于僵局。在"HiSense"无法于德国使用的情况下，海信集团只得在欧洲另外注册了"Hsense"商标。但新商标在知名度、影响力方面和"HiSense"相比有着较大的差距，海信集团还是希望通过法律的手段夺回"HiSense"的所有权。同时海信集团也展开反击，在中国境内注册申请西门子的所有商标。

海信集团和德国博世—西门子公司经过多次协商，发表联合声明，博世—西门子公司同意将其在德国及欧盟注册的"HiSense"商标一并有偿转让给海信集团，同时撤销针对海信集团的商标诉讼，海信集团亦撤销针对博世—西门子公司的所有商标注册申请。

3. 专有性

知识产权的无形性决定了它一经产生，就可能被许多人同时使用并取得利益，这样就会损害知识产权人因知识产权而取得的利益，挫伤知识产权人创造发明的积极性，因此为保护知识产权人的利益，国家赋予知识产权人在法律规定的有效期内，对知识产权享有独占、使用、收益和处分的权利。在知识产权保护期内，未经权利人许可，使用知识产权就构成侵权。

（二）知识产权法概述

知识产权法是指调整因知识产权的归属、行使、管理和保护等活动而产生的社会关系的法律规范的总称。

我国现在已形成了完整的知识产权法律体系，主要的知识产权法有《中华人民共和国商标法》《中华人民共和国专利法》《中华人民共和国著作权法》及其条例（细则）等法律法规。

二、著作权法

（一）著作权法概述

著作权法是指调整因著作权而产生的社会关系的法律规范的总称。著作权法保护的对象是著作权。

著作权是指作者基于文学艺术和科学作品而享有的民事权利。例如李某创作了一部小说，则李某对该小说享有著作权。

（二）作品

1. 作品的定义

著作权取得的前提是作品，没有作品就没有著作权。《中华人民共和国著作权法实施条例》（简称《著作权法实施条件》）第二条中这样界定：著作权法所称作品，是指文学、艺术和科学领域内具有独创性并能以某种有形形式复制的智力创作成果。

受著作权法保护的作品应当具备以下四个条件：

（1）必须是自己创作的，不是抄袭别人的；

（2）必须是属于文学、艺术和科学技术范围内的创作；

（3）必须具有一定的表现形式；

（4）必须是不属于依法禁止出版、传播的作品。

2. 作品的形式

根据《中华人民共和国著作权法》（简称《著作权法》）第三条和《著作权法实施条例》第四条的规定，作品具体是指以以下形式创作的文学、艺术和自然科学、社会科学、工程技术等作品。

（1）文字作品，是指小说、诗歌、散文、论文等以文字形式表现的作品；

（2）口述作品，是指即兴的演说、授课、法庭辩论等以口头语言形式表现的作品；

（3）音乐作品，是指歌曲、交响乐等能够演唱或者演奏的带词或不带词的作品；

（4）戏剧作品，是指话剧、歌剧、地方戏等供舞台演出的作品；

（5）曲艺作品，是指相声、快板、大鼓、评书等以说唱为主要形式表演的作品；

（6）舞蹈作品，是指通过连续的动作、姿势、表情等表现思想情感的作品；

（7）杂技艺术作品，是指杂技、魔术、马戏等通过形体动作和技巧表现的作品；

（8）美术作品，是指绘画、书法、雕塑等以线条、色彩或者其他方式构成的具有审美意义的平面或者立体的造型艺术作品；

（9）建筑作品，是指以建筑物或者构筑物形式表现的有审美意义的作品；

（10）摄影作品，是指借助器械在感光材料或者其他介质上记录客观物体形象的艺术作品；

（11）电影作品和以类似摄制电影的方法创作的作品是指摄制在一定介质上，由一系列有伴音或者无伴音的画面组成，并且借助适当装置放映或者以其他方式传播的作品；

（12）图形作品，是指为施工、生产绘制的工程设计图、产品设计图，以及反映地理现象、说明事物原理或者结构的地图、示意图等作品；

（13）模型作品，是指为展示、试验或者观测等用途，根据物体的形状和结构，按照一定比例制成的立体作品。

但是《著作权法》第四条和第五条规定：依法禁止出版、传播的作品，不受本法保护。法律、法规、国家机关的决议、决定、命令和其他具有立法、行政、司法性质的文件，及其官方正式译文；单纯事实消息；历法、通用数表、通用表格和公式不适用本法。

单纯事实消息作为一种事实，是不为著作权法所调整的。但作者根据时事新闻所创作的时事新闻作品则受著作权法的保护。例如，"一句话新闻"的创造凝聚着作者的智慧，所以其具有著作权。

（三）著作权的内容

著作权包括人身权和财产权两部分。

1. 人身权

著作权中的人身权属于作者，作者是该人身权的主体。主要指：

（1）发表权，即决定作品是否公之于众的权利；

（2）署名权，即表明作者身份，在作品上署名的权利；

（3）修改权，即修改或者授权他人修改作品的权利；

（4）保护作品完整权，即保护作品不受歪曲、篡改的权利。

2. 财产权

财产权包括使用权、许可使用权、转让权、获得报酬权。著作权人可以许可他人行使财产权，并依照约定或者本法有关规定获得报酬。

著作权包括下列财产权：

（1）复制权，即以印刷、复印、拓印、录音、录像、翻录、翻拍、数字化等方式将作品制作一份或者多份的权利；

（2）发行权，即以出售或者赠与方式向公众提供作品的原件或者复制件的权利；

（3）出租权，即有偿许可他人临时使用视听作品、计算机软件的原件或者复制件的权利，计算机软件不是出租的主要标的的除外；

（4）展览权，即公开陈列美术作品、摄影作品的原件或者复制件的权利；

（5）表演权，即公开表演作品，以及用各种手段公开播送作品的表演的权利；

（6）放映权，即通过放映机、幻灯机等技术设备公开再现美术、摄影、视听作品等的权利；

（7）广播权，即以有线或者无线方式公开传播或者转播作品，以及通过扩音器或者其他传送符号、声音、图像的类似工具向公众传播广播的作品的权利；

（8）信息网络传播权，即以有线或者无线方式向公众提供作品，使公众可以在其选定的时间和地点获得作品的权利；

（9）摄制权，即以摄制视听作品的方法将作品固定在载体上的权利；

（10）改编权，即改变作品，创作出具有独创性的新作品的权利；

（11）翻译权，即将作品从一种语言文字转换成另一种语言文字的权利；

（12）汇编权，即将作品或者作品的片段通过选择或者编排，汇集成新作品的权利；

（13）应当由著作权人享有的其他权利。

（四）著作权的主体

著作权主体是指著作权权利义务的承受者，又称著作权人。《著作权法》第九条规定：著作权人包括作者或者其他依照本法享有著作权的自然人、法人或者其他组织。也就是说，作品的作者享有著作权，或依照《著作权法》规定的自然人、法人或者其他组织享有著作权，这里指著作权人的继承人或承受人可以享有著作权中的财产权。

但在实践中，确认著作权的归属并不总是很容易的，著作权的归属问题引起的纠纷很多。

问题：李老师是一中学老师，有着多年的语文教学经验，学校为了将其教学方法在全校推广，就指派青年教师张某将李老师的教学经验和方法总结成书面材料。张某在跟班听课和向李老师请教的基础上，根据自己的构思对所掌握的材料进行了加工，写成一本语文学习妙法的书，并且在书上署上自己的名字出版。李老师得知该书出版后，要求在书上署上自己的名字，并要求享有著作权。那么李老师的要求有无法律依据，他能享有该书的著作权吗？

答案：根据《著作权法实施条例》第三条的规定：著作权法所称创作，是指直接产生文学、艺术和科学作品的智力活动。为他人创作进行组织工作，提供咨询意见、物质条件，或者进行其他辅助工作，均不视为创作。所以，本案中李老师不能享有著作权，著作权应该由张某享有。

（五）著作权的取得

根据《著作权法》第二条和《著作权法实施条例》第六条的规定：著作权自作品创作完

成之日起产生，不论其发表与否。也就是说，著作权的取得是一种事实行为不是法律行为，它是自动取得。

例如：王某于2009年2月完成了一本小说的创作，5月由出版社出版发行。那么，王某取得著作权的时间是2月而不是5月，而且王某也不需要作任何行为，就可以自动取得该小说的著作权。

（六）著作权的保护

1. 保护期

《著作权法》规定，在著作权的保护期内，未经权利人同意或许可，不许发表、使用作品。

著作权的保护期分两种情况：第一种是无期限限制。署名权、修改权、保护作品完整权，其保护期不受限制。如果作者死亡，则这三项权利由作者的继承人、受遗赠人保护；著作权无人继承又无人受遗赠的，该三项权利由著作权行政管理部门保护。

第二种是有期限限制。发表权及其他财产权的保护期：公民的作品，保护期为作者终生及其死亡后50年，截止于作者死亡后第50年的12月31日。合作作品的截止于最后死亡作者死亡后的第50年的12月31日。单位作品及单位享有著作权的职务作品保护期为50年，截止于首次发表后的第50年的12月31日；但作品创作后50年内未发表的不再受保护。电影作品的保护期为50年，截止于首次发表后第50年的12月31日；但作品自创作完成后50年内未发表的，不再受保护。

2. 对著作权保护的限制

对著作权保护的限制是指权利人对著作权的享有不是绝对的，要受法律规定限制。分以下两种情况：

（1）可不经许可，也不支付报酬。主要指《著作权法》第二十四条规定的12种"合理使用"的情况：

1）为个人学习、研究或者欣赏，使用他人已经发表的作品。

2）为介绍、评论某一作品或者说明某一问题，在作品中适当引用他人已经发表的作品。

3）为报道新闻，在报纸、期刊、广播电台、电视台等媒体中不可避免地再现或者引用已经发表的作品。例如：一部新电影举行首映式后，电视新闻中为报道该事件可以在新闻中播出该片的几个镜头予以说明。

4）报纸、期刊、广播电台、电视台等媒体刊登或者播放其他报纸、期刊、广播电台、电视台等媒体已经发表的关于政治、经济、宗教问题的时事性文章，但著作权人声明不许刊登、播放的除外。

5）报纸、期刊、广播电台、电视台等媒体刊登或者播放在公众集会上发表的讲话，但作者声明不许刊登、播放的除外。

6）为学校课堂教学或者科学研究，翻译、改编、汇编、播放或者少量复制已经发表的作品，供教学或者科研人员使用，但不得出版发行。例如：老师在课堂上，为教学需要复制一些文章或美术作品。

7）国家机关为执行公务在合理范围内使用已经发表的作品。

8）图书馆、档案馆、纪念馆、博物馆、美术馆、文化馆等为陈列或者保存版本的需要，复制本馆收藏的作品。

9）免费表演已经发表的作品，该表演未向公众收费，也未向表演者支付报酬，且不以营利为目的。

10）对设置或者陈列在公共场所的艺术作品进行临摹、绘画、摄影、录像。

11）将中国公民、法人或者其他组织已经发表的以国家通用语言文字创作的作品翻译成少数民族文字作品在国内出版发行。

12）以阅读障碍者能够感知的无障碍方式向其提供已经发表的作品。

在上述情况下使用作品，可以不经著作权人许可，不向其支付报酬，但应当指明作者姓名、作品名称，并且不得侵犯著作权人依照著作权法享有的其他权利。

（2）可不经过许可，但应付报酬。主要指以下法定情况，这种情况又称"法定许可使用"：

1）凡是著作权人向报社、杂志社投稿的，作品刊登后，除著作权人声明不得转载、摘编的外，其他报刊可以转载或者作为文摘、资料刊登，但应当按照规定向著作权人支付报酬。

2）录音制作者使用他人已经合法录制为录音制品的音乐作品制作录音制品，可以不经著作权人许可，但应当按照规定支付报酬，著作权人声明不许使用的不得使用。

3）广播电台、电视台播放他人已发表的作品（电影作品和以类似摄制电影的方法创作的作品、录像作品除外），可以不经著作权人许可，但应当支付报酬。

4）广播电台、电视台播放已经出版的录音制品，可以不经著作权人许可，但应当支付报酬。

5）为实施九年义务教育和国家教育规划而编写出版教科书，可以不经著作权人许可，在教科书中汇编已经发表的作品片段或者短小的文字作品、音乐作品或者单幅的美术作品，摄影作品、图形作品，但应当按照规定支付报酬，指明作者姓名、作品名称，并不得侵犯著作权人依法享有的其他权利。

（七）法律责任

侵犯著作权应当承担法律责任，根据侵权行为性质、危害程度和范围，侵害人承担的法律责任也不同。

1. 民事责任

有下列侵权行为的应当根据情况，承担停止侵害、消除影响、赔礼道歉、赔偿损失等民事责任：

（1）未经著作权人许可，发表其作品的；

（2）未经合作作者许可，将与他人合作创作的作品当作自己单独创作的作品发表的；

（3）没有参加创作，为谋取个人名利，在他人作品上署名的；

（4）歪曲、篡改他人作品的；

（5）剽窃他人作品的；

（6）未经著作权人许可，以展览、摄制电影和以类似摄制电影的方法使用作品，或者以改编、翻译、注释等方式使用作品的，法律另有规定除外；

例如：琼某诉于某等五被告著作权侵权案。

于某编剧的古装电视剧《宫锁连城》登陆湖南卫视金鹰独播剧场之后掀起收视狂潮。但不久之后，该剧被指涉嫌抄袭琼瑶20世纪90年代创作的《梅花烙》，琼某将湖南经视文化传播有限公司、东阳欢娱影视文化有限公司、万达影视传媒有限公司、东阳星瑞影视文化传媒有限公司四家投资、摄制公司，一并告上了法庭。

2014年12月25日，经过长达8个月的诉讼，琼某诉于某侵权案一审宣判。于某被判公开道歉,《宫锁连城》禁停播出,被告共计赔偿 500 万元。

在判决中,一审法院认定,剧本《宫锁连城》在人物设置和人物关系上是以小说《梅花烙》、剧本《梅花烙》为基础进行的改编和再创作,前者与后者在整体上的情节排布和推演过程基本一致,从而构成了对后者的改编,侵害了原告的改编权。

(7) 使用他人作品,应当支付报酬而未支付的;

(8) 未经视听作品、计算机软件、录音录像制品的著作权人、表演者或者录音录像制作者许可,出租其作品或者录音录像制品的原件或者复制件的,《著作权法》另有规定的除外;

(9) 未经出版者许可,使用其出版的图书、期刊的版式设计的;

(10) 未经表演者许可,从现场直播或者公开传送其现场表演,或者录制其表演的;

(11) 其他侵犯著作权以及与著作权有关的权益的行为;

(12) 未经著作权人许可,复制、发行、表演、放映、广播、汇编、通过信息网络向公众传播其作品的,《著作权法》另有规定的除外;

例如:2001 年,中国数字图书馆有限责任公司在自己网站上上载了陈教授出版的《当代中国刑法新视野》《刑法适用总论》《正当防卫论》三本书,后被陈教授诉至海淀法院。原告陈教授称被告数字图书馆并没有得到原告的同意、许可或授权,侵犯了原告的著作权中的使用权和获得报酬权,要求被告赔偿其经济损失和为制止侵权行为的合理费用。法院经过审理,作出被告停止侵害并且赔偿原告经济损失的判决。还有一些视频网站未经许可导播热门影视剧的行为也是侵犯著作权的行为,也应当承担相应法律责任。

(13) 出版他人享有专有出版权的图书的;

(14) 未经表演者许可,复制、发行录有其表演的录音录像制品,或者通过信息网络向公众传播其表演的,《著作权法》另有规定的除外;

(15) 未经录音录像制作者许可,复制、发行、通过信息网络向公众传播其制作的录音录像制品的,《著作权法》另有规定的除外;

(16) 未经许可,播放\复制或者通过信息网络向公众传播广播、电视的,《著作权法》另有规定的除外;

(17) 未经著作权人或者与著作权有关的权利人许可,故意避开或者破坏权利人为其作品、录音录像制品等采取的保护著作权或者与著作权有关的权利的技术措施的,法律、行政法规另有规定的除外;

(18) 未经著作权人或者与著作权有关的权利人许可,故意删除或者改变作品、录音录像制品等的权利管理电子信息的,法律、法规另有规定的除外;

(19) 制作、出售假冒他人署名的作品的。

例如:普通人画了一幅画,署上一位著名画家的姓名,高价出售的行为。

2. 行政责任

若有上述第(12)~(19)条的侵权行为,损害公共利益的,且没达到犯罪程度的,可以由著作权行政管理部门责令停止侵权行为,没收违法所得,没收销毁侵权复制品,并可处以罚款。

如果规定的侵权行为,权利人为了更好地保护自己的权利,在向法院起诉前可以向人民法院申请采取责令停止侵权行为和财产保全措施。

3. 刑事责任

若有上述第（12）～（19）条的侵权行为，情节严重的，构成犯罪的依法追究刑事责任。

三、专利法

（一）专利法保护的对象

专利法保护的对象是发明创造，根据《中华人民共和国专利法》（简称《专利法》）的规定，我国专利法所指的发明创造是发明、实用新型和外观设计。

1. 发明

《专利法》所称的发明，是指对产品、方法或者其改进所提出的新的技术方案。这里主要强调"新的技术方案"也就是说该技术方案与现有技术相比应该是前所未有的，是有一定难度和进步的。例如：电灯的发明、飞机的发明、照相机的发明、电视机的发明。

2. 实用新型

实用新型是指对产品的形状、构造或者其结合所提出的适于实用的新的技术方案。实用新型又称"小发明"，主要强调"技术改进"，其创造性要求比发明低。例如：铅笔帽。

3. 外观设计

外观设计是指对产品的整体或者局部的形状、图案或者其结合以及色彩与形状、图案的结合所作出的富有美感并适于工业应用的新设计。例如：六棱铅笔。

对下列各项，不授予专利权：

（1）科学发现；

（2）智力活动的规则和方法；

（3）疾病的诊断和治疗方法；

（4）动物和植物品种；

（5）原子核变换方法以及用原子核变换方法获得的物质；

（6）对平面印刷品的图案、色彩或者二者的结合作出的主要起标识作用的设计。对动物和植物品种的生产方法，可以依法律规定授予专利权。

另外，对违反法律、社会公德或者妨害公共利益的发明创造，不授予专利权。对违反法律、行政法规的规定获取或者利用遗传资源，并依赖该遗传资源完成的发明创造，不授予专利权。

（二）授予专利权的条件

1. 发明和实用新型

对于发明和实用新型，《专利法》要求其具有新颖性、创造性和实用性。

（1）新颖性。新颖性是指该发明或者实用新型不属于现有技术（指申请日以前在国内外为公众所知的技术）；也没有任何单位或者个人就同样的发明或者实用新型在申请日以前向国务院专利行政部门提出过申请，并记载在申请日以后公布的专利申请文件或者公告的专利文件中。

但是申请专利的发明创造在申请日以前六个月内，有下列情形之一，不丧失新颖性：

1）在国家出现紧急状态或者非常情况时，为公共利益目的首次公开的；

2）在中国政府主办或者承认的国际展览会上首次展出的；

3）在规定的学术会议或者技术会议上首次发表的；

4）他人未经申请人同意而泄露其内容的。

（2）创造性。创造性是指与现有技术相比，该发明具有突出的实质性特点和显著的进步，该实用新型具有实质性特点和进步。

（3）实用性。实用性是指该发明或者实用新型能够制造或者使用，并且能够产生积极效果。也就是说不能只停留在理论，必须能够成批量生产、制造，能够不断复制。

2. 外观设计

对于外观设计，法律要求授予专利权的外观设计，应当不属于现有设计（指申请日以前在国内外为公众所知的设计）；也没有任何单位或者个人就同样的外观设计在申请日以前向国务院专利行政部门提出过申请，并记载在申请日以后公告的专利文件中。

授予专利权的外观设计与现有设计或者现有设计特征的组合相比，应当具有明显区别。

授予专利权的外观设计不得与他人在申请日以前已经取得的合法权利相冲突。

（三）专利权的主体

专利权的主体就是专利权人，主要是发明人和设计人，如果是执行本单位的任务或者主要是利用本单位的物质技术条件所完成的发明创造，主体为该单位。但单位和发明人或设计人有约定的按照约定确定专利权的主体。

（四）专利权的取得

专利权不是一种自然权利，不是自然产生的，而是法律赋予的，因此专利权的取得需要经过一定的法律程序。

1. 发明专利权的取得

（1）申请。发明专利的申请，由专利申请权人向国务院专利行政部门提出申请。

（2）初步审查。国务院专利行政部门收到发明专利申请后，经初步审查认为符合专利法要求的，自申请日起满十八个月，即行公布。申请人也可以向国务院专利行政部门提出申请，要求早日公布其申请。

（3）实质审查。发明专利申请自申请日起三年内，可以随时向国务院专利行政部门申请实质审查，如无正当理由逾期不请求实质审查的，该申请即被视为撤回。

（4）批准。国务院专利行政部门对发明专利申请进行实质审查后，认为不符合《专利法》规定的，予以驳回；如果没有驳回理由的，作出授予发明专利权的决定，发给专利权证书，同时予以登记和公告。发明专利权自公告之日起生效。

2. 实用新型和外观设计专利权的取得

对于实用新型和外观设计专利权的取得，也是先由权利人向国务院专利行政部门提出申请，国务院专利行政部门经初步审查没有发现驳回理由的，作出授予专利权的决定，发给相应的专利证书，同时予以登记和公告，该专利权自公告之日起生效。

3. 涉外申请

任何单位或者个人将在中国完成的发明或者实用新型向外国申请专利的，应当事先报经国务院专利行政部门进行保密审查。保密审查的程序、期限等按照国务院的规定执行。

中国单位或者个人可以根据中华人民共和国参加的有关国际条约提出专利国际申请。申请人提出专利国际申请的，应当遵守保密审查规定。

国务院专利行政部门依照中华人民共和国参加的有关国际条约、专利法和国务院有关规定处理专利国际申请。对违反保密审查规定向外国申请专利的发明或者实用新型，在中国申请专利的，不授予专利权。

（五）专利权的灭失

专利权通过以下四种途径灭失：

（1）专利权的有效期届满。

（2）专利人没有按照规定缴纳年费。专利权人应当自被授予专利权的当年开始缴纳年费。

（3）专利权人放弃权利（书面声明放弃）。

（4）专利权被宣告无效。

自国务院专利行政部门公告授予专利权之日起，任何单位或者个人认为该专利权的授予不符合《专利法》有关规定的，可以请求国务院专利行政部门宣告该专利权无效。

宣告无效的专利权视为自始即不存在。

（六）专利权的保护

1. 专利权的保护范围

发明或者实用新型专利权的保护范围以其权利要求的内容为准，说明书及附图可以用于解释权利要求的内容。外观设计专利权的保护范围以表示在图片或者照片中的该产品的外观设计为准，简要说明可以用于解释图片或者照片所表示的该产品的外观设计。

2. 专利侵权行为及其法律责任

未经专利权人许可、实施其专利，侵权人应承担相应的行政责任和民事责任；假冒他人专利，侵权人应承担行政责任、民事责任或刑事责任。

3. 不属于侵权的行为

有下列情形之一的，不视为侵犯专利权：

（1）专利产品或者依照专利方法直接获得的产品，由专利权人或者经其许可的单位、个人售出后，使用、许诺销售、销售、进口该产品的；

（2）在专利申请日前已经制造相同产品、使用相同方法或者已经作好制造、使用的必要准备，并且仅在原有范围内继续制造、使用的；

（3）临时通过中国领陆、领水、领空的外国运输工具，依照其所属国同中国签订的协议或者共同参加的国际条约，或者依照互惠原则，为运输工具自身需要而在其装置和设备中使用有关专利的；

（4）专为科学研究和实验而使用有关专利的；

（5）为提供行政审批所需要的信息，制造、使用、进口专利药品或者专利医疗器械的，以及专门为其制造、进口专利药品或者专利医疗器械的。

四、商标法

商标法是确认、保护商标专用权，调整和规范因商标的使用而发生的各种社会关系的法律规范。

（一）商标法的保护对象

商标法保护的是商标专用权，根据《中华人民共和国商标法》（简称《商标法》）的规定，商标专用权是指注册商标的所有人对其注册商标所享有的独占使用权，以商标局核准注册的商标和核定使用的商品为限。所以商标在我国要得到商标法的保护就需要注册。当然，我国商标法采用的是自愿注册和强制注册相结合的原则，除法律规定的必须注册的商品外，商标所有人可以自由选择注册还是不注册。

（二）我国商标法关于注册商标的要求

1. 商标本身符合法律的规定

任何能够将自然人、法人或者其他组织的商品与他人的商品区别开的标志，包括文字、图形、字母、数字、三维标志、颜色组合和声音等，以及上述要素的组合，均可以作为商标申请注册。

2. 申请注册的商标，应当有显著特征，便于识别

下列标志不得作为商标注册：

（1）仅有本商品的通用名称、图形、型号的；

（2）仅直接表示商品的质量、主要原料、功能、用途、重量、数量及其他特点的；

（3）其他缺乏显著特征的。

上述所列标志经过使用取得显著特征，并便于识别的，可以作为商标注册。

商标是能够将自然人、法人或者其他组织的商品或服务区别开来的可视性标志，不能仅有本商品的通用名称、图形和型号；也不能用仅表示商品的质量、主要原料、功能等特点的标志。

例如：方便面的商标，就不能是"方便面"，因为方便面是一类商品的通用名称，不具有显著性，所以不可能出现"方便面"牌方便面。

3. 禁用标志

不得将下列标志作为商标使用：

（1）同中华人民共和国的国家名称、国旗、国徽、国歌、军旗、军徽、军歌、勋章等相同或者近似的，以及同中央国家机关的名称、标志、所在地特定地点的名称或者标志性建筑物的名称、图形相同的；

（2）同外国的国家名称、国旗、国徽、军旗等相同或者近似的，但经该国政府同意的除外；

（3）同政府间国际组织的名称、旗帜、徽记等相同或者近似的，但经该组织同意或者不易误导公众的除外；

（4）与表明实施控制、予以保证的官方标志、检验印记相同或者近似的，但经授权的除外；

（5）同"红十字""红新月"的名称、标志相同或者近似的；

（6）带有民族歧视性的；

（7）带有欺骗性，容易使公众对商品的质量等特点或者产地产生误认的；

（8）有害于社会主义道德风尚或者有其他不良影响的。

县级以上行政区划的地名或者公众知晓的外国地名，不得作为商标。但是，地名具有其他含义或者作为集体商标、证明商标组成部分的除外；已经注册的使用地名的商标继续有效。

例如，2005年8月，韩国一家公司申请在电子出版物和牛奶饮品等商品上注册"流氓兔"商标，被商标局驳回。该公司不服商标局的这一决定，将商标局告上法庭，法院在审理该案件之后，认为"流氓兔"商标中的"流氓"一词易引起社会公众反感，同时会对一些社会公众特别是青少年产生误导，从而造成不良影响。因此法院维持了商标局的决定。

4. 不得与他人在先的合法权利相冲突

优先权利有姓名权、厂商名称权、著作权、商标权等。

例如，某一足球鞋厂为自己生产的足球鞋申请"易建联"商标，因与著名篮球运动员易建联的姓名相冲突，被商标局驳回。

安徽安庆一啤酒厂在啤酒类商品上注册了"联想"商标，联想集团认为该商标是对"联

想"商标的模仿和抄袭，侵犯了联想公司的合法权利，向商标评审委员会提出异议复审申请，被驳回。联想公司不服将商标评审委员会起诉至法院，法院判决撤销商标评审委员会的决定。联想公司提出的理由是，"联想"商标早在1999年就被我国商标局认定为驰名商标。联想公司及其关联机构以礼品、促销品、赠品的形式向消费者提供过数百款、百万件以上的商品，若允许其他人在商品上使用商标，必然会误导公众，导致联想公司利益受到损害。本案商标局败诉，法院支持了联想公司的诉求。

（三）商标注册程序

（1）申请。由商标注册申请人向国务院商标局提出注册申请。采用"一商标一申请"原则。

（2）审查。商标局对申请注册的商标进行初步的审定，符合商标法的规定的，予以公告；不符合商标法的规定的，驳回申请。对于驳回申请不予公告的商标，商标局会书面通知商标注册申请人。如果商标注册申请人不服驳回的，可以自收到通知之日起十五日内向商标评审委员会申请复审，当事人对商标评审委员会的决定不服的，可以自收到通知之日起三十日内向人民法院起诉。

（3）核准。自公告之日起三个月内，如没有人提出异议，予以标准注册，发给商标注册证，并予以公告。

（四）注册商标的续展、变更、转让和使用许可

1. 续展

注册商标的有效期为十年，自核准注册之日起计算。

注册商标有效期满，需要继续使用的，商标注册人应当在期满前十二个月内按照规定办理续展手续；在此期间未能办理的，可以给予六个月的宽展期。每次续展注册的有效期为十年，自该商标上一届有效期满次日起计算。期满未办理续展手续的，注销其注册商标。

商标局应当对续展注册的商标予以公告。

2. 变更

注册商标需要变更注册人的名义、地址或者其他注册事项的，应当提出变更申请。

3. 转让

转让注册商标的，转让人和受让人应当签订转让协议，并共同向商标局提出申请。受让人应当保证使用该注册商标的商品质量。

转让注册商标的，商标注册人对其在同一种商品上注册的近似的商标，或者在类似商品上注册的相同或者近似的商标，应当一并转让。

对容易导致混淆或者有其他不良影响的转让，商标局不予核准，书面通知申请人并说明理由。

转让注册商标经核准后，予以公告。受让人自公告之日起享有商标专用权。

4. 使用许可

商标注册人可以通过签订商标使用许可合同，许可他人使用其注册商标。许可人应当监督被许可人使用其注册商标的商品质量。被许可人应当保证使用该注册商标的商品质量。

经许可使用他人注册商标的，必须在使用该注册商标的商品上标明被许可人的名称和商品产地。

许可他人使用其注册商标的，许可人应当将其商标使用许可报商标局备案，由商标局公

告。商标使用许可未经备案不得对抗善意第三人。

（五）商标使用的管理

商标的使用，是指将商标用于商品、商品包装或者容器以及商品交易文书上，或者将商标用于广告宣传、展览以及其他商业活动中，用于识别商品来源的行为。

商标注册人在使用注册商标的过程中，自行改变注册商标、注册人名义、地址或者其他注册事项的，由地方工商行政管理部门责令限期改正；期满不改正的，由商标局撤销其注册商标。

注册商标成为其核定使用的商品的通用名称或者没有正当理由连续三年不使用的，任何单位或者个人可以向商标局申请撤销该注册商标。商标局应当自收到申请之日起九个月内作出决定。有特殊情况需要延长的，经国务院工商行政管理部门批准，可以延长三个月。

注册商标被撤销、被宣告无效或者期满不再续展的，自撤销、宣告无效或者注销之日起一年内，商标局对与该商标相同或者近似的商标注册申请，不予核准。

对于未注册商标，在使用过程中不得有下面行为：冒充注册商标的；使用了《商标法》规定的不得用作商标的标志的。有以上行为的，由地方工商行政管理部门予以制止，限期改正，并可以予以通报，违法经营额五万元以上的，可以处违法经营额百分之二十以下的罚款，没有违法经营额或者违法经营额不足五万元的，可以处一万元以下的罚款。

（六）注册商标专用权的保护

注册商标的专用权，以核准注册的商标和核定使用的商品为限。

如有以下行为，均属侵犯注册商标专用权：

（1）未经商标注册人的许可，在同一种商品上使用与其注册商标相同的商标的；

（2）未经商标注册人的许可，在同一种商品上使用与其注册商标近似的商标，或者在类似商品上使用与其注册商标相同或者近似的商标，容易导致混淆的；

例如：2002年，台湾某公司向商标局申请注册果汁饮料类产品的圆形商标，某可乐公司认为其申请的商标与自己的商标相似，向商标局提出异议，商标局对该公司的商标未予核准。台湾某公司向商标评审委员会提出行政复议被驳回，遂将商标评审委员会起诉至法院，要求撤销复议决定。法院在审理之后，发现两个商标构成近似商标，判决维持了商标委员会的决定。

（3）销售侵犯注册商标专用权的商品的；

（4）伪造、擅自制造他人注册商标标识或者销售伪造、擅自制造的注册商标标识的；

（5）未经商标注册人同意，更换其注册商标并将该更换商标的商品又投入市场的；

（6）故意为侵犯他人商标专用权行为提供便利条件，帮助他人实施侵犯商标专用权行为的；

（7）给他人的注册商标专用权造成其他损害的。

对于以上商标侵权行为，权利人可以协商、向人民法院起诉或者请求工商行政管理部门处理。当然，工商行政管理部门在日常对注册商标的管理中如发现有以上侵犯商标专用权的行为的，有权依法查处，涉嫌犯罪的，及时移送司法机关依法处理。

思考与练习

1. 什么是法人？法人的特征是什么？
2. 民事法律行为的构成要件有哪些？

3. 什么是无效民事行为？其法律后果是什么？
4. 民事责任的种类及承担民事责任的方式有哪些？
5. 我国法律关于诉讼时效的规定有哪些？
6. 什么是无效合同？其法律后果是什么？
7. 何种婚姻为无效婚姻？
8. 根据我国《民法典》规定，离婚后家庭财产如何分配？
9. 根据我国《民法典》规定，遗产如何分割？
10. 什么是知识产权？知识产权有什么特点？

第五章 经 济 法

主要内容

本章主要介绍公司法、反不正当竞争法、消费者权益保护法、税法、劳动法。

学习目的

通过对我国主要社会主义经济法律制度的学习，了解要建立良好的经济运行秩序，必须要有良好的社会主义市场经济法律制度。

第一节 经济法概述

一、经济法的概念

经济法是调整在国家协调本国经济运行过程中发生的经济关系的法律规范的总称。

二、经济法的调整对象

（1）市场主体组织管理关系，例如：公司法、合伙企业法。
（2）市场秩序管理关系，例如：反不正当竞争法、消费者权益保护法等。
（3）宏观调控关系，例如：税法。
（4）社会保障关系，例如：劳动法。

第二节 公 司 法

公司是指全部资本由股东出资构成，股东以其出资额或所持有的股份为限对公司承担责任，公司以其全部的资产对公司债务承担责任的企业法人。

公司具有以下两个主要特征：

（1）公司是企业法人。公司是以营利为目的的企业，具有法人资格，能独立承担民事责任。

问题：甲公司拥有乙公司 50%的股份，乙公司向银行贷款，到期后无力偿还，银行能否要求甲公司偿还？

答案：不能。因为乙公司是法人，应自己承担责任。

问题：李某是 A 公司的董事长兼总经理，以下正确的是（　　）。

A. 李某是法人　　　　　　　B. A 公司是法人
C. 李某是 A 公司的法定代表人　D. 李某是 A 公司的法定代理人

答案：BC

（2）公司股东承担的是有限责任。公司股东以其在公司认缴的出资额或者其所认购的公司的股份为限对公司的债务承担责任。

问题：甲、乙、丙共同出资设立一有限公司，三人投资比例是 1:2:2。现该有限责任公司欠某公司货款 100 万元，而该有限责任公司的所有资产只剩 50 万。某公司如何实现自己的债权？

答案：某公司只能要求该有限责任公司偿还 50 万元，剩余 50 万元不可以要求甲、乙、丙三位股东偿还。

按照股东对公司承担责任形式的不同，我国公司法规定，在我国只能设立有限责任公司和股份有限公司两种公司类型，也就是说不允许其他类型的公司设立，例如无限公司、两合公司等。

有限责任公司，股东以其认缴的出资额为限对公司承担责任，公司以其全部资产对公司的债务承担责任。

股份有限公司，股东以其所认购的股份为限对公司承担责任，公司以其全部资产对公司的债务承担责任。

一、公司的设立

（一）设立条件

1. 有限责任公司

设立有限责任公司，应当具备下列条件：

（1）股东符合法定人数。股东是向公司出资并在公司中享有股东权利承担义务的人，可以是自然人、法人及非法人组织。

有限责任公司由五十个以下股东出资设立。有限责任公司股东最少一人。

（2）有符合公司章程规定的全体股东认缴的出资额。

我国现行公司法对一般公司都没有最低注册资本要求，除一些特殊类型的公司外，比如：全国性商业银行 10 亿，城市商业银行 1 亿，农村商业银行 5000 万，拍卖企业 100 万，文物拍卖 1000 万，保险公司 2 亿，公募基金管理公司 1 亿等。

股东可以用货币出资，也可以用实物、知识产权、土地使用权、股权、债权等可以用货币估价并可以依法转让的非货币财产作价出资；但是，法律、行政法规规定不得作为出资的财产除外。例如劳务、商业信誉等。

（3）股东共同制定公司章程。

公司章程是由设立公司的股东制定并对公司、股东、公司经营管理人员具有约束力的调整公司内部组织关系和经营行为的自治规则。

有限责任公司章程应当载明下列事项：公司名称和住所，公司经营范围，公司注册资本，股东的姓名或者名称，股东的出资方式、出资额和出资时间，公司的机构及其产生办法、职权、议事规则，公司法定代表人，股东会议认为需要规定的其他事项。股东应当在公司章程上签名、盖章。

（4）有公司名称，建立符合有限责任公司要求的组织机构。

《企业名称登记管理条例》明确规定，企业名称由四部分构成：行政区划名称、字号、行业或者经营特点、组织形式。例如：北京雷某某文化发展有限责任公司。

注意：有限责任公司法定简称为有限公司。

（5）有公司住所。

公司住所是公司从事正常活动，如履行合同、参与诉讼、登记、检查、税收等必不可少的条件。我国公司法规定公司以其主要办事机构所在地为住所。所谓主要办事机构一般为公司总部、总公司等决定和处理公司主要事务的机构。

2. 股份有限公司

设立股份有限公司，应当具备下列条件：

（1）发起人符合法定人数。

发起人是指为设立公司而签署公司章程，向公司认购股份并履行公司设立职责的人。

设立股份有限公司，应当有二人以上二百人以下为发起人，其中须有半数以上的发起人在中国境内有住所。

（2）有符合公司章程规定的全体发起人认购的股本总额或者募集的实收股本总额。

（3）股份发行、筹办事项符合法律规定。例如，公司公开发行股份需要向证券监督管理机构（证监会）注册。

（4）发起人制订公司章程，采用募集方式设立的经创立大会通过。

（5）有公司名称，建立符合股份有限公司要求的组织机构。

（6）有公司住所。

（二）设立程序

1. 有限责任公司的设立程序

（1）申请公司名称预先核准。关于公司名称预先核准，《企业名称登记管理规定》有明确的规定：自取得《名称预先核准通知书》后，名称的有效期为半年；若半年内没有办理工商注册登记，则可以办理公司名称延期，可以再延长半年。

（2）审批。法律、行政法规规定设立公司必须报经批准的，应当在公司登记前依法办理批准手续。

（3）申请设立登记。由全体股东指定的代表或者共同委托的代理人向公司登记机关报送公司登记申请书申请设立登记，同时还应提交公司章程，股东的资格证明或身份证明，载明公司监事、董事、经理姓名、住所的文件，法定代表人的任职文件和身份证明等文件。在申请公司住址登记时，如果公司是租赁用房，需提交房主的房屋产权登记证的复印件或有关房产权的证明文件及租赁协议、租赁发票。如是股东作为出资投资使用的，则提交股东的房屋产权登记证明或有关房产权证明的文件及股东出具的证明文件。

（4）登记。登记部门经过审查后，如果符合公司设立的条件，则发给营业执照。签发营业执照之日为公司设立之日。我国采用的是登记主义，也就是说公司在我国必须登记，不登记就不能设立、进行营利活动。

工商局颁发营业执照后，方可刻制公司公章、法人章及财务章，办理税务登记等事项。

2. 股份有限公司的设立程序

股份有限公司的设立，可以采取发起设立或者募集设立的方式。

发起设立，是指由发起人认购公司应发行的全部股份而设立公司。

募集设立，是指由发起人认购公司应发行股份的一部分，其余股份向社会公开募集或者向特定对象募集而设立公司。

不同的设立方式其设立程序稍有不同：

（1）确定发起人，确定设立方式。发起人应当签订发起人协议。

（2）确定公司名称、制定公司章程。

（3）股份发行注册。采用募集设立方式的，发起人向社会公开募集股份，需要向证券监督管理机构注册，公告招股说明书，并制作认股书。

（4）认购或募集。

发起设立方式：发起人缴纳出资，由依法设定的验资机构进行验资。

募集设立方式：发行股份的股款缴足后，必须经依法设立的验资机构验资并出具证明。以募集设立方式设立股份有限公司的，发起人认购的股份不得少于公司股份总数的百分之三十五；但是，法律、行政法规另有规定的，从其规定。

问题：以募集方式设立股份有限公司的，发起人认购的股份不能少于公司股份总数的（　　），但法律法规另有规定的，从其规定。

　　A. 15%　　　　　B. 25%　　　　　C. 35%　　　　　D. 45%

答案：C

（5）召开发起人会议或创立大会、建立组织机构。

发起设立方式：发起人选举董事会和监事会。

募集设立方式：发起人应当在股款缴足后的三十日内主持召开公司创立大会。创立大会由认股人组成。选举董事会成员，组成董事会。

（6）（董事会）申请。

发起设立方式：由董事会向公司登记机关报送公司章程，由依法设定的验资机构出具的验资证明以及法律、行政法规规定的其他文件，申请设立登记。

募集设立方式：董事会应于创立大会结束后三十日内，向公司登记机关报送下列文件，申请设立登记：申请书，国家主管部门的审批文件，创立大会的会议记录，公司章程，验资证明，发起人的身份证明，公司高级管理人员的证明文件，公司法定代表人的任职文件和身份证明，公司住所证明。

（7）审查、登记注册。公司登记机关对报送材料进行审核，符合法律规定则给予登记注册。

二、公司的组织机构

（一）股东会

股东会是公司的权力机构，依照公司法行使职权。

1. 有限责任公司股东会

（1）组成。有限责任公司股东会由全体股东组成。

（2）职权。股东会行使下列职权：决定公司的经营方针和投资计划；选举和更换非由职工代表担任的董事、监事，决定有关董事、监事的报酬事项；审议批准董事会的报告；审议批准监事会或者监事的报告；审议批准公司的年度财务预算方案、决算方案；审议批准公司的利润分配方案和弥补亏损方案；对公司增加或者减少注册资本作出决议；对发行公司债券作出决议；对公司合并、分立、变更公司形式、解散和清算等事项作出决议；修改公司章程；公司章程规定的其他职权。

（3）会议。首次股东会会议由出资最多的股东召集和主持，以后的股东会由董事会召集，董事长主持。

股东会会议分为定期会议和临时会议。定期会议应当按照公司章程的规定按时召开。临时会议由代表十分之一以上表决权的股东、三分之一以上的董事、监事会或者不设监事会的公司的监事提议召开。召开股东会会议，应当于会议召开十五日以前通知全体股东；但是，公司章程另有规定或者全体股东另有约定的除外。

股东会应当对所议事项的决定作成会议记录，出席会议的股东应当在会议记录上签名。

股东会会议由股东按照出资比例行使表决权；但是，公司章程另有规定的除外。

股东会的议事方式和表决程序，除法律有规定的外，由公司章程规定。

股东会会议作出修改公司章程、增加或者减少注册资本的决议，以及公司合并、分立、解散或者变更公司形式的决议，必须经代表三分之二以上表决权的股东通过。

问题： 某有限责任公司是一家经营电器批发的企业，注册资本 100 万元。近年来由于市场不景气，公司资本总额与其实有资产相差悬殊，2008 年 4 月，该公司决定减少注册资本。5 月，股东会以代表 1/2 以上表决权的股东通过决议，将公司注册资本减至人民币 40 万元，公司自作出减少注册资本决议之日就向公司登记机关办理变更登记。依据《中华人民共和国公司法》（简称《公司法》），该有限责任公司在减少注册资本的过程中存在哪些法律问题？

答案：（1）该有限责任公司的减资决议仅有代表 1/2 以上表决的股东通过，决议程序不合法。依《公司法》规定，股东会对公司增减资本作出决议，必须经代表 2/3 以上表决权的股东通过。

（2）该有限责任公司在作出减资决议后立即申请变更登记不符合《公司法》规定。依《公司法》，该有限责任公司在作出减资决议后应履行通知、公告债权人程序。

2. 股份有限公司股东会

（1）组成。股份有限公司股东大会由全体股东组成。

（2）职权。股份有限公司股东大会的职权：决定公司的经营方针和投资计划；选举和更换非由职工代表担任的董事、监事，决定有关董事、监事的报酬事项；审议批准董事会的报告；审议批准监事会或者监事的报告；审议批准公司的年度财务预算方案、决算方案；审议批准公司的利润分配方案和弥补亏损方案；对公司增加或者减少注册资本作出决议；对发行公司债券作出决议；对公司合并、分立、变更公司形式、解散和清算等事项作出决议；修改公司章程；公司章程规定的其他职权。

（3）会议。股东大会应当每年召开一次年会。有下列情形之一的，应当在两个月内召开临时股东大会：

1）董事人数不足《公司法》规定人数或者公司章程所定人数的三分之二时；
2）公司未弥补的亏损达实收股本总额三分之一时；
3）单独或者合计持有公司百分之十以上股份的股东请求时；
4）董事会认为必要时；
5）监事会提议召开时；

6）公司章程规定的其他情形。

股东大会会议由董事会召集，董事长主持；董事长不能履行职务或者不履行职务的，由副董事长主持；副董事长不能履行职务或者不履行职务的，由半数以上董事共同推举一名董事主持。公司创立大会选举出董事组成董事会，公司创立大会由发起人和认股人组成。

董事会不能履行或者不履行召集股东大会会议职责的，监事会应当及时召集和主持；监事会不召集和主持的，连续九十日以上单独或者合计持有公司百分之十以上股份的股东可以自行召集和主持。

股东可以委托代理人出席股东大会会议，代理人应当向公司提交股东授权委托书，并在授权范围内行使表决权。

股东大会应当对所议事项的决定作成会议记录，主持人、出席会议的董事应当在会议记录上签名。会议记录应当与出席股东的签名册及代理出席的委托书一并保存。

问题：A股份有限公司拟召开2012年度股东大会年会，审议批准董事会报告，监事会报告，年度财务预算方案、决算方案，公司的利润分配方案。公司在国务院证券管理部门指定的报纸上登载了召开股东大会年会的通知。通知内容如下：

A股份有限公司关于召开2012年度股东大会年会的通知

兹定于2012年5月15日在公司本部办公楼二层会议室内召开2012年度股东大会年会，特通知如下：

一、凡持有本公司股份50万股以上的股东可向本公司索要本通知，并持通知出席股东大会会议。

二、持有本公司股份不足50万股的股东，可自行组合，每50万股选出一名代表，向本公司索要本通知，并持通知出席股东大会会议。

三、持有本公司股份不足50万股的股东，5月10日前不自行组合产生代表的，本公司将向其寄送"通信表决票"，由其通信表决。

A股份有限公司董事长　李××
2012年5月5日

阅读上述资料，指出上述通知有哪些违法之处？根据是什么？

答案：

本案例中有下列违法之处：

（1）通知发出时间违反《公司法》。根据《公司法》规定，召开股东大会，应于会议召开20日以前通知各股东。本案例中通知股东的时间只提前了10日，不符合法律规定。

（2）通知中未将审议的四个事项列出。根据《公司法》规定，召开股东大会，应将审议事项通知各股东。

（3）通知中第一、二项均违反《公司法》，剥夺了部分股东表决权。根据是，违反股东平等原则，即《公司法》关于"股东出席大会，所持每一股份有一表决权"的规定。

（4）通知的第三项，强行要求股东选择通信表决形式，剥夺了股东的质询权。根据是，违反了公司法关于股东"对公司经营提出建议或者质询"的规定。

（5）通知由董事长署名，而不是署公司董事会。违反了股东大会应由有召集权的人召集的规定。根据是，公司法规定，股东大会由董事会依《公司法》规定负责召集。

(二) 董事会

董事会是公司的执行机构。

1. 有限责任公司董事会或执行董事

有限责任公司视公司人数及规模大小确定是否设立董事会。

股东人数较少或者规模较小的有限责任公司，可以设一名执行董事，不设立董事会。执行董事可以兼任公司经理。执行董事的职权由公司章程规定。

有限责任公司设立董事会的，股东会会议由董事会召集，董事长主持；董事长不能履行职务或者不履行职务的，由副董事长主持；副董事长不能履行职务或者不履行职务的，由半数以上董事共同推举一名董事主持。

有限责任公司不设董事会的，股东会会议由执行董事召集和主持。

董事会或者执行董事不能履行或者不履行召集股东会会议职责的，由监事会或者不设监事会的公司的监事召集和主持；监事会或者监事不召集和主持的，代表十分之一以上表决权的股东可以自行召集和主持。

有限责任公司设董事会，其成员为三人至十三人；但是，《公司法》第五十条另有规定的除外。两个以上的国有企业或者其他两个以上的国有投资主体投资设立的有限责任公司，其董事会成员中应当有公司职工代表；其他有限责任公司董事会成员中也可以有公司职工代表。董事会中的职工代表由公司职工通过职工代表大会、职工大会或者其他形式民主选举产生。董事会设董事长一人，可以设副董事长。董事长、副董事长的产生办法由公司章程规定。

董事任期由公司章程规定，但每届任期不得超过三年。董事任期届满，连选可以连任。董事任期届满未及时改选，或者董事在任期内辞职导致董事会成员低于法定人数的，在改选出的董事就任前，原董事仍应当依照法律、行政法规和公司章程的规定，履行董事职务。

董事会对股东会负责，行使下列职权：召集股东会会议，并向股东会报告工作；执行股东会的决议；决定公司的经营计划和投资方案；制订公司的年度财务预算方案、决算方案；制订公司的利润分配方案和弥补亏损方案；制订公司增加或者减少注册资本以及发行公司债券的方案；制订公司合并、分立、变更公司形式、解散的方案；决定公司内部管理机构的设置；决定聘任或者解聘公司经理及其报酬事项，并根据经理的提名决定聘任或者解聘公司副经理、财务负责人及其报酬事项；制定公司的基本管理制度；公司章程规定的其他职权。

董事会会议由董事长召集和主持；董事长不能履行职务或者不履行职务的，由副董事长召集和主持；副董事长不能履行职务或者不履行职务的，由半数以上董事共同推举一名董事召集和主持。

董事会的议事方式和表决程序，除法律有规定的外，由公司章程规定。

董事会应当对所议事项的决定作成会议记录，出席会议的董事应当在会议记录上签名。

董事会决议的表决，实行一人一票。

公司的法定代表人可以是董事长或执行董事，也可以是总经理，具体是董事长或执行董事，还是总经理作为公司的法定代表人，由公司章程规定。

2. 股份有限公司董事会

股份有限公司设董事会，其成员为五人至十九人。

董事会成员中可以有公司职工代表。董事会中的职工代表由公司职工通过职工代表大会、职工大会或者其他形式民主选举产生。

董事任期由公司章程规定，但每届任期不得超过三年。董事任期届满，连选可以连任。

股份有限公司董事会的职权：召集股东会会议，并向股东会报告工作；执行股东会的决议；决定公司的经营计划和投资方案；制订公司的年度财务预算方案、决算方案；制订公司的利润分配方案和弥补亏损方案；制订公司增加或者减少注册资本以及发行公司债券的方案；制订公司合并、分立、变更公司形式、解散的方案；决定公司内部管理机构的设置；决定聘任或者解聘公司经理及其报酬事项，并根据经理的提名决定聘任或者解聘公司副经理、财务负责人及其报酬事项；制定公司的基本管理制度；公司章程规定的其他职权。

董事会设董事长一人，可以设副董事长。董事长和副董事长由董事会以全体董事的过半数选举产生。

董事长召集和主持董事会会议，检查董事会决议的实施情况。副董事长协助董事长工作，董事长不能履行职务或者不履行职务的，由副董事长履行职务；副董事长不能履行职务或者不履行职务的，由半数以上董事共同推举一名董事履行职务。

董事会每年度至少召开两次会议，每次会议应当于会议召开十日前通知全体董事和监事。代表十分之一以上表决权的股东、三分之一以上董事或者监事会，可以提议召开董事会临时会议。董事长应当自接到提议后十日内，召集和主持董事会会议。董事会召开临时会议，可以另定召集董事会的通知方式和通知时限。

董事会会议应有过半数的董事出席方可举行。董事会作出决议，必须经全体董事的过半数通过。

董事会决议的表决，实行一人一票。

董事会会议，应由董事本人出席；董事因故不能出席，可以书面委托其他董事代为出席，委托书中应载明授权范围。

董事会应当对会议所议事项的决定作成会议记录，出席会议的董事应当在会议记录上签名。董事应当对董事会的决议承担责任。董事会的决议违反法律、行政法规或者公司章程、股东大会决议，致使公司遭受严重损失的，参与决议的董事对公司负赔偿责任。但经证明在表决时曾表明异议并记载于会议记录的，该董事可以免除责任。

公司的法定代表人可以是总经理也可以是董事长，由公司章程规定。

（三）经理

经理是协助董事会进行公司日常事务管理的机构，由董事会决定聘任或者解聘。

1. 有限责任公司设立经理

有限责任公司可以设经理，经理对董事会负责，主要行使下列职权：主持公司的生产经营管理工作，组织实施董事会决议；组织实施公司年度经营计划和投资方案；拟订公司内部管理机构设置方案；拟订公司的基本管理制度；制定公司的具体规章；提请聘任或者解聘公司副经理、财务负责人；决定聘任或者解聘除应由董事会决定聘任或者解聘以外的负责管理人员；董事会授予的其他职权。

2. 股份有限公司设经理

股份有限公司经理职权与有限责任公司经理职权的规定一样：包括主持公司的生产经营管理工作，组织实施董事会决议；组织实施公司年度经营计划和投资方案；拟订公司内部管理机构设置方案；拟订公司的基本管理制度；制定公司的具体规章；提请聘任或者解聘公司副经理、财务负责人；决定聘任或者解聘除应由董事会决定聘任或者解聘以外的负责管理人员；

董事会授予的其他职权。

公司董事会可以决定由董事会成员兼任经理。

(四) 监事会

监事会是公司日常活动的监督机构。

1. 有限责任公司监事会

(1) 监事会的组成。监事会由监事组成,有限责任公司设立监事会,其监事至少三人。股东人数较少或者规模较小的有限责任公司,可以设一至二名监事,不设立监事会。

(2) 监事的产生。监事由股东会选举产生,主要从股东和公司职工代表中选举。监事会中职工代表的比例不得低于三分之一,具体比例由公司章程规定。

公司董事、高级管理人员不得兼任监事。

监事的任期每届为三年。监事任期届满,可以连选连任。

(3) 监事会主席。监事会设主席一人,由全体监事过半数选举产生。监事会主席负责召集和主持监事会会议;监事会主席不能履行职务或者不履行职务的,由半数以上监事共同推举一名监事召集和主持监事会会议。

(4) 监事会职权。监事会、不设监事会的公司的监事行使下列职权:检查公司财务;对董事、高级管理人员执行公司职务的行为进行监督,对违反法律、行政法规、公司章程或者股东会决议的董事、高级管理人员提出罢免的建议;当董事、高级管理人员的行为损害公司的利益时,要求董事、高级管理人员予以纠正;提议召开临时股东会会议,在董事会不履行《公司法》规定的召集和主持股东会会议职责时召集和主持股东会会议;向股东会会议提出提案;依照《公司法》第一百五十一条的规定,对董事、高级管理人员提起诉讼;公司章程规定的其他职权。

监事可以列席董事会会议,并对董事会决议事项提出质询或者建议。

监事会、不设监事会的公司的监事发现公司经营情况异常,可以进行调查;必要时,可以聘请会计师事务所等协助其工作,费用由公司承担。

(5) 监事会会议。监事会每年度至少召开一次会议,监事可以提议召开临时监事会会议。

监事会的议事方式和表决程序,除法律有规定的外,由公司章程规定。

监事会决议应当经半数以上监事通过。监事会应当对所议事项的决定作成会议记录,出席会议的监事应当在会议记录上签名。

监事会、不设监事会的公司的监事行使职权所必需的费用,由公司承担。

2. 股份有限公司监事会

股份有限公司设立监事会,其成员不得少于三人。必须是监事会形式,不能由一两名监事代行监事会的职权。按照法律规定每六个月至少召开一次会议。其他相关规定和有限责任公司的监事会的规定基本一样。

(五) 董事、监事和高级管理人员的任职资格和法定义务

高级管理人员包括公司的经理、财务负责人、上市公司的董事会秘书等。

1. 任职资格

除《中华人民共和国公务员法》中关于公务员不得从事营利性活动之外,有下列情形之一的,也不得担任公司的董事、监事、高级管理人员:

(1) 无民事行为能力或者限制民事行为能力;

（2）因贪污、贿赂、侵占财产、挪用财产或者破坏社会主义市场经济秩序，被判处刑罚，执行期满未逾五年，或者因犯罪被剥夺政治权利，执行期满未逾五年；

（3）担任破产清算的公司、企业的董事或者厂长、经理，对该公司、企业的破产负有个人责任的，自该公司、企业破产清算完结之日起未逾三年；

（4）担任因违法被吊销营业执照、责令关闭的公司、企业的法定代表人，并负有个人责任的，自该公司、企业被吊销营业执照之日起未逾三年；

（5）个人所负数额较大的债务到期未清偿。

公司违反前款规定选举、委派董事、监事或者聘任高级管理人员的，该选举、委派或者聘任无效。董事、监事、高级管理人员在任职期间出现上述所列情形的，公司应当解除其职务。

问题：以下人员中，可以担任有限责任公司董事的是（　　）。

A. 公民甲，45岁，有到期债务1000万元未偿还

B. 公民乙，50岁，曾因贪污罪被判7年有期徒刑，4年前出狱

C. 公民丙，52岁，曾任某有限公司的法定代表人，该公司因偷税于2年前被吊销营业执照

D. 公民丁，20岁，之前无管理公司的经验

答案：D

2. 法定义务

董事、监事、高级管理人员应当遵守法律、行政法规和公司章程，对公司负有忠实义务和勤勉义务。

（1）忠实义务。董事、监事、高级管理人员对公司负有忠实义务，不得利用职权收受贿赂或者其他非法收入，不得侵占公司的财产。

具体指董事、高级管理人员不得有下列行为：

1）挪用公司资金；

2）将公司资金以其个人名义或者以其他个人名义开立账户存储；

3）违反公司章程的规定，未经股东会、股东大会或者董事会同意，将公司资金借贷给他人或者以公司财产为他人提供担保；

4）违反公司章程的规定或者未经股东会、股东大会同意，与本公司订立合同或者进行交易；

5）未经股东会或者股东大会同意，利用职务便利为自己或者他人谋取属于公司的商业机会，自营或者为他人经营与所任职公司同类的业务；

6）接受他人与公司交易的佣金归为己有；

7）擅自披露公司秘密；

8）违反对公司忠实义务的其他行为。

（2）勤勉义务。要求董事、监事、高级管理人员谨慎，认真地对待自己的工作，积累知识、经验，不断提高自己的管理技能，在本职工作中尽到合理注意的义务。

三、公司的股权和股份

（一）有限责任公司的股权

1. 股权转让

有限责任公司的股东之间可以相互转让其全部或者部分股权。股东向股东以外的人转让

股权，应当经其他股东过半数同意。股东应就其股权转让事项书面通知其他股东征求同意，其他股东自接到书面通知之日起满三十日未答复的，视为同意转让。其他股东半数以上不同意转让的，不同意的股东应当购买该转让的股权；不购买的，视为同意转让。经股东同意转让的股权，在同等条件下，其他股东有优先购买权。两个以上股东主张行使优先购买权的，协商确定各自的购买比例；协商不成的，按照转让时各自的出资比例行使优先购买权。

公司章程对股权转让另有规定的，从其规定。

人民法院依照法律规定的强制执行程序转让股东的股权时，应当通知公司及全体股东，其他股东在同等条件下有优先购买权。其他股东自人民法院通知之日起满二十日不行使优先购买权的，视为放弃优先购买权。

股东依法转让股权后，公司应当注销原股东的出资证明书，向新股东签发出资证明书，并相应修改公司章程和股东名册中有关股东及其出资额的记载。

2. 股权收购

有下列情形之一的，对股东会该项决议投反对票的股东可以请求公司按照合理的价格收购其股权：

（1）公司连续五年不向股东分配利润，而公司该五年连续盈利，并且符合法律规定的分配利润条件的；

（2）公司合并、分立、转让主要财产的；

（3）公司章程规定的营业期限届满或者章程规定的其他解散事由出现，股东会会议通过决议修改章程使公司存续的。

自股东会会议决议通过之日起六十日内，股东与公司不能达成股权收购协议的，股东可以自股东会会议决议通过之日起九十日内向人民法院提起诉讼。

（二）股份有限公司的股份

1. 股份、股票

股份是计算股东权利义务的最小单位。股份的发行，实行公平、公正的原则，同种类的每一股份应当具有同等权利。所谓"同股同权，同股同利"是指同次发行的同种类股份，每股的发行条件和价格应当相同；任何单位或者个人所认购的股份，每股应当支付相同价额。

股票是公司签发的证明股东所持股份的凭证，是股份的表现形式。

股票应当载明下列主要事项：

（1）公司名称；

（2）公司成立日期；

（3）股票种类、票面金额及代表的股份数；

（4）股票的编号。股票由法定代表人签名，公司盖章。

股票发行价格可以按票面金额，也可以超过票面金额，但不得低于票面金额，也就是说不许折价发行股票。

公司发行的股票，可以为记名股票，也可以为无记名股票。公司向发起人、法人发行的股票，应当为记名股票。

2. 股份转让

股东持有的股份可以依法转让。

股东转让其股份，应当在依法设立的证券交易场所进行或者按照国务院规定的其他方式进行。

（1）转让方式。记名股票，由股东以背书方式或者法律、行政法规规定的其他方式转让；转让后由公司将受让人的姓名或者名称及住所记载于股东名册。

无记名股票的转让，由股东将该股票交付给受让人后即发生转让的效力。

（2）股份转让的限制。发起人持有的本公司股份，自公司成立之日起一年内不得转让。公司公开发行股份前已发行的股份，自公司股票在证券交易所上市交易之日起一年内不得转让。

公司董事、监事、高级管理人员应当向公司申报所持有的本公司的股份及其变动情况，在任职期间每年转让的股份不得超过其所持有本公司股份总数的百分之二十五；所持本公司股份自公司股票上市交易之日起一年内不得转让。上述人员离职后半年内，不得转让其所持有的本公司股份。公司章程可以对公司董事、监事、高级管理人员转让其所持有的本公司股份作出其他限制性规定。

3. 收购股份

公司不得收购本公司股份。但是，有下列情形之一的除外：

（1）减少公司注册资本；

（2）与持有本公司股份的其他公司合并；

（3）将股份用于员工持股计划或者股权激励；

（4）股东因对股东大会作出的公司合并、分立决议持异议，要求公司收购其股份的；

（5）将股份用于转换上市公司发行的可转换为股票的公司债券；

（6）上市公司为维护公司价值及股东权益所必需。

公司不得接受本公司的股票作为质押权的标的。

四、公司债券

1. 公司债券的定义

公司债券是指公司依照法定程序发行、约定在一定期限还本付息的有价证券。公司债券可以为记名债券，也可以为无记名债券。

上市公司经股东大会决议可以发行可转换为股票的公司债券，并在公司债券募集办法中规定具体的转换办法。上市公司发行可转换为股票的公司债券，应当报国务院证券监督管理机构核准。发行可转换为股票的公司债券，应当在债券上标明可转换公司债券字样，并在公司债券存根簿上载明可转换公司债券的数额。

可转换为股票的公司债券，到期是否转换为股票由持有人选择。

2. 发行债券的条件

发行债券的条件为：具备健全且运行良好的组织机构；最近三年平均可分配利润足以支付公司债券一年的利息；国务院规定的其他条件。

公开发行公司债券筹集的资金，必须用于核准的用途，不得用于弥补亏损和非生产性支出。

3. 发行债券的程序

发行债券的程序为：先由公司董事会做草案；公司股东会决议；申请；注册；公告。

4. 公司债券的转让

公司债券可以转让，转让价格由转让人与受让人约定。

公司债券在证券交易所上市交易的，按照证券交易所的交易规则转让。

记名公司债券,由债券持有人以背书方式或者法律、行政法规规定的其他方式转让;转让后由公司将受让人的姓名或者名称及住所记载于公司债券存根簿。

无记名公司债券的转让,由债券持有人将该债券交付给受让人后即发生转让的效力。

五、公司的财务和会计

1. 公司的财务会计制度

财务会计制度是揭示公司基本经济信息的重要制度。

(1) 公司的财务会计。财务是指公司在生产过程中的资金运动关系;会计是指以货币为主要量度,对企业已发生的交易或事项,运用专门的方法进行确认、计量并以财务会计报告为主要形式,定期向各经济利益相关者提供财务信息的活动。

(2) 公司的财务会计报告。财务会计报告是反映公司经营成果和财务状况的总结性书面文件,主要包括资产负债表、损益表、财务状况变动表、财务情况说明书、利润分配表。

2. 税后利润的分配

税后利润的分配为:先弥补亏损,然后提取公积金,最后分配利润。

公积金包括法定公积金和任意公积金。

法定公积金主要用来弥补亏损、扩大公司经营规模、转增资本。

法定盈余公积金一般提取税后利润的10%。

任意公积金的用途、提取比例等都由章程约定或股东会决议作出。

问题:下列关于公积金的说法,正确的有( )。

A. 公积金有法定公积金和任意公积金
B. 公积金用于公司职工福利
C. 公积金用于弥补亏损、扩大生产经营和转增资本
D. 资本公积金不能用于弥补亏损

答案:AD

六、公司的合并和分立

1. 公司的合并

(1) 公司的合并。两个或两个以上的公司订立协议,不经过清算程序,直接合并为一个公司的法律行为。

(2) 合并的方式。合并有两种方式:吸收合并和新设合并。

(3) 合并的程序。公司合并由各合并方签订协议,编制资产负债表和财产清单。公司自作出合并决议之日起十日内通知债权人和作出合并决议之日起三十日内在报纸上公告。如债权人不同意合并,则应清偿债务或提供担保,最后去市场监督管理局登记。

(4) 债权、债务的承担。合并之前公司的债权债务由合并后成立的新公司承继。

2. 公司的分立

(1) 公司的分立。公司成立是指一个公司不经过清算程序,分为两个或两个以上公司的法律行为。

(2) 分立的方式。分立有两种方式:派生分立和新设分立。

(3) 分立的程序。股东会作出决议,编制资产负债表和财产清单,通知债权人、在报纸

上公告，并向公司登记机关办理登记。

（4）债务的承担。债务由分立后的公司承担连带清偿责任。

问题：公司分立前的债务，在公司分立后（　　）。

A. 由分立前的公司承担　　　B. 由分立后的任一公司承担
C. 由分立后的公司承担连带责任　　D. 不用再承担

答案：C

七、公司的解散和清算

（一）解散

存在下列情况时，公司解散：

（1）公司章程规定的营业期限届满或者公司章程规定的其他解散事由出现；

（2）股东会或者股东大会决议解散；

（3）因公司合并或者分立需要解散；

（4）依法被吊销营业执照、责令关闭或者被撤销；

（5）公司经营管理发生严重困难，继续存续会使股东利益受到重大损失，通过其他途径不能解决的，持有公司全部股东表决权百分之十以上的股东，可以请求人民法院解散公司。

（二）清算

清算有两种方式：普通清算和破产清算。

1. 普通清算

（1）组成清算组。公司解散的，应当在解散事由出现之日起十五日内成立清算组，开始清算。有限责任公司的清算组由股东组成，股份有限公司的清算组由董事或者股东大会确定的人员组成。逾期不成立清算组进行清算的，债权人可以申请人民法院指定有关人员组成清算组进行清算。人民法院应当受理该申请，并及时组织清算组进行清算。

清算组在清算期间行使下列职权：

1）清理公司财产，分别编制资产负债表和财产清单；

2）通知、公告债权人；

3）处理与清算有关的公司未了结的业务；

4）清缴所欠税款以及清算过程中产生的税款；

5）清理债权、债务；

6）处理公司清偿债务后的剩余财产；

7）代表公司参与民事诉讼活动。

（2）通知、公告债权人。清算组应当自成立之日起十日内通知债权人，并于六十日内在报纸上公告。

（3）债权人申报债权。债权人应当自接到通知书之日起三十日内，未接到通知书的自公告之日起四十五日内，向清算组申报其债权。

债权人申报债权，应当说明债权的有关事项，并提供证明材料。清算组应当对债权进行登记。在申报债权期间，清算组不得对债权人进行清偿。

（4）清算方案。清算组在清理公司财产、编制资产负债表和财产清单后，应当制定清算方案，并报股东会、股东大会或者人民法院确认。

公司财产的分配顺序：①支付清算费用；②职工的工资、社会保险费用和法定补偿金；③缴纳所欠税款；④剩余财产，有限责任公司按照股东的出资比例分配，股份有限公司按照股东持有的股份比例分配。

清算期间，公司存续，但不得开展与清算无关的经营活动。公司财产在未按前款规定清偿前，不得分配给股东。

（5）注销登记。公司清算结束后，清算组应当制作清算报告，报股东会、股东大会或者人民法院确认，并报送公司登记机关，申请注销公司登记，公告公司终止。

2. 破产清算

清算组在清理公司财产、编制资产负债表和财产清单后，发现公司财产不足清偿债务的，应当依法向人民法院申请宣告破产。

（1）破产公告。破产宣告裁定作出之日起五日内送达债务人和管理人，自裁定作出之日起十日内通知已知债权人，并予以公告。

（2）破产财产分配。破产财产在优先清偿破产费用和共益债务后，依照下列顺序清偿：

1）破产人所欠职工的工资和医疗、伤残补助、抚恤费用，所欠的应当划入职工个人账户的基本养老保险、基本医疗保险费用，以及法律、行政法规规定应当支付给职工的补偿金；

2）破产人欠缴的除前项规定以外的社会保险费用和破产人所欠税款；

3）普通破产债权。

破产财产不足以清偿同一顺序的清偿要求的，按照比例分配。

（3）破产程序的终结。破产人无财产可供分配的，管理人应当请求人民法院裁定终结破产程序。

管理人在最后分配完结后，应当及时向人民法院提交破产财产分配报告，并提请人民法院裁定终结破产程序。

人民法院应当自收到管理人终结破产程序的请求之日起十五日内作出是否终结破产程序的裁定。裁定终结的，应当予以公告。

（4）注销登记。管理人应当自破产程序终结之日起十日内，持人民法院终结破产程序的裁定，向破产人的原登记机关办理注销登记。

公司经人民法院裁定宣告破产后，清算组应当将清算事务移交给人民法院，依照破产法的相关规定进行破产清算。

第三节　消费者权益保护法

消费者权益保护法是关于如何保护消费者在购买、使用商品或接受经营者提供服务时的合法权益的法律规范。

（1）消费者是指为生活消费需要购买、使用商品或者接受服务的市场主体。

（2）消费者权益保护法调整的是消费者为生活消费需要而购买、使用商品或者接受服务过程中产生的法律关系，主要是消费者权益的保护。

具体调整范围包括：

1）消费者为生活消费而进行活动时所产生的社会关系；

2）消费者购买商品所应该享有的权益；

3）消费者使用商品所应该享有的权益；
4）消费者接受服务时所应享有的权益。

问题：甲公司和乙公司签订一份合同，甲公司购买乙公司的手机200部。后甲公司收到货，发现手机有严重的质量问题，甚至有一部分手机属于回收的旧手机。甲公司找乙公司退货并赔偿损失，乙公司不同意甲的要求，甲能否依据《中华人民共和国消费者权益保护法》（简称《消费者权益保护法》）来保护自己的权利？

答案：不能。因为甲公司并不是消费者，甲公司也是经营者，它要主张自己的权利，应依据《民法典·合同编》。

一、消费者权利

1. 安全权

消费者在购买、使用商品和接受服务时享有人身、财产安全不受损害的权利。

消费者有权要求经营者提供的商品和服务，符合保障人身、财产安全的要求。

例如：前两年发生的化妆品"SK-Ⅱ"铅含量过高致人皮肤过敏，"三鹿"牛奶里含有三聚氰胺等，对消费者的人身安全造成严重的损害，都是侵犯消费者权利的行为。

2. 知情权

消费者享有知悉其购买、使用的商品或者接受的服务的真实情况的权利。

消费者有权根据商品或者服务的不同情况，要求经营者提供商品的价格、产地、生产者、用途、性能、规格、等级、主要成分、生产日期、有效期限、检验合格证明、使用方法说明书、售后服务，或者服务的内容、规格、费用等有关情况。

问题：某电影院在播放电影时插播广告，某律师认为这个行为侵犯了自己的权利，在申请公证处的公证员对某影院加映广告的证据进行保全后，向法院递交了诉状，请求法院判令被告某影院向原告退还电影票价款人民币40元，并赔偿损失40元；同时判令被告影院停止在电影前播放广告的不法行为。原告该行为能否得到法院支持？

答案：能得到法院支持。影院在片头插播广告的做法是一种侵犯消费者权益的行为，被告某影院在播映影片时插播广告侵犯了消费者知情权。

3. 自由选择权

消费者享有自主选择商品或者服务的权利。

消费者有权自主选择提供商品或者服务的经营者，自主选择商品品种或者服务方式，自主决定购买或者不购买任何一种商品、接受或者不接受任何一项服务。消费者在自主选择商品或者服务时，有权进行比较、鉴别和挑选。

4. 公平权

消费者享有公平交易的权利。

消费者在购买商品或者接受服务时，有权获得质量保障、价格合理、计量正确等公平交易条件，有权拒绝经营者的强制交易行为。

5. 受偿权

消费者因购买、使用商品或者接受服务受到人身、财产损害的，享有依法获得赔偿的权利。

6. 结社权

消费者享有依法成立维护自身合法权益的社会团体的权利。

7. 获得知识权

消费者享有获得有关消费和消费者权益保护方面的知识的权利。

消费者应当努力掌握所需商品或者服务的知识和使用技能,正确使用商品,提高自我保护意识。

8. 受尊重权

消费者在购买、使用商品和接受服务时,享有其人格尊严、民族风俗习惯得到尊重的权利,享有个人信息依法得到保护的权利。

问题:王女士到一家超市购物。当时超市里麦片正在促销,买 5 袋送 1 袋,王女士买了 20 袋,促销员告诉她,赠品上要贴上非卖品标签,但标签被锁在柜子中,现无法拿到,让王女士交钱时跟收银员说清楚。在收银台结账时,收银员说赠品上没有贴非卖品的标签,要交钱,双方发生争执。王女士当场被认定为小偷,还被迫拍照签字。王女士非常生气,要求超市书面公开道歉。请问,超市应该书面公开道歉吗?

答案:应该书面公开道歉。此案中,超市的做法就侵犯了消费者的人格尊严,应该赔偿王女士的实际损失,恢复名誉并公开赔礼道歉。

9. 监督权

消费者享有对商品和服务以及保护消费者权益工作进行监督的权利。

消费者有权检举、控告侵害消费者权益的行为和国家机关及其工作人员在保护消费者权益工作中的违法失职行为,有权对保护消费者权益工作提出批评、建议。

二、经营者义务

经营者是指为消费者提供其生产、销售的商品或者提供服务的市场主体。经营者有下列义务:

(1)经营者依照有关法律、法规的规定和约定履行义务。经营者向消费者提供商品或者服务,应当依照《中华人民共和国产品质量法》和其他有关法律、法规的规定履行义务。经营者和消费者有约定的,应当按照约定履行义务,但双方的约定不得违背法律、法规的规定。

《中华人民共和国产品质量法》第五条规定:禁止伪造或者冒用认证标志等质量标志;禁止伪造产品的产地,伪造他人的厂名或厂址;禁止在生产、销售的产品中掺杂、掺假,以假充真,以次充好。

例如:一天,一老农民兴高采烈地给某农药厂家送感谢信,厂长喜上眉梢,连忙迎了出来。可看完感谢信后却非常尴尬。原来,该老乡和老婆吵架,老婆一时想不开,喝了一瓶农药,老乡吓坏了,送到医院后一检查,没事,农药是伪劣产品,根本没有药效。老乡很庆幸,多亏是假药,要不老婆早就没命了。在此,老农民虽然很高兴,没有追究农药厂的法律责任,但农药厂的行为确实是违反法律的行为。

(2)经营者听取消费者的意见,接受消费者的监督。经营者应当听取消费者对其提供的商品或者服务的意见,接受消费者的监督。

(3)经营者保证其提供的商品或者服务符合保障人身、财产安全的要求。对可能危及人身、财产安全的商品和服务,应当向消费者作出真实的说明和明确的警示,并说明和标明正确使用商品或者接受服务的方法以及防止危害发生的方法。

宾馆、商场、餐馆、银行、机场、车站、港口、影剧院等经营场所的经营者,应当对消费者尽到安全保障义务。

（4）经营者发现其提供的商品或者服务存在缺陷，有危及人身、财产安全危险的，应当立即向有关行政部门报告和告知消费者，并采取停止销售、警示、召回、无害化处理、销毁、停止生产或者服务等措施。

（5）经营者不得作虚假或者引人误解的宣传。经营者应当向消费者提供有关商品或者服务的真实信息，不得作引人误解的虚假宣传。

例如：2012年8月9日，李某在淘宝网购买了某电子商务股份有限公司（简称"商务公司"）销售的白酒6瓶，网上商品页面描述为"白酒中国名牌52度五粮液（1618）500mL 特价"，成交价为8349元。交易完成后李某查询上述网页发现，其购买的白酒在该商务公司的淘宝店铺中标注的商品"特价和原价"相等，于是向北京市价格举报中心举报。之后，李某与商务公司达成《谅解协议书》，约定双方于协议签订后5日内完成退货、退款手续，商务公司赔偿李某8394元，如一方违约，承担总金额20%的违约金。因商务公司未履行该协议，李某诉至江苏省滨海县人民法院，请求商务公司赔偿8394元并承担违约金1678.8元。

受诉法院认为，经营者与消费者进行交易，应当遵循自愿、平等、公平、诚实信用的原则。经营者在交易过程中，应当向消费者提供有关商品的真实信息，不得作虚假宣传。在本案网络交易过程中，商务公司以网上销售的是特价商品来误导消费者，其行为已构成欺诈，依法应当承担法律责任。李某在请求赔偿过程中与商务公司达成了谅解协议，因商务公司未能按照该协议约定义务履行，其行为已构成违约，应当承担违约责任。因此，李某要求商务公司按照协议履行赔偿义务的诉讼请求，符合法律规定，依法应予支持。经受诉法院合法传唤，商务公司无正当理由拒不到庭参加诉讼，视为放弃其抗辩权，应当承担对其不利的法律后果。受诉法院判决商务公司给付李某赔偿款8394元，并承担违约金1678.8元，共计10072.8元。

（6）经营者应当标明其真实名称和标记的义务。经营者对消费者就其提供的商品或者服务的质量和使用方法等问题提出的询问，应当作出真实、明确的答复。商店提供商品或者服务应当明码标价。

（7）经营者向消费者出具发票等购货凭证或者服务单据的义务。经营者提供商品或者服务，应当按照国家有关规定或者商业惯例向消费者出具购货凭证或者服务单据；消费者索要购货凭证或者服务单据的，经营者必须出具。例如：有的经营者在顾客买完商品后，不给发票，理由是"小额商品，一概不开发票"。其行为就违反了《消费者权益保护法》。

（8）经营者保证在正常使用商品或者接受服务的情况下其提供的商品或者服务应当具有的质量、性能、用途和有效期限。

经营者以广告、产品说明、实物样品或者其他方式表明商品或者服务的质量状况的，应当保证其提供的商品或者服务的实际质量与表明的质量状况相符。例如现在有一些商家为了减少成本，在商品配料里减少某种贵重成分的含量，导致产品失去应有的效力。明明含量只有60%，商家宣传其含量为90%，误导消费者，甚至给消费者带来严重损失。

（9）经营者提供的商品或者服务不符合质量要求的，消费者可以依照国家规定、当事人约定退货，或者要求经营者履行更换、修理等义务。

没有国家规定和当事人约定的，消费者可以自收到商品之日起七日内退货；七日后符合法定解除合同条件的，消费者可以及时退货，不符合法定解除合同条件的，可以要求经营者履行更换、修理等义务。

问题：甲在商场购买一条领带送给朋友，朋友觉得价格太高，不划算。第二天，他找到商场销售员，想退掉该领带。请问商场必须接受他的退货要求吗？

答案：不是必须的，商场可以不接受甲朋友的退货要求。除非领带质量有问题，不符合国家规定或约定。

（10）经营者采用网络、电视、电话、邮购等方式销售商品，消费者有权自收到商品之日起七日内退货，且无需说明理由，但下列商品除外：

1）消费者定作的；

2）鲜活易腐的；

3）在线下载或者消费者拆封的音像制品、计算机软件等数字化商品；

4）交付的报纸、期刊。

问题：甲在网上商城购买一条领带送给朋友，朋友觉得价格太高，想退货。他第二天找网上商城要求退货。请问网上商城是否必须接受他的要求退货？

答案：是的，必须给甲朋友退货。因为甲朋友退货的情形符合7天无理由退货的规定。

（11）不得以格式条款、通知、声明、店堂告示等方式，作出排除或者限制消费者权利、减轻或者免除经营者责任、加重消费者责任等对消费者不公平、不合理的规定，不得利用格式条款并借助技术手段强制交易。

例如：经营者在经营场所贴出"在场地使用过程中，如有人身伤害，本公司不负责任。""本店商品售出一概不予退换""该活动的最终解释权归我公司所有"等告示，该做法就违背了该项义务。经营者与消费者订立格式合同中不应当免除自己应当承担的法律责任，也不得加重消费者的责任或排除消费者应享有的相应权利。

（12）采用网络、电视、电话、邮购等方式提供商品或者服务的经营者，以及提供证券、保险、银行等金融服务的经营者，应当向消费者提供经营地址、联系方式、商品或者服务的数量和质量、价款或者费用、履行期限和方式、安全注意事项和风险警示、售后服务、民事责任等信息。

（13）经营者收集、使用消费者个人信息，应当遵循合法、正当、必要的原则，明示收集、使用信息的目的、方式和范围，并经消费者同意。

三、损害赔偿的责任主体

（1）消费者在购买、使用商品时，其合法权益受到损害的，可以向销售者要求赔偿。销售者赔偿后，属于生产者的责任或者属于向销售者提供商品的其他销售者的责任的，销售者有权向生产者或者其他销售者追偿。

（2）消费者或者其他受害人因商品缺陷造成人身、财产损害的，可以向销售者要求赔偿，也可以向生产者要求赔偿。属于生产者责任的，销售者赔偿后，有权向生产者追偿。属于销售者责任的，生产者赔偿后，有权向销售者追偿。消费者在接受服务时，其合法权益受到损害的，可以向服务者要求赔偿。

（3）消费者在购买、使用商品或者接受服务时，其合法权益受到损害，因原企业分立、合并的，可以向变更后承受其权利义务的企业要求赔偿。

（4）使用他人营业执照的违法经营者提供商品或者服务，损害消费者合法权益的，消费者可以向其要求赔偿，也可以向营业执照的持有人要求赔偿。

（5）消费者在展销会、租赁柜台购买商品或者接受服务，其合法权益受到损害的，可以向销售者或者服务者要求赔偿。展销会结束或者柜台租赁期满后，也可以向展销会的举办者、柜台的出租者要求赔偿。展销会的举办者、柜台的出租者赔偿后，有权向销售者或者服务者追偿。

问题： 孙某在某商场某摊位买了一部手机，后孙某在电信设备进网管理网核对后发现，其所购手机信息属实，但未注册。孙某去找摊主交涉，但摊主已搬离，不知去向，孙某能否起诉某商场要求承担责任？

答案： 当然可以，根据《消费者权益保护法》第四十三条的规定：消费者在展销会、租赁柜台购买商品或接受服务，其合法权益受到损害的，可以向销售者或者服务者要求赔偿。展销会结束或者柜台租赁期满后，也可以向展销会的举办者、柜台的出租者要求赔偿。展销会的举办者、柜台的出租者赔偿后，有权向销售者或者服务者追偿。在这里，某商场承担的是补充连带责任。

（6）消费者因经营者利用虚假广告或者其他虚假宣传方式提供商品或者服务，其合法权益受到损害的，可以向经营者要求赔偿。广告经营者、发布者发布虚假广告的，消费者可以请求行政主管部门予以惩处。广告经营者、发布者不得提供经营者的真实名称、地址和有效联系方式的，应当承担赔偿责任。

四、法律责任

1. 民事责任

经营者提供商品或者服务有下列情形之一的，承担民事责任：

（1）商品或者服务存在缺陷的；

（2）不具备商品应当具备的使用性能而出售时未作说明的；

（3）不符合在商品或者其包装上注明采用的商品标准的；

（4）不符合商品说明、实物样品等方式表明的质量状况的；

（5）生产国家明令淘汰的商品或者销售失效、变质的商品的；

（6）销售的商品数量不足的；

（7）服务的内容和费用违反约定的；

（8）对消费者提出的修理、重作、更换、退货、补足商品数量、退还货款和服务费用或者赔偿损失的要求，故意拖延或者无理拒绝的；

（9）法律、法规规定的其他损害消费者权益的情形。

经营者提供商品或者服务，造成消费者或者其他受害人人身伤害的，应当支付医疗费、治疗期间的护理费、因误工减少的收入等费用。造成残疾的，还应当支付残疾者生活自助具费、生活补助费、残疾赔偿金以及由其抚养的人所必需的生活费等费用。

经营者提供商品或者服务，造成消费者或者其他受害人死亡的，应当支付丧葬费、死亡赔偿金以及由死者生前扶养的人所必需的生活费等费用；

经营者违反法律规定，侵害消费者的人格尊严、侵犯消费者人身自由或者侵害消费者个个信息依法得到保护的权利的，应当停止侵害、恢复名誉、消除影响、赔礼道歉，并赔偿损失。

经营者提供商品或者服务，造成消费者财产损害的，应当按照消费者的要求，以修理、重作、更换、退货、补足商品数量、退还货款和服务费用或者赔偿损失等方式承担民事责任。消费者与经营者另有约定的，按照约定履行。

例如：2008年4月30日，吴某向浙江苏宁某公司（简称"苏宁公司"）购买大金牌空调机一台，总价款8051元。苏宁公司向吴某出具安装单，并依约于2008年5月11日派人到吴某家中安装空调机。2013年8月，吴某家中客厅及相邻房间的地板、墙面被水侵蚀。经大金空调售后人员检查确认，该情况是由于空调机排水管通过的墙洞处没有封堵，老鼠咬断墙洞处排水管漏水所致。吴某对受损地板、墙面及相关区域进行了维修，维修费用未获赔偿。遂向浙江省某人民法院起诉，请求判令苏宁公司赔偿其损失14104元，并支付精神损害抚慰金1万元。

受诉法院经审理认为，吴某与苏宁公司之间的买卖合同关系成立且合法有效。空调机是一种安装规范要求较高的制冷设备，苏宁公司作为销售者，不仅应提供符合质量要求的机器设备，也应提供符合规范要求的安装服务。吴某购买的空调机不论实际是由生产厂家安装还是由销售者安装，都不能排除销售者作为合同相对方负有的确保空调正常使用，不造成人身财产损害的义务。苏宁公司未尽到合理谨慎注意义务，未能确保空调排水管通过的墙洞封堵，以致老鼠能够进入墙洞咬断排水管，造成漏水，引起屋内墙面、地面受损。其未妥善履行合同义务与受损结果有因果关系，对吴某因此遭受的损失负有责任。吴某作为消费者，要求苏宁公司赔偿修复地板、墙面产生的费用，该院予以支持。吴某主张的误工费和精神损害抚慰金，缺乏依据，该院不予支持。该院判决苏宁公司赔偿吴某实际修复费用12175元。

对国家规定或者经营者与消费者约定包修、包换、包退的商品，经营者应当负责修理、更换或者退货。在保修期内两次修理仍不能正常使用的，经营者应当负责更换或者退货。

对包修、包换、包退的大件商品，消费者要求经营者修理、更换、退货的，经营者应当承担运输等合理费用。

经营者以邮购方式提供商品的，应当按照约定提供。未按照约定提供的，应当按照消费者的要求履行约定或者退回货款；并应当承担消费者必须支付的合理费用。

经营者以预收款方式提供商品或者服务的，应当按照约定提供。未按照约定提供的，应当按照消费者的要求履行约定或者退回预付款；并应当承担预付款的利息、消费者必须支付的合理费用。

依法经有关行政部门认定为不合格的商品，消费者要求退货的，经营者应当负责退货。

经营者提供商品或者服务有欺诈行为的，应当按照消费者的要求增加赔偿其受到的损失，增加赔偿的金额为消费者购买商品的价款或者接受服务的费用的一倍。

问题：消费者王某状告某食品有限公司，要求某食品有限公司为其虚假宣传承担责任。王某称，他在报纸上看到某食品有限公司的广告，宣称其食品具有降血脂、降血压的功效，于2009年8月13日购买了该食品一箱，共计108元，他吃过几天后，发现血压不降反升，经鉴定，原来该食品就是普通食品，根本没有降血脂、降血压的功效。王某认为某食品有限公司在其广告中夸大食品的功效，误导消费者，其行为构成对消费者的欺诈，应该三倍返还王某的购物款。请问，王某的要求有无法律依据？

答案：有。某食品有限公司应该三倍返还王某的购物款324元。

2. 行政责任

经营者有下列情形之一，由工商行政管理部门或者其他有关行政部门责令改正，可以根据情节单处或者并处警告、没收违法所得、处以违法所得一倍以上五倍以下的罚款，没有违法

所得的处,以五十万元以下的罚款;情节严重的,责令停业整顿、吊销营业执照:

(1) 提供的商品不符合保障人身、财产安全要求的;

(2) 在商品中掺杂、掺假,以假充真,以次充好,或者以不合格商品冒充合格商品的;

(3) 生产国家明令淘汰的商品或者销售失效、变质的商品的;

(4) 伪造商品的产地,伪造或者冒用他人的厂名、厂址,篡改生产日期伪造或者冒用认证标志等质量标志的;

(5) 销售的商品应当检验、检疫而未检验、检疫或者伪造检验、检疫结果的;

(6) 对商品或者服务作引人误解的虚假宣传的;

例如:2017年12月1日至2019年8月14日,湖南省某县母婴用品连锁店"某婴坊"的经营者明知婴幼儿食用特殊医学用途奶粉需明确标注特殊医学用途配方食品的类别和适用人群,仍在11家连锁店通过宣传海报、导购当面推销等方式夸大功效,对外宣称"倍氨敏奶粉适合过敏体质宝宝",误导家长将其当作特殊用途奶粉购买喂食给过敏体质宝宝。实际上"倍氨敏"配方奶粉只是一款固体蛋白饮料。

2020年5月19日,该县检察院对该县市场监督管理局不依法履职行为予以立案,经调查后于5月28日向该县市场监督管理局发出了诉前检察建议:依法查处"某婴坊"的违法销售行为;依法全面履行监督管理职责,开展专项整治行动、对辖区内的婴幼儿奶粉经营者的经营活动依法监管,确保市场交易合法有序。

收到检察建议后,该县市场监督管理局对"某婴坊"经营者作出顶格罚款200万元的行政处罚。

(7) 拒绝或者拖延有关行政部门责令对缺陷商品或者服务采取停止销售、警示、召回、无害化处理、销毁、停止生产或者服务等措施的;

(8) 对消费者提出的修理、重作、更换、退货、补足商品数量、退还货款和服务费用或者赔偿损失的要求,故意拖延或者无理拒绝的;

(9) 侵害消费者人格尊严、侵犯消费者人身自由或者侵害消费者个人信息依法得到保护的权利的;

(10) 法律、法规规定的对损害消费者权益应当予以处罚的其他情形。

3. 刑事责任

(1) 经营者提供商品或者服务,侵害消费者合法权益,构成犯罪,依法追究刑事责任;

例如:有一个小女孩,在吃了一个摊贩的炸鸡腿后,中毒身亡。后经鉴定,是氯化钠中毒,而摊贩老板也交代,其在制作炸鸡时所用的"食盐"不是食用盐,而是工业用盐,因为工业用盐便宜。法院最后认定摊贩老板过失致人死亡,应承担刑事责任。

(2) 以暴力、威胁等方法阻碍有关行政部门工作人员依法执行职务的,依法追究刑事责任;

(3) 国家机关工作人员玩忽职守或者包庇经营者侵害消费者合法权益的行为的,情节严重,构成犯罪的,依法追究刑事责任。

第四节 税 法

税法是国家调整税务机关和纳税人之间的税收征纳关系的法律规范的总称。

一、税法的构成要素

1. 税法主体

税法主体包括征税主体和纳税主体。

征税主体是国家,具体征税活动中一般由税务机关和海关具体负责税收征管。

纳税主体又称纳税义务人、纳税人,是指法律规定的直接负有纳税义务的单位和个人。

纳税人不同于负税人。负税人是最终负担国家征收税款的单位和个人。通常情况下,纳税人同时也是负税人,即税收负担最终由纳税人承担,如所得税的负税人就是纳税人。但有些税种的纳税人与负税人并不一致,如流转税的税款虽由生产销售商品或提供劳务的纳税人缴纳,但税收负担却是由商品或服务的最终消费者承担的。

纳税人也不同于扣缴义务人。扣缴义务人是法律规定的,在其经营活动中负有代扣税款并向国库缴纳税款义务的单位和个人。如个人所得税就是由支付所得的单位和个人代扣代缴。

纳税人有两种基本形式:自然人和法人。自然人和法人是两个相对称的法律概念。自然人是基于自然规律而出生的,有民事权利和义务的主体,包括本国公民,也包括外国人和无国籍人。法人是指能够独立承担民事责任的社会组织。

2. 征税客体

征税客体又称课税对象、征税对象,是指对何种客体征税,即征税的标的物。如消费税的征税对象就是消费品(如烟、酒、茶等)。

征税对象是税法的最基本要素,是区分不同税种的主要标志。

3. 税目

税目是征税对象的具体化,是税法中对征税对象分类规定的具体征税品种和项目。如消费税就设有烟、酒和酒精、化妆品等税目。

4. 税率

税率是指应纳税额与征税对象数额之间的比例。税率是计算应纳税额的尺度,反映税负水平的高低。

我国现行税率分为以下三种:

(1)比例税率。比例税率指按照固定比例确定的税率,即不论征税对象数额大小,只按一个固定比例征税。如增值税、企业所得税等均实行比例税率。

(2)累进税率。累进税率指根据征税对象数额大小而确定不同等级的税率,征税对象数额越大,税率越高;反之,征税对象数额越小,税率越低。如个人所得税税率的确定。

(3)定额税率。定额税率指按照征税对象的计量单位直接规定应纳税额的税率形式。征税对象的计量单位可以是其自然单位,也可以是特殊规定的复合单位。如现行税制中的盐税以盐的吨数作为计量单位。采用定额税率征税,税额的多少同征税对象的数量成正比。

5. 税收特别措施

税收特别措施包括税收优惠措施和税收重课措施。

二、税收

(一)税收的概念及特征

税收是国家凭借国家权力,依法强制地、无偿地向纳税人征收货币或实物的行政活动,是国家财政收入的主要来源,是国家参与国民收入分配和再分配的重要手段。

税收具有以下基本特征:

(1) 无偿性。国家依据税法纳税,不需要向纳税人支付任何代价或报酬。

(2) 强制性。纳税是每个公民的义务,如果不交税,国家会动用强制力强迫纳税人缴纳税款。除非有减免的情况。

(3) 固定性。纳税对象、纳税人、税目、税率、应纳税额的计算办法、纳税期限等都是明确的、固定的,受外界影响较小。

(二) 税收种类

以征税对象的不同,税收分为流转税、所得税、财产税、特定行为税和资源税。

(1) 流转税包括:增值税、消费税、营业税、进出口关税、城乡维护建设税。

(2) 所得税包括:企业所得税、外商投资企业所得税、外国企业所得税、个人所得税、农业所得税。

(3) 财产税包括:房产税、城市房地产税、契税。

问题: 李某有两套住房,准备将其中一套房子无偿赠与其儿子。过户需要缴纳营业税、契税和个人所得税吗?

答案: 根据《财政部 国家税务总局关于个人金融商品买卖等营业税若干免税政策的通知》(财税〔2009〕111号),个人无偿赠与配偶、父母子女祖父母、外祖父母、孙子女、外孙子女、兄弟姐妹不动产,暂免征收营业税。房屋所有权人将房屋无偿赠与配偶、父母子女祖父母、外祖父母、孙子女、外孙子女、兄弟姐妹,对当事人双方不征收个人所得税。房屋赠与和房屋买卖都要缴纳契税。

(4) 特定行为税包括:车船使用税、车船使用牌照税、印花税、固定资产投资方向调节税、屠宰税、城市建设维护税等。

(5) 资源税包括:对开采原油、天然气、煤炭、有色金属原矿、非金属原矿、盐矿等收入征收的税。

(三) 个人所得税

1. 纳税主体

(1) 居民纳税人。在中国境内有住所,或者无住所而在境内居住满一年的个人,从中国境内和境外取得的所得,依照规定缴纳个人所得税。这种情况,对国内和国外取得的收入都要缴纳个人所得税。

(2) 非居民纳税人。在中国境内无住所又不居住或者无住所而在境内居住不满一年的个人,从中国境内取得的所得,依照规定缴纳个人所得税。这种情况,只对国内取得的收入缴纳个人所得税。

2. 征税项目

下列各项个人所得,应纳个人所得税:

(1) 工资、薪金所得;

(2) 个体工商户的生产、经营所得;

(3) 对企事业单位的承包经营、承租经营所得;

(4) 劳务报酬所得;

(5) 稿酬所得;

（6）特许权使用费所得；

（7）利息、股息、红利所得；

（8）财产租赁所得；

（9）财产转让所得；

（10）偶然所得；

（11）经国务院财政部门确定征税的其他所得。

例如：公民张某近期有以下收入所得，张某需要交税的是（　　）。

A. 某日在商场参加抽奖活动，幸运中得 3000 元奖金

B. 银行一笔存款获得利息 500 元

C. 因公负伤获得抚恤金 5000 元

D. 向保险公司投保获得的保险赔款 600 元

答案：根据《中华人民共和国个人所得税法》的规定，A、B 两项收入需要交个人所得税。

3. 个人所得税的税率

（1）工资、薪金所得，适用超额累进税率，税率为百分之三至百分之四十五。

（2）个体工商户的生产、经营所得和对企事业单位的承包经营、承租经营所得，适用百分之五至百分之三十五的超额累进税率。

（3）稿酬所得，适用比例税率，税率为百分之二十，并按应纳税额减征百分之三十。

（4）劳务报酬所得，适用比例税率，税率为百分之二十。对劳务报酬所得一次收入畸高的，可以实行加成征收，具体办法由国务院规定。

（5）特许权使用费所得，利息、股息、红利所得，财产租赁所得，财产转让所得，偶然所得和其他所得，适用比例税率，税率为百分之二十。

4. 应纳税所得额的计算

（1）工资、薪金所得，以每月收入额减除费用三千五百元后的余额，为应纳税所得额。

公民每月的工资如果低于三千五百元，就不用交税了，超过三千五百元的，按照超过部分纳税。

问题：小李在一家公司做保洁员，每月工资 2000 元，请问小李是否需要交税？

答案：不用交税。因为其工资低于应纳税所得额。

（2）个体工商户的生产、经营所得，以每一纳税年度的收入总额减除成本、费用以及损失后的余额，为应纳税所得额。

（3）对企事业单位的承包经营、承租经营所得，以每一纳税年度的收入总额，减除必要费用后的余额，为应纳税所得额。

（4）劳务报酬所得、稿酬所得、特许权使用费所得、财产租赁所得，每次收入不超过四千元的，减除费用八百元；四千元以上的，减除百分之二十的费用，其余额为应纳税所得额。

（5）财产转让所得，以转让财产的收入额减除财产原值和合理费用后的余额，为应纳税所得额。

（6）利息、股息、红利所得，偶然所得和其他所得，以每次收入额为应纳税所得额。

个人将其所得对教育事业和其他公益事业捐赠的部分，赡养父母、子女教育及其他相关费用，按照国务院有关规定从应纳税所得中扣除。

对在中国境内无住所而在中国境内取得工资、薪金所得的纳税义务人和在中国境内有住

所而在中国境外取得工资、薪金所得的纳税义务人,可以根据其平均收入水平、生活水平以及汇率变化情况确定附加减除费用,附加减除费用适用的范围和标准由国务院规定。

纳税义务人从中国境外取得的所得,准予其在应纳税额中扣除已在境外缴纳的个人所得税税额。但扣除额不得超过该纳税义务人境外所得依照本法规定计算的应纳税额。

5. 个人所得税的免征项目

下列各项个人所得,免征个人所得税:

(1) 省级人民政府、国务院部委和中国人民解放军以上单位,以及外国组织、国际组织颁发的科学、教育、技术、文化、卫生、体育、环境保护等方面的奖金;

(2) 国债和国家发行的金融债券利息;

(3) 按照国家统一规定发给的补贴、津贴;

(4) 福利费、抚恤金、救济金;

(5) 保险赔款;

(6) 军人的转业费、复员费、退役金;

(7) 按照国家统一规定发给干部、职工的安家费、退职费、基本养老金或者退休费、离休费、离休生活补助费;

(8) 依照我国有关法律规定应予免税的各国驻华使馆、领事馆的外交代表、领事官员和其他人员的所得;

(9) 中国政府参加的国际公约、签订的协议中规定免税的所得;

(10) 国务院规定的其他免税所得。

6. 个人所得税的减征项目

有下列情形之一的,经批准可以减征个人所得税:

(1) 残疾、孤老人员和烈属的所得;

(2) 因严重自然灾害造成重大损失的;

(3) 国务院可以规定其他减税情形,报全国人民代表大会常务委员会备案。

三、税务管理

税务管理是指税务机关依法对税收进行管理的活动,包括税务登记、纳税申报、建立账簿和凭证管理。

1. 税务登记

企业、企业在外地设立的分支机构和从事生产、经营的场所,个体工商户和从事生产、经营的事业单位(以下统称从事生产、经营的纳税人)自领取营业执照之日起三十日内,持有关证件,向税务机关申报办理税务登记。税务机关应当自收到申报之日起三十日内审核并发给税务登记证件。

问题: 甲和乙设立了一家从事食品销售的有限责任公司,向工商局领取营业执照后,马上开始营业,三个月后,接到税务所的通知,去税务所交罚款。甲、乙认为税务所并没有到公司收税,不是公司不交税,不应该罚款。甲、乙的理解对吗?

答案: 不对。法律规定公司取得营业执照后的三十日内,应该向税务机关申报办理税务登记。办理税务登记是企业的法定义务,违反规定,由税务机关限期改正,严重的处以罚款。

2. 纳税申报

纳税人必须依照法律、行政法规规定或者税务机关依照法律、行政法规的规定确定的申报期限、申报内容如实办理纳税申报，报送纳税申报表、财务会计报表以及税务机关根据实际需要要求纳税人报送的其他纳税资料。

扣缴义务人必须依照法律、行政法规规定或者税务机关依照法律、行政法规的规定确定的申报期限、申报内容如实报送代扣代缴、代收代缴税款报告表以及税务机关根据实际需要要求扣缴义务人报送的其他有关资料。

3. 建立账簿和凭证管理

账簿是生产者和经营者记载、表明其营业状况及财产状况的书面簿册。

凭证是记录生产者、经营者营业活动及收支情况的凭证和证明。

账簿、凭证是纳税人、扣缴义务人从事生产、经营活动的合法、有效的记账凭证，也是税务机关进行财务监督和税务检查的重要依据。

纳税人、扣缴义务人应按照规定设置账簿，其财务会计制度或处理办法及会计核算软件应报送税务机关备案。必须按照规定的保管期限保管账簿，记账凭证、完税凭证及其他资料，不得伪造、变造或擅自毁损；应按规定安装使用税控装置，不得毁损或擅自改动税控装置。

税务机关是发票的主管机关，负责发票的印制、领购、开具、取得保管、缴销的管理和监督。任何人不得伪造变造发票，纳税人、扣缴义务人应当按规定开具、使用发票。

四、税款征收

1. 税款征收的定义

税款征收是税务机关依照法律规定将纳税人缴纳的税款组织入库的一系列活动。

2. 征税人

征税人是税务机关，除税务机关、税务人员以及经税务机关依照法律、行政法规委托的单位和人员外，任何单位和个人不得进行税款征收活动。

税务机关依照法律、行政法规的规定征收税款，不得违反法律、行政法规的规定开征、停征、多征、少征、提前征收、延缓征收或者摊派税款。

税务机关征收税款时，必须给纳税人开具完税凭证。

3. 纳税人

纳税人、扣缴义务人按照法律、行政法规规定或者税务机关依照法律、行政法规的规定确定的期限，缴纳或者解缴税款。纳税人因有特殊困难，不能按期缴纳税款的，经省级国家税务局、地方税务局批准，可以延期缴纳税款，但是最长不得超过三个月。

扣缴义务人依照法律、行政法规的规定履行代扣、代收税款的义务。对法律、行政法规没有规定负有代扣、代收税款义务的单位和个人，税务机关不得要求其履行代扣、代收税款义务。

扣缴义务人依法履行代扣、代收税款义务时，纳税人不得拒绝。纳税人拒绝的，扣缴义务人应当及时报告税务机关处理。

扣缴义务人代扣、代收税款时，纳税人要求扣缴义务人开具代扣、代收税款凭证的，扣缴义务人应当开具。

纳税人未按照规定期限缴纳税款的，扣缴义务人未按照规定期限解缴税款的，税务机关除责令限期缴纳外，从滞纳税款之日起，按日加收滞纳税款万分之五的滞纳金。

4. 纳税期限

纳税期限是指税法规定的纳税人缴纳税款的法定期限。

纳税期限有两个方面的含义，一是确定结算应纳税款的期限，一般由税务机关依法确定；二是缴纳税款的期限，即在纳税期限届满后，向税务机关缴纳税款的期限。如增值税的纳税期限，由主管税务机关根据纳税人应纳增值税税额的大小，分别核定为一日、三日、五日、十日、十五日、一个月或者一个季度。纳税人以一个月为一期缴纳增值税的，应当从期满之日起十五日以内申报纳税；以一日、三日、五日、十日或者十五日为一期纳税的，应当从期满之日起五日以内预缴税款，于次月一日起十五日以内申报纳税，并结清上月应纳税款。

5. 减税、免税

纳税人可以依照法律、行政法规的规定办理减税、免税。

减税、免税指税法减少或免除税负的规定。减税是指对应纳税额减征一部分税款；免税是指对应纳税额全部免征。

减税、免税的申请须经法律、行政法规规定的减税、免税审查批准机关审批。地方各级人民政府、各级人民政府主管部门、单位和个人违反法律、行政法规规定，擅自作出的减税、免税决定无效，税务机关不得执行，并向上级税务机关报告。

五、税务检查

（一）检查机关

在我国，税务检查机关是税务机关。国务院设立国家税务总局，省及省以下统一设置为省、市、县三级税务局。现行税务机构设置实行以国家税务总局为主与省（自治区、直辖市）人民政府双重领导管理体制。

（二）检查内容

（1）检查纳税人的账簿、记账凭证、报表和有关资料，检查扣缴义务人代扣代缴、代收代缴税款账簿、记账凭证和有关资料。

（2）到纳税人的生产、经营场所和货物存放地检查纳税人应纳税的商品、货物或者其他财产，检查扣缴义务人与代扣代缴、代收代缴税款有关的经营情况。

（3）责成纳税人、扣缴义务人提供与纳税或者代扣代缴、代收代缴税款有关的文件、证明材料和有关资料。

（4）询问纳税人、扣缴义务人与纳税或者代扣代缴、代收代缴税款有关的问题和情况。

（5）到车站、码头、机场、邮政企业及其分支机构检查纳税人托运、邮寄应纳税商品、货物或者其他财产的有关单据、凭证和有关资料；

（6）经县以上税务局（分局）局长批准，凭全国统一格式的检查存款账户许可证明，查询从事生产、经营的纳税人、扣缴义务人在银行或者其他金融机构的存款账户。税务机关在调查税收违法案件时，经设区的市、自治州以上税务局（分局）局长批准，可以查询案件涉嫌人员的储蓄存款。税务机关查询所获得的资料，不得用于税收以外的用途。

（三）检查程序

税务机关派出的人员进行税务检查时，应当出示税务检查证和税务检查通知书，并有责任为被检查人保守秘密；未出示税务检查证和税务检查通知书的，被检查人有权拒绝检查。

税务机关对从事生产、经营的纳税人以前纳税期的纳税情况依法进行税务检查时，发现纳税人有逃避纳税义务行为，并有明显的转移、隐匿其应纳税的商品、货物以及其他财产或者应纳税的收入的迹象的，可以按照《中华人民共和国税收征收管理法》（简称《税收征收管理法》）规定的批准权限采取税收保全措施或者强制执行措施。

税务机关依法进行税务检查时，有权向有关单位和个人调查纳税人、扣缴义务人和其他当事人与纳税或者代扣代缴、代收代缴税款有关的情况，有关单位和个人有义务向税务机关如实提供有关资料及证明材料。

税务机关调查税务违法案件时，对与案件有关的情况和资料，可以记录、录音、录像、照相和复制。

纳税人、扣缴义务人必须接受税务机关依法进行的税务检查，如实反映情况，提供有关资料，不得拒绝、隐瞒。

六、税收法律责任

税收法律责任指违反税法的行为人应当承担的不利法律后果。

1. 行政责任

纳税人有下列行为之一的，由税务机关责令限期改正，可以处二千元以下的罚款；情节严重的，处二千元以上一万元以下的罚款：

（1）未按照规定的期限申报办理税务登记、变更或者注销登记的；

（2）未按照规定设置、保管账簿或者保管记账凭证和有关资料的；

（3）未按照规定将财务、会计制度或者财务、会计处理办法和会计核算软件报送税务机关备查的；

（4）未按照规定将其全部银行账号向税务机关报告的；

（5）未按照规定安装、使用税控装置，或者损毁或者擅自改动税控装置的。

纳税人不办理税务登记的，由税务机关责令限期改正；逾期不改正的，经税务机关提请，由工商行政管理机关吊销其营业执照。

纳税人未按照规定使用税务登记证件，或者转借、涂改、损毁、买卖、伪造税务登记证件的，处二千元以上一万元以下的罚款；情节严重的，处一万元以上五万元以下的罚款。

扣缴义务人未按照规定设置、保管代扣代缴、代收代缴税款账簿或者保管代扣代缴、代收代缴税款记账凭证及有关资料的，由税务机关责令限期改正，可以处二千元以下的罚款；情节严重的，处二千元以上五千元以下的罚款。

纳税人未按照规定的期限办理纳税申报和报送纳税资料的，或者扣缴义务人未按照规定的期限向税务机关报送代扣代缴、代收代缴税款报告表和有关资料的，由税务机关责令限期改正，可以处二千元以下的罚款；情节严重的，可以处二千元以上一万元以下的罚款。

纳税人、扣缴义务人编造虚假计税依据的，由税务机关责令限期改正，并处五万元以下的罚款。

纳税人不进行纳税申报，不缴或者少缴应纳税款的，由税务机关追缴其不缴或者少缴的税款、滞纳金，并处不缴或者少缴的税款百分之五十以上五倍以下的罚款。

对骗取国家出口退税款的，税务机关可以在规定期间内停止为其办理出口退税。

以暴力、威胁方法拒不缴纳税款的，是抗税，除由税务机关追缴其拒缴的税款、滞纳金外，情节轻微，未构成犯罪的，由税务机关追缴其拒缴的税款、滞纳金，并处拒缴税款一倍以上五倍以下的罚款。

纳税人、扣缴义务人在规定期限内不缴或者少缴应纳或者应解缴的税款，经税务机关责令限期缴纳，逾期仍未缴纳的，税务机关除依照税法规定采取强制执行措施追缴其不缴或者少缴的税款外，可以处不缴或者少缴的税款百分之五十以上五倍以下的罚款。

扣缴义务人应扣未扣、应收而不收税款的，由税务机关向纳税人追缴税款，对扣缴义务人处应扣未扣、应收未收税款百分之五十以上三倍以下的罚款。

纳税人、扣缴义务人逃避、拒绝或者以其他方式阻挠税务机关检查的，由税务机关责令改正，可以处一万元以下的罚款；情节严重的，处一万元以上五万元以下的罚款。

违反《税收征收管理法》规定，非法印制发票的，由税务机关销毁非法印制的发票，没收违法所得和作案工具，并处一万元以上五万元以下的罚款。

从事生产、经营的纳税人、扣缴义务人有《税收征收管理法》规定的税收违法行为，拒不接受税务机关处理的，税务机关可以收缴其发票或者停止向其发售发票。

纳税人、扣缴义务人的开户银行或者其他金融机构拒绝接受税务机关依法检查纳税人、扣缴义务人存款账户，或者拒绝执行税务机关作出的冻结存款或者扣缴税款的决定，或者在接到税务机关的书面通知后帮助纳税人、扣缴义务人转移存款，造成税款流失的，由税务机关处十万元以上五十万元以下的罚款，对直接负责的主管人员和其他直接责任人员处一千元以上一万元以下的罚款。

2. 刑事责任

纳税人伪造、变造、隐匿、擅自销毁账簿、记账凭证，或者在账簿上多列支出或者不列、少列收入，或者经税务机关通知申报而拒不申报或者进行虚假的纳税申报，不缴或者少缴应纳税款的，是偷税。对纳税人偷税的，由税务机关追缴其不缴或者少缴的税款、滞纳金，并处不缴或者少缴的税款百分之五十以上五倍以下的罚款；构成犯罪的，依法追究刑事责任。

扣缴义务人采取上述所列手段，不缴或者少缴已扣、已收税款，由税务机关追缴其不缴或者少缴的税款、滞纳金，并处不缴或者少缴的税款百分之五十以上五倍以下的罚款；构成犯罪的，依法追究刑事责任。

纳税人欠缴应纳税款，采取转移或者隐匿财产的手段，妨碍税务机关追缴欠缴的税款的，由税务机关追缴欠缴的税款、滞纳金，并处欠缴税款百分之五十以上五倍以下的罚款；构成犯罪的，依法追究刑事责任。

以假报出口或者其他欺骗手段，骗取国家出口退税款的，由税务机关追缴其骗取的退税款，并处骗取税款一倍以上五倍以下的罚款；构成犯罪的，依法追究刑事责任。

纳税人、扣缴义务人的行为涉嫌犯罪的，税务机关应当依法移交司法机关追究刑事责任。

3. 税务机关、税务人员的法律责任

税务机关，责令限期改正，对直接负责的主管人员和其他直接责任人员依法给予降级或者撤职的行政处分。

税务人员构成犯罪的，依法追究刑事责任；尚不构成犯罪的，依法给予行政处分。

第五节 劳 动 法

一、劳动法及其调整对象

劳动法是指调整劳动关系以及与劳动关系密切联系的其他社会关系的法律规范的总称。

劳动法的调整范围主要是劳动关系,该关系发生在用人单位和劳动者之间。在中华人民共和国境内的国家机关、事业组织、社会团体、企业、个体经济组织和与之形成劳动关系的劳动者之间的关系。如果没有形成劳动关系,则不能使用该法的规定,例如,承包关系适用合同法而不是劳动法;另外,国家公务员、现役军人、农村劳动者、家庭保姆等不适用劳动法。

二、劳动者的权利和义务

1. 劳动者的权利

劳动者拥有以下权利:

(1)劳动者有平等就业和选择职业的权利;
(2)劳动者有取得劳动报酬的权利;
(3)劳动者有休息休假的权利;
(4)劳动者有获得劳动安全卫生保护的权利;
(5)劳动者有接受职业技能培训的权利;
(6)劳动者有享受社会保险和福利的权利;
(7)劳动者有提请劳动争议处理的权利以及法律规定的其他劳动权利;
(8)劳动者有权依法参加和组织工会。

问题:小李是某公司的前台服务员,2021年5月1日到7日,公司要求她加班,公司的要求合法吗?小李能否要求加班费?

答案:小李作为劳动者有休息休假的权利。5月1日到3日是劳动节,属于国家法律规定的法定节假日,如果因工作性质原因,在这三天必须加班,公司必须支付不低于工资300%的工资报酬,并且不能以安排补休为补偿,因为法定节假日有特殊意义,无法用补休的方式来弥补。另外4天属于前后两周的双休日,双休日安排劳动者工作的,应当首先安排补休,不能安排补休的,支付不低于工资的200%的工资报酬。所以,如果公司因业务需要,可以要求小李加班,但要依据法律规定给小李支付加班费。

问题:如果公司不是要求小李在假期加班,而是要求小李在工作时间之外加班,小李可否拒绝?法律对此有无规定?

答案:《国务院关于职工工作时间的规定》中指明:职工每日工作8小时,每周工作40小时。用人单位由于生产经营的需要,经与工会和劳动者协商后可延长工作时间,但每日不能超过1小时,每月不能超过36小时。除非有下列情形之一的,可不受前面规定的限制:

1)发生自然灾害、事故或者因其他原因,威胁劳动者生命健康和财产安全,需要紧急处理的;
2)生产设备、交通运输路线、公共设施发生故障,影响生产和公众利益,必须及时抢修的;
3)法律、行政法规规定的其他情形。

所以小李可以拒绝公司的要求。如果小李同意加班，公司应支付不低于工资的150%的工资报酬。

问题： 吴某在某公司干装卸工已经五六年了，2019年10月的一天，吴某上夜班，推完一车材料后在车间门口的空地上休息，不料被公司装料的铲车撞伤，造成骨折，伤势严重，吴某申请工伤认定，公司认为吴某是在休息时受的伤，不属于工伤，公司不负责任。吴某属于工伤吗？可否要求公司给予赔偿？

答案： 依据《工伤保险条例》第十四条规定：工作时间前后在工作场所内，从事与工作有关的预备性或者收尾性工作受到事故伤害的，应当认定为工伤。根据《劳动法》的规定，吴某与公司存在劳动关系，在工作间隙休息，属于工作的一部分，在工作时间和工作场所因工作原因受伤，符合工伤认定条件。如果认定为工伤，可以要求公司给予全额赔偿。

2. 劳动者的义务

劳动者应当完成劳动任务，提高职业技能，执行劳动安全卫生规程，遵守劳动纪律和职业道德。

三、劳动合同

（一）劳动合同的定义

劳动合同是劳动者与用人单位确立劳动关系、明确双方权利和义务的协议。建立劳动关系应当订立劳动合同。

例如：2005年3月，刘某被A公司聘为促销员，签订了《代理服务协议》期限至2006年9月。

2006年8月，刘某因违纪被A公司解聘，2006年12月12日，刘某向劳动争议仲裁委员会提出申请，要求A公司为其缴纳2005年3月至2006年8月期间的社会保险。

仲裁委员会对《代理服务协议》不予认可，认定事实劳动关系成立，A公司应当承担起社会保险费的企业承担部分。

（二）劳动合同的订立

1. 订立原则

（1）平等自愿、协商一致的原则。订立和变更劳动合同，应当遵循平等自愿、协商一致的原则，

（2）合法原则。订立和变更劳动合同，不得违反法律、行政法规的规定。

问题： 小李应聘到北京一家饭店当服务员，和饭店签订了一份劳动合同，约定试用期三个月，每月工资1000元，但包食宿。合同签订后，小李向同乡一打听，发现北京市的最低工资标准要高于1000元，小李能否要求饭店提高试用期工资？

答案： 能，按照我国《劳动法》第二十条规定：劳动者在试用期的工资不得低于本单位相同岗位最低档工资或者劳动合同约定工资的80%，并不得低于用人单位所在地的最低工资标准。小李有权利要求饭店按照北京市的最低工资标准支付试用期内的工资。

2. 订立条款

劳动合同应当以书面形式订立，并具备以下条款：

（1）劳动合同期限；

（2）工作内容；

（3）劳动保护和劳动条件；
（4）劳动报酬；
（5）劳动纪律；
（6）劳动合同终止的条件；
（7）违反劳动合同的责任。

劳动合同除上述规定的必备条款外，当事人可以协商约定其他内容。例如，劳动合同可以约定试用期，但试用期最长不得超过六个月。

劳动合同当事人可以在劳动合同中约定保守用人单位商业秘密的有关事项。

问题： 小李今年刚满16周岁，他和一家餐馆老板签订劳动合同，老板以他没有工作经验，需要学习为由，把试用期定为1年。问老板的做法对吗？

答案： 不对。法律规定试用期最长为六个月，任何人不能以任何理由违反该规定。

（三）无效劳动合同

下列劳动合同无效：

（1）违反法律、行政法规的劳动合同。例如，《劳动法》第十五条规定，禁止用人单位招用未满16周岁的未成年人。如果单位和未满16周岁的人签订劳动合同，该合同为无效合同。

问题： 小李在和单位签订劳动合同时，合同上有这样的条款"小李在合同期内不得结婚，否则单位有权解除劳动合同"。后小李怀孕，单位解雇了她。单位能否依据此条款解雇小李？

答案： 不能。因为小李和单位所签劳动合同中"小李在合同期内不得结婚"的内容违反了《民法典·婚姻编》的规定，该条款是无效的，单位不能依据此条款解雇小李。

（2）采取欺诈、威胁等手段订立的劳动合同。

无效的劳动合同，从订立的时候起，就没有法律约束力。确认劳动合同部分无效的，如果不影响其余部分的效力，其余部分仍然有效。

劳动合同的无效，由劳动争议仲裁委员会或者人民法院确认。

（四）劳动合同的期限

劳动合同的期限分为有固定期限、无固定期限和以完成一定的工作为期限。

劳动者在同一用人单位连续工作满十年以上，当事人双方同意续延劳动合同的，如果劳动者提出订立无固定限期的劳动合同，应当订立无固定限期的劳动合同。

问题： 刘女士在一家公司工作，她与公司签订的劳动合同期限为十年，该合同到期后，公司在未通知刘女士的情况下，由公司人力资源部经理代刘某与公司签订了一份一年期的合同，并规定一年后自动解约。一年到期后公司通知刘女士，合同到期，公司不再续约，请刘女士交接工作。刘女士接到通知后，觉得很委屈，自己在公司工作了十一年，现在却不得不离开公司。公司的做法对吗？刘女士是否要按照合同约定离开公司？

答案： 劳动合同的双方主体是劳动者与用人单位，劳动者自己或者授权他人签订合同是可以的，但公司在刘女士没有授权的情况下代刘女士签订的合同是无效的。刘女士完全可以根据《劳动法》的规定要求公司签订无固定限期的合同。当然如果刘女士不愿再签合同，可以与公司解除合同，并按照合同法的规定要求经济补偿。

（五）劳动合同的终止

劳动合同因以下原因终止：

（1）劳动合同期满或当事人约定的劳动合同终止条件出现；

（2）用人单位被依法宣告破产或者依法被解散、关闭、撤销；

（3）劳动者达到退休年龄；

（4）劳动者完全丧失劳动能力或死亡；

（5）法律、行政法规规定的其他情况。

（六）劳动合同的解除

1. 协商解除

经劳动合同当事人协商一致，劳动合同可以解除。此种情况下，如果是用人单位解除劳动合同的，应一次性支付经济补偿金。

2. 用人单位单方解除劳动合同

用人单位单方解除合同分为三种情况：即时解除、需预告的解除、经济性裁员。

（1）即时解除。劳动者有下列情形之一的，用人单位可以即时解除劳动合同：

1）在试用期间被证明不符合录用条件的；

2）严重违反劳动纪律或者用人单位规章制度的；

3）严重失职、营私舞弊，对用人单位利益造成重大损害的；

4）被依法追究刑事责任的。

依照以上原因解除合同的，用人单位不予经济补偿。

问题： 唐某到李某的公司工作，10天后，李某认为唐某无法胜任工作，决定与唐某解除劳动关系。唐某索要一个月的工资作为补偿。李某认为唐某不能胜任工作，拒绝支付。唐某有权索要一个月的工资吗？

答案：《中华人民共和国劳动合同法》（简称《劳动合同法》）规定在试用期内，劳动者被证明不符合录用条件，用人单位可解除劳动合同。如果李某确实有证据证明唐某不符合录用条件，可以和唐某解除合同，但应该支付唐某实习期间的工资。因此唐某可要求李某支付其10天实习期的工资。

问题： 张先生是一家公司的驾驶员，与公司签订劳动合同，在2011年的春节期间，公司租赁了拼装车，要求张先生驾驶，因该车是国家明令禁止运营的车，张先生拒绝出车。公司以张先生在运输高峰期不服从单位安排，严重违反了单位劳动纪律，给公司造成了重大经济损失为由，解除了与张先生的劳动合同。公司能否因该理由解除与张先生的劳动合同？

答案： 虽然《劳动法》对这种情况没有明确的规定，但《劳动合同法》第三十二条规定：劳动者拒绝用人单位管理人员违章指挥、强令冒险作业的，不视为违反劳动合同。就本案来看，国务院2001年6月16日颁布实施的《报废汽车回收管理办法》中禁止拼装车上路行驶，张先生的行为属于行使法律赋予的权利，而不是违反单位的劳动纪律，因此，公司不能因此而解除合同。

（2）需预告的解除。有下列情形之一的，用人单位要解除劳动合同，应当提前三十日以书面形式通知劳动者本人：

1）劳动者患病或者非因工负伤，医疗期满后，不能从事原工作也不能从事由用人单位另行安排的工作的；

2）劳动者不能胜任工作，经过培训或者调整工作岗位，仍不能胜任工作的；

3）劳动合同订立时所依据的客观情况发生重大变化，致使原劳动合同无法履行，经当事人协商不能就变更劳动合同达成协议的。

依据上述情况解除合同，应给予劳动者经济补偿。

（3）经济性裁员。用人单位濒临破产、进行法定整顿期间或者生产经营状况发生严重困难，确需裁减人员的，应当提前三十日向工会或者全体员工说明情况，听取工会或者职工的意见，经向劳动行政部门报告后，可以裁减人员。

依据以上情况解除合同，应给予劳动者经济补偿。

用人单位依据上述规定裁减人员，在六个月内录用人员的，应当优先录用被裁减人员。

问题：王先生所在的单位因为要合并，与王先生协商解除劳动合同，约定按照王先生的工龄给予经济补偿，但单位提出因为单位经济困难，要分三次给付。王先生心有不愿，但又不知如何应对，请问单位的做法合法吗？

答案：《违反和解除劳动合同的经济补偿办法》中明确的规定：对劳动者的经济补偿，应当一次性发放。按照该规定，王先生所在单位分次发放经济补偿的做法不合法。王先生可以要求单位一次性发放。

（4）用人单位单方解除合同的限制。劳动者有下列情形之一的，用人单位不得单方解除劳动合同（除非劳动者有"即时解除合同"的情况）：

1）患职业病或者因工负伤并被确认丧失或者部分丧失劳动能力的；
2）患病或者负伤，在规定的医疗期内的；
3）女职工在孕期、产期、哺乳期的；
4）法律、行政法规规定的其他情形。

问题：李女士在和单位签订劳动合同一段时间后怀孕，在休完产假回单位，被告知已被单位解聘。单位能解聘李女士吗？

答案：根据《劳动法》及《劳动合同法》的规定，劳动者在孕期、产期、哺乳期内，如果不存在严重违反用人单位规章制度；严重失职给用人单位造成重大损失；与其他单位建立劳动关系，对完成本单位的工作任务造成严重影响；被依法追究刑事责任等情况，用人单位不得解除与劳动者的劳动合同。

用人单位解除劳动合同，工会认为不适当的，有权提出意见。如果用人单位违反法律、法规或者劳动合同，工会有权要求重新处理；劳动者申请仲裁或者提起诉讼的，工会应当依法给予支持和帮助。

3. 劳动者解除劳动合同

（1）劳动者应提前三十日以书面形式通知用人单位，即可解除劳动合同。这种情况下，如劳动者违反合同约定应依法承担法律责任。

（2）有下列情形之一的，劳动者可以随时通知用人单位解除劳动合同：

1）在试用期内的；
2）用人单位以暴力、威胁或者非法限制人身自由的手段强迫劳动的；
3）用人单位未按照劳动合同约定支付劳动报酬或者提供劳动条件的。

这种情况下，劳动者可以要求用人单位对其造成的损失予以赔偿，并有权请求有关机构追究用人单位的行政责任和刑事责任。

问题：2021年，应届硕士毕业生小张见上海某公司在招聘时介绍"本公司拥有可落户的资质"，等入职后发现公司因为缴纳公积金不合规，已被停止落户资质。小张落户愿望不能实现，将公司告到法院要求公司给予赔偿。请问小张的诉求能否得到支持？

答案： 能得到支持。注意赔偿和补偿的区别。

（七）集体合同

集体合同是指企业全体职工作为合同一方当事人与企业就劳动报酬、工作时间、休息休假、劳动安全卫生、保险福利等事项签订的协议。集体合同草案应当提交职工代表大会或者全体职工讨论通过。

集体合同由工会代表职工与企业签订；没有建立工会的企业，由职工推举的代表与企业签订。

集体合同签订后应当报送劳动行政部门；劳动行政部门自收到集体合同文本之日起十五日内未提出异议的，集体合同即行生效。

依法签订的集体合同对企业和企业全体职工具有约束力。职工个人与企业订立的劳动合同中劳动条件和劳动报酬等标准不得低于集体合同的规定。

四、劳动争议的处理

1. 劳动争议

劳动争议是指用人单位与劳动者因为劳动权利义务发生的争议。

问题： 刘女士和单位签订的劳动合同还有三年才到期，但单位没有告知其理由就给刘女士下发了终止劳动合同通知书。刘女士多次找领导要说法，领导都避而不见，而刘女士已经工作了三年，这期间单位也一直没有给其缴纳社会保险。这种情况下，刘女士应该怎么办？

答案： 首先刘女士在找单位领导协商处理不能的情况下，可以申请劳动仲裁，申请劳动仲裁时要填写《劳动仲裁申请书》，并提供身份证明、劳动合同、辞退证明等证据。

2. 解决劳动争议的原则

解决劳动争议，应当根据合法、公正、及时处理的原则，依法维护劳动争议当事人的合法权益。

3. 争议解决方式

用人单位与劳动者发生劳动争议，当事人可以依法申请调解、仲裁、提起诉讼，也可以协商解决。

（1）调解。劳动争议发生后，当事人可以向本单位劳动争议调解委员会申请调解；在用人单位内，可以设立劳动争议调解委员会。劳动争议调解委员会由职工代表、用人单位代表和工会代表组成。劳动争议调解委员会主任由工会代表担任。

劳动争议经劳动争议调解委员会调解达成协议的，当事人应当履行。

（2）仲裁。调解不成，当事人一方要求仲裁的，可以向劳动争议仲裁委员会申请仲裁。当事人一方也可以直接向劳动争议仲裁委员会申请仲裁。提出仲裁要求的一方应当自劳动争议发生之日起六十日内向劳动争议仲裁委员会提出书面申请。仲裁裁决一般应在收到仲裁申请的六十日内作出。对仲裁裁决无异议的，当事人必须履行。

（3）提起诉讼。对仲裁裁决不服的，可以向人民法院提出诉讼。劳动争议当事人对仲裁裁决不服的，可以自收到仲裁裁决书之日起十五日内向人民法院提起诉讼。一方当事人在法定期限内不起诉又不履行仲裁裁决的，另一方当事人可以申请强制执行。

问题： 2009年，某私营企业由于金融危机的影响，业务量下滑，公司宣布停产，给全体工人放假，并且告诉工人，在放假期间可以去找其他工作。放假期间，公司没有给工人发工资，在等待无望的情况下，工人们提出辞职，并要求公司支付一定的补偿，但公司对此置之不理。对此工人们应如何维护自己的合法权益？

答案：工人们应先和公司进行和解，如和解没有成效，再向劳动仲裁委员会提起劳动仲裁，可以要求公司支付经济补偿和社保赔偿等费用。工人们如果对仲裁裁决不服，可向法院起诉。

注意：职工向法院提起诉讼前，应该先进行劳动仲裁，对劳动仲裁决定不服再向法院起诉。

思考与练习

1. 公司有哪些特征及种类？
2. 我国法律规定的不正当竞争行为有哪些？
3. 我国法律规定消费者有哪些权利？
4. 我国法律规定哪些个人所得需要缴纳个人所得税？
5. 我国法律规定劳动者有哪些权利？如何保护这些权利？

第六章 刑 法

主要内容

刑法的概念、基本原则；刑法的适用范围；犯罪构成；正当防卫和紧急避险；犯罪的预备、未遂和中止；共同犯罪；刑罚的概念、种类及具体运用。

学习目的

通过学习刑法基本理论和相关具体法律规定，掌握刑法的基本内容，认识什么行为是犯罪行为及其应受到怎样的刑罚处罚，分清罪与非罪的界限，进一步增强法制观念，自觉约束自己的行为，让自己远离犯罪。同时，有效地同犯罪作斗争，保护自己的合法权益。

第一节 刑法概述

一、刑法的概念及其基本原则

刑法是规定什么行为是犯罪及如何惩罚犯罪行为的法律规范。

刑法的基本原则是指贯穿于全部刑事法律规范，对刑事立法和刑事司法具有指导和制约意义的基本准则。

我国刑法的基本原则主要有三个：

（1）罪刑法定原则。法律明文规定为犯罪行为的，依照法律定罪处刑；法律没有明文规定为犯罪行为的，不得定罪处刑。

（2）法律面前人人平等原则。对任何人犯罪，在适用法律上一律平等。不允许任何人有超越法律的特权。

（3）罪责刑相适应原则。刑罚的轻重，应当与犯罪分子所犯罪行和承担的刑事责任相适应。

例如：2006 年 4 月 21 日，许某到某银行的自动取款机上取款。在取款过程中他发现取款机系统出现了错误，本想取款 100 元，结果出钞 1000 元，而银行卡存款账户里却只被扣除 1 元。于是，许某连续用自己的借记卡取款 54000 元。

在这之后，许某又和同伴在该自动取款机出故障的情形下，连同前两次总计取款 17.5 万余元。后来，许某逃至外地，不久后，被抓捕归案。

一审法院经过审理，判处许某无期徒刑。法院在判决时主要考虑了两个因素：盗窃金融机构是盗窃罪的加重处罚情节之一；同时该案属于"数额特别巨大"。

但二审法院将该案由无期改判五年。

二审法院在审理时，考虑到在本案中，许某本身并无犯罪意向，是因为银行对于自动取款机的管理过失（故障）激起了许某的犯罪意向。事后许某也曾主动联系银行提出还钱。银行作为被害人对于危害后果的发生具有过错，这可以作为对许某从轻甚至减轻处罚的量刑情节之一。

分析许某的行为，同一般有预谋或者采取破坏手段的盗窃行为并不相同，许某主观恶性不是很大，犯罪手段不是很恶劣。另外加上犯罪之后有悔过的表现，而且受害银行也存在过错。所以，应当认定许某的行为属于一般的盗窃行为。该案最终由无期改判五年有期徒刑，体现了司法实务中，在对犯罪行为的认定时遵循了罪、责、刑相适应的原则。

二、刑法的适用范围

刑法的适用范围是指刑法在什么地域、什么时间、对什么人具有效力。它包括刑法的地域效力、时间效力和对人的效力。

1. 地域效力

凡在中华人民共和国领域内犯罪的，除法律有特别规定的以外，都适用刑法。

"中华人民共和国领域内"是指我国国境以内的全部区域，包括领陆、领水、领空，凡在中华人民共和国船舶或者航空器内犯罪的，也适用刑法。

"在中华人民共和国领域内犯罪"包括犯罪的行为发生在中华人民共和国领域内或者结果发生在中华人民共和国领域内。

问题： 一名英国籍男子携带价值25万英镑的毒品从新疆乌鲁木齐机场进入中国境内，在接受安检时被机场边检发现，送至司法机关处理，同年被中国法院判处死刑。英国媒体获悉此事后，大肆干预中国司法，甚至呼吁英国政府对中国进行外交施压，认为不应该按照中国法律判处其死刑。我国能否对该名男子判刑？其法律依据是什么？

答案：《中华人民共和国刑法》（简称《刑法》）第六条规定：凡在中华人民共和国领域内犯罪的，除法律有特别规定的以外，都适用本法。该名男子在中国贩毒，应适用我国《刑法》的有关规定。

根据我国《刑法》第三百四十七条的规定：走私、贩卖、运输、制造毒品数量较大的，可判处十五年有期徒刑、无期徒刑或者死刑。该名男子走私毒品数量巨大，应该判处死刑。

2. 时间效力

我国现行刑法自1997年10月1日起生效。

3. 对人的效力

中华人民共和国公民在我国领域内犯罪的，都适用我国刑法；在中华人民共和国领域外犯我国刑法规定之罪，也适用我国刑法，但是按我国刑法规定的最高刑为三年以下有期徒刑的，可以不予追究。

中华人民共和国国家工作人员和军人在中华人民共和国领域外犯我国刑法规定之罪的，适用我国刑法。

外国人在中华人民共和国领域外对中华人民共和国国家或者公民犯罪，而按我国刑法规定的最低刑为三年以上有期徒刑的，可以适用我国刑法，但是按照犯罪地的法律不受处罚的除外。

对于中华人民共和国缔结或者参加的国际条约所规定的罪行，中华人民共和国在所承担条约义务的范围内行使刑事管辖权的，适用我国刑法。

凡在中华人民共和国领域外犯罪，依照我国刑法应当负刑事责任的，虽然经过外国审判，仍然可以依照我国刑法追究，但是在外国已经受过刑罚处罚的，可以免除或者减轻处罚。

享有外交特权和豁免权的外国人的刑事责任，通过外交途径解决。

第二节 犯 罪

一、犯罪的概念和特征

1. 犯罪的概念

所谓犯罪，是指一切危害国家主权、领土完整和安全，分裂国家、颠覆人民民主专政的政权和推翻社会主义制度，破坏社会秩序和经济秩序，侵犯国有财产或者劳动群众集体所有的财产，侵犯公民私人所有的财产，侵犯公民的人身权利、民主权利和其他权利，以及其他危害社会的行为，依照法律应当受刑罚处罚的，都是犯罪，但是情节显著轻微危害不大的，不认为是犯罪。

问题：王某在公园门口，盗窃一人200元人民币。其行为是否是犯罪？

答案：不是。虽然王某的行为侵犯了他人的财产权，但情节显著轻微危害不大，因而不是犯罪。

2. 犯罪的特征

（1）犯罪是有社会危害性的行为。犯罪是一种危害社会的行为，包含两层含义：一是犯罪是一种行为，仅仅思想活动，不管是什么样的思想，都不会是犯罪；二是这种行为危害社会，对国家管理或他人有危害。

（2）犯罪是有刑事违法性的行为。犯罪是违犯刑法行为，不是所有的违法行为都是犯罪，我国《刑法》明确规定的行为才是犯罪。也就是"法无明文规定不为罪"。

（3）犯罪是有刑事惩罚性的行为。犯罪行为是应受刑惩处罚的行为，如果违法行为轻微，情节没有严重到刑事处罚的程度，则不认为是犯罪。

所以说，犯罪是一种危害社会，触犯刑法，应受刑罚处罚的行为。

二、犯罪构成

犯罪构成是指我国《刑法》规定的，确定某一具体行为是否构成犯罪所必须具备的一切主客观要件的总和。也就是说如何判断某行为是否为犯罪行为，主要从四个方面考虑：主体、主观方面、客体、客观方面。

（一）主体

犯罪主体是实施了违法行为依法应负刑事责任的自然人和单位。

1. 自然人

自然人成为犯罪主体，应具备以下三个条件：

（1）实施了危害社会的行为。

（2）已达刑事责任年龄。

刑事责任年龄是《刑法》规定的行为人对自己的行为承担刑事责任必须达到的年龄。我国《刑法》规定，已满十六周岁的人犯罪，应当负刑事责任。已满十二周岁不满十四周岁的人，犯故意杀人、故意伤害罪，致人死亡或者以特别残忍手段致人重伤造成严重残疾，情节恶劣，经最高人民检察院核准追诉的，应当负刑事责任。已满十四周岁不满十六周岁的人，犯故意杀人、故意伤害致人重伤或者死亡、强奸、抢劫、贩卖毒品、放火、爆炸、投放危险物质罪的，应当负刑事责任。但是，不满十八周岁的人犯罪，应当从轻或者减轻处罚。因不满十六周岁不予刑事处罚的，责令他的家长或者监护人加以管教；在必要的时候，依法进行专门矫治教育。

问题：小孙今年刚满十四周岁，他听人说，不满十八周岁的人犯罪，不负刑事责任。有一天，小孙在和同学打架时，拿水果刀猛戳同学胸部，导致同学流血过多死亡，而小孙却满不在乎，他说："我只有十四岁，法律也拿我没办法。"小孙的说法对吗？

答案：不对。对于故意伤害致人死亡的行为，主体只要满十四周岁就应该负刑事责任。所以小孙应该为自己的行为负责。

（3）考虑是否具有刑事责任能力。

刑事责任能力是指行为人所具备的刑法意义上辨认和控制自己行为的能力。没有辨认和控制自己行为能力的人是不负刑事责任的，比如精神病人在不能辨认或者不能控制自己行为的时候造成危害结果，经法定程序鉴定确认的，不负刑事责任，但是应当责令他的家属或者监护人严加看管和医疗；在必要的时候，由政府强制医疗。

间歇性的精神病人在精神正常的时候犯罪，应当负刑事责任。

尚未完全丧失辨认或者控制自己行为能力的精神病人犯罪的，应当负刑事责任，但是可以从轻或者减轻处罚。

例如：2011年3月31日，24岁的一名留学生在上海浦东机场因为学费问题与母亲发生争执，从包里抽出两把尖刀，砍刺毫无防备的母亲，致其重伤。在法院审理中，辩护人提出根据鉴定报告，该学生案发时"自知力无"，不具有刑事责任能力，不构成犯罪。但法院认为在本案中，鉴定报告所称的"自知力无"是指该学生对自己是否患有精神疾病没有主观认识，缺乏"自知力"，但他当时并没有完全丧失辨认、控制自己行为的能力，只是控制力有所削弱。根据《刑法》规定：尚未完全丧失辨认或者控制自己行为能力的精神病人犯罪的，应当负刑事责任，但是可以从轻或者减轻处罚。法院对此案作出判决，认定该学生犯故意伤害罪，判处有期徒刑3年6个月。

又聋又哑的人或者盲人犯罪，可以从轻、减轻或者免除处罚。

2. 单位

单位成为犯罪主体，应具备以下三个条件：

（1）危害社会的行为是以单位名义实施的；

（2）实施行为的目的是为单位谋取利益；

（3）行为表现为单位整体意志，即行为的作出是经过单位决策机构或主要负责人的决定。

例如：单位行贿罪。

（二）主观方面

主观方面包括故意和过失。

1. 故意

明知自己的行为会发生危害社会的结果，并且希望或者放任这种结果发生，因而构成犯罪的，是故意犯罪。故意分为直接故意和间接故意。

（1）直接故意。

例如：张某和朋友李某在和朋友聚会时发生争吵，张某感到很没面子。回家后，张某越想越气，就拿起菜刀到李某家，看到李某后二话没说，抡起菜刀劈头盖脸就砍，边砍边说："让你欺负，让你欺负。"将李某砍成重伤，后抢救无效死亡。张某对李某的行为就是直接故意。

（2）间接故意。

故意犯罪，应当负刑事责任。但在具体量刑时，一般会对间接故意犯罪予以酌情考虑。

例如：老李种了一亩西瓜，为防止有人偷瓜，私自在瓜地外围拉上了一圈电网。一天晚上，一小偷到瓜地来偷瓜，触电身亡。老李对小偷死亡的结果就是间接故意的主观心态。

2. 过失

应当预见自己的行为可能发生危害社会的结果，因为疏忽大意而没有预见，或者已经预见而轻信能够避免，以致发生这种结果的，是过失犯罪。

过失分为过于自信的过失和疏忽大意的过失。

（1）过于自信的过失。

例如：甲某特别喜欢小孩乙某。一日带乙某经过大桥时，逗乙某玩耍，将乙某提起悬于桥外，失手致其落水溺死。这就属于过于自信的过失。

例如：2010年1月31日，23岁的于某在一家洗浴中心洗澡，被电击死亡。在法院审理中澡堂老板称，事发前，洗浴中心所用的风机出现故障，厂家无法及时前来维修，因为着急做生意，他就自行进行了修理。法院查明于某的死亡是澡堂的线路漏电所致，其死亡与澡堂老板有直接的因果关系，澡堂老板知道电力设施有问题，没有进行安全检查，就开业，构成过失致人死亡罪，法院判处澡堂老板有期徒刑两年。澡堂老板当时的心态就是过于自信的过失。

（2）疏忽大意的过失。

例如：在动物园，一只老狼从笼子里跑出，咬伤在外观赏的游人。后经调查，原来是管理员在喂完动物后，着急处理其他的事情，忘了锁上笼门。管理员的心态就是疏忽大意的过失。

过失犯罪，法律有规定的才负刑事责任。

行为在客观上虽然造成了损害结果，但不是出于故意或者过失，而是由于不能抗拒或者不能预见的原因所引起的，不是犯罪。

例如：李某是一出租车司机，某天，在驾车出门时，他对汽车进行了检查，汽车状况良好，但是，汽车行驶过程中，汽车刹车突然失灵，冲向路边将行人撞伤。李某的行为就不是犯罪。

（三）客体

客体是指被犯罪行为所侵害的，而为刑法所保护的某种社会关系，实际就是法律所保护的某种权益、某种社会关系。例如：盗窃罪侵害的是他人的财产权。倒卖文物罪侵害的是国家的文物管理制度。

（四）客观方面

客观方面是犯罪行为行之于外的具体状况，主要包括犯罪行为、犯罪结果及两者之间的因果关系。

三、正当防卫和紧急避险

（一）正当防卫

正当防卫是指为了使国家、公共利益、本人或者他人的人身、财产和其他权利免受正在进行的不法侵害，而采取的制止不法侵害的行为。

正当防卫应具备以下条件：

（1）起因条件。必须面对现实的不法侵害。
（2）时间条件。不法侵害正在进行。

问题： 甲最近手头上有点紧，就想找点钱花。晚上，他就在一个胡同口溜达。9点左右，有一位时髦姑娘背着小包走过来了，甲就上前去抢姑娘背着的小包，结果没想到姑娘学过跆拳道，一下子就把甲摔翻在地。在这个过程中，姑娘的衣服被撕坏了，姑娘一生气，抬起脚踢在甲的脚踝处，将甲的脚踝踢成了骨折。在请问姑娘的行为是否为正当防卫？

答案： 姑娘把甲摔翻在地的行为是正当防卫，但是后面踢甲的脚踝的行为就是故意伤害行为了，因为这时不法侵害已经停止了。

（3）主观条件。具有防卫意图。
（4）对象条件。针对不法侵害者本人。
（5）限度条件。没有超过必要限度造成重大损害。

正当防卫，不负刑事责任。

正当防卫明显超过必要限度造成重大损害的，应当负刑事责任，但是应当减轻或者免除处罚。

对正在进行行凶、杀人、抢劫、强奸、绑架以及其他严重危及人身安全的暴力犯罪，采取防卫行为，造成不法侵害人伤亡的，不属于防卫过当，不负刑事责任。

问题： 一天晚上，田某从同学家归来，路过一条偏僻的胡同时，从胡同口处跳出一个持刀青年黄某。黄某把刀逼向田某并让他交出钱和手表。田某扭头就跑，结果跑进了死胡同，而黄某持刀紧随其后。慌乱害怕中，田某拿起墙角的一根木棒向黄某挥去，黄某应声倒下。田某立即向派出所投案，后经查验，黄某已死亡。田某的行为是正当防卫还是防卫过当？为什么？

答案： 田某的行为是正当防卫。根据《刑法》第二十条第三款规定：对正在进行的行凶、杀人、抢劫、强奸、绑架以及其他严重危及人身安全的暴力犯罪，采取防卫行为、造成不法侵害人死亡的，不属于防卫过当，不负刑事责任。本案中，田某对正在进行持刀抢劫的黄某采取防卫行为，将之打死，属于正当防卫。

（二）紧急避险

紧急避险是指为了使国家、公共利益、本人或者他人的人身、财产和其他权利免受正在发生的危险，不得已采取的以较小损失保全更大利益的行为。

紧急避险必须具备的条件：
（1）起因条件。合法权益面临现实危险。
（2）时间条件。危险正在发生。
（3）对象条件。针对无辜第三者的利益。
（4）主观条件。具有避险意识。
（5）限制条件。不得已而为之，别无他法；要是有别的办法，就不能采用紧急避险行为。
（6）限度条件。没有超过必要限度。

紧急避险行为造成损害的，不负刑事责任。

紧急避险超过必要限度造成不应有的损害的，应当负刑事责任，但是应当减轻或者免除处罚。

上面所讲关于"避免本人危险"的规定，不适用于职务上、业务上负有特定责任的人。比如警察、消防队员在执行公务时就不适用上述规定。

四、犯罪的预备、未遂和中止

（1）犯罪的预备。为了犯罪，准备工具、制造条件的，是犯罪预备。

对于预备犯，可以比照既遂犯从轻、减轻处罚或者免除处罚。

（2）犯罪的未遂。已经着手实行犯罪，由于犯罪分子意志以外的原因而未得逞的，是犯罪未遂。

对于未遂犯，可以比照既遂犯从轻或者减轻处罚。

（3）犯罪的中止。在犯罪过程中，自动放弃犯罪或者自动有效地防止犯罪结果发生的，是犯罪中止。

对于中止犯，没有造成损害的，应当免除处罚；造成损害的，应当减轻处罚。

问题：甲欲实施抢劫，晚上，他拿着刀藏在路边等候时机，远远地走过来一人。甲正要上前，突然来了一辆汽车，车灯一照，甲赶紧藏起来，等汽车过后，那人也走远了。甲就继续等候，可一直没有人出现，甲只好回家。甲的行为属于何种犯罪形态，应如何处罚？

答案：甲的行为属于犯罪预备。可以比照抢劫既遂犯从轻、减轻处罚或者免除处罚。

问题：假如，甲正在抢劫，来了一辆汽车，甲赶紧放了被害人，藏了起来。甲的行为属于何种犯罪形态，应如何处罚？

答案：甲的行为属于犯罪未遂。可以比照抢劫既遂犯从轻或者减轻处罚。

问题：假如，甲在实施抢劫行为中，发现被抢的人竟是多年不见的老朋友，甲遂停止了抢劫，迅速逃离。甲的行为属于何种犯罪形态，应如何处罚？

答案：甲的行为属于犯罪中止。没有造成损害的，应当免除处罚；造成损害的，应当减轻处罚。

五、共同犯罪

共同犯罪是指二人以上共同故意犯罪。

二人以上共同过失犯罪，不以共同犯罪论处；应当负刑事责任的，按照他们所犯的罪分别处罚。

1. 主犯

组织、领导犯罪集团进行犯罪活动的或者在共同犯罪中起主要作用的，是主犯。

三人以上为共同实施犯罪而组成的较为固定的犯罪组织，是犯罪集团。

对组织、领导犯罪集团的首要分子，按照集团所犯的全部罪行处罚。

问题：孙某纠集赵某等 5 人组成一个小团伙，自封大哥，要求小弟们积极创收。该小团伙重伤一人，抢劫两人，盗窃钱财无数。孙某参加过抢劫和盗窃活动，打人的活动没有参加。请问，对孙某应按何罪处罚？

答案：应按团伙所犯的全部罪行处罚。孙某在小团伙内其实就是首要分子，应按照集团所犯的全部罪行处罚。

对于组织、领导犯罪集团的首要分子以外的主犯，应当按照其所参与的或者组织、指挥的全部犯罪处罚。

2. 从犯

在共同犯罪中起次要或者辅助作用的，是从犯。

对于从犯,应当从轻、减轻处罚或者免除处罚。

3. 胁从犯

对于被胁迫参加犯罪的,是胁从犯,应当按照他的犯罪情节减轻处罚或者免除处罚。

4. 教唆犯

教唆他人犯罪的,是教唆犯,应当按照他在共同犯罪中所起的作用处罚。教唆不满十八周岁的人犯罪的,应当从重处罚。

如果被教唆的人没有犯被教唆的罪,对于教唆犯,可以从轻或者减轻处罚。

六、单位犯罪

公司、企业、事业单位、机关、团体实施的危害社会的行为,法律规定为单位犯罪的,应当负刑事责任。

单位犯罪的,对单位判处罚金,并对其直接负责的主管人员和其他直接责任人员判处刑罚。《刑法》分则和其他法律另有规定的,依照规定。

第三节 刑 罚

一、刑罚的概念

刑罚,是由刑法规定的、由国家审判机关依法对犯罪人所适用的限制或剥夺其一定权益的最为严厉的强制性法律制裁方法。

二、刑罚的种类

刑罚分为主刑和附加刑。

(一)主刑

主刑是指不能附加适用,只能独立适用的刑罚制裁方法。主刑的种类有:管制、拘役、有期徒刑、无期徒刑、死刑。

1. 管制

管制是指由人民法院判决,对犯罪分子不予关押,但限制其一定自由,依法实行社区矫正的刑罚方法。

管制的期限,为三个月以上二年以下。

被判处管制的犯罪分子,依法实行社区矫正。

被判处管制的犯罪分子,在执行期间,应当遵守下列规定:

(1)遵守法律、行政法规,服从监督;

(2)未经执行机关批准,不得行使言论、出版、集会、结社、游行、示威自由的权利;

(3)按照执行机关规定报告自己的活动情况;

(4)遵守执行机关关于会客的规定;

(5)离开所居住的市、县或者迁居,应当报经执行机关批准。

对于被判处管制的犯罪分子,在劳动中应当同工同酬。

被判处管制的犯罪分子,管制期满,执行机关应即向本人和其所在单位或者居住地的群众宣布解除管制。

管制的刑期，从判决执行之日起计算；判决执行以前先行羁押的，羁押一日折抵刑期二日。

2. 拘役

拘役是指短期内剥夺犯罪分子的人身自由，由公安机关就近强制改造的刑罚方法。

拘役的期限，为一个月以上六个月以下。

被判处拘役的犯罪分子，由公安机关就近执行。

在执行期间，被判处拘役的犯罪分子每月可以回家一天至两天；参加劳动的，可以酌量发给报酬。

拘役的刑期，从判决执行之日起计算；判决执行以前先行羁押的，羁押一日折抵刑期一日。

3. 有期徒刑

有期徒刑是指剥夺犯罪分子一定期限的人身自由，并强制其劳动改造的刑罚方法。

有期徒刑的期限，除死缓减为有期徒刑、数罪并罚外，为六个月以上十五年以下。

被判处有期徒刑的犯罪分子，在监狱或者其他执行场所执行；凡有劳动能力的，都应当参加劳动，接受教育和改造。

有期徒刑的刑期，从判决执行之日起计算；判决执行以前先行羁押的，羁押一日折抵刑期一日。

4. 无期徒刑

无期徒刑是指剥夺犯罪分子的终身自由，并强制其劳动改造的刑罚方法。

被判处无期徒刑的犯罪分子，在监狱或者其他执行场所执行；凡有劳动能力的，都应当参加劳动，接受教育和改造。

5. 死刑

死刑是指剥夺犯罪分子生命的刑罚方法。

死刑只适用于罪行极其严重的犯罪分子。对于应当判处死刑的犯罪分子，如果不是必须立即执行的，可以判处死刑同时宣告缓期二年执行。

死刑除依法由最高人民法院判决的以外，都应当报请最高人民法院核准。死刑缓期执行的，可以由高级人民法院判决或者核准。

犯罪的时候不满十八周岁的人和审判的时候怀孕的妇女，不适用死刑。

判处死刑缓期执行的，在死刑缓期执行期间，如果没有故意犯罪，二年期满以后，减为无期徒刑；如果确有重大立功表现，二年期满以后，减为二十五年有期徒刑；如果故意犯罪，情节恶劣的查证属实的，由最高人民法院核准，执行死刑。

死刑缓期执行的期间，从判决确定之日起计算。死刑缓期执行减为有期徒刑的刑期，从死刑缓期执行期满之日起计算。

（二）附加刑

附加刑是指既可以补充主刑适用，也可以独立适用的刑罚方法。附加刑的种类有：罚金、剥夺政治权利、没收财产、驱逐出境。

1. 罚金

罚金是指人民法院判决犯罪分子向国家缴纳一定数额金钱的刑罚方法。

判处罚金，应当根据犯罪情节决定罚金数额。

罚金在判决指定的期限内一次或者分期缴纳。期满不缴纳的，强制缴纳。对于不能全部缴纳罚金的，人民法院在任何时候发现被执行人有可以执行的财产，应当随时追缴。如果由于遭遇不能抗拒的灾祸缴纳确实有困难的，可以延期缴纳、酌情减少或者免除。

2. 剥夺政治权利

剥夺政治权利是指剥夺犯罪分子参加国家管理的政治权利的刑罚方法。

剥夺政治权利是剥夺下列权利：

（1）选举权和被选举权；

（2）言论、出版、集会、结社、游行、示威自由的权利；

（3）担任国家机关职务的权利；

（4）担任国有公司、企业、事业单位和人民团体领导职务的权利。

剥夺政治权利的期限，除死刑、无期徒刑，死缓减为有期徒刑、无期徒刑减为有期徒刑外，为一年以上五年以下。

对于被判处死刑、无期徒刑的犯罪分子，应当剥夺政治权利终身。

在死刑缓期执行减为有期徒刑或者无期徒刑减为有期徒刑的时候，应当把附加剥夺政治权利的期限改为三年以上十年以下。

判处管制附加剥夺政治权利的，剥夺政治权利的期限与管制的期限相等，同时执行。

对于危害国家安全的犯罪分子应当附加剥夺政治权利；对于故意杀人、强奸、放火、爆炸、投毒、抢劫等严重破坏社会秩序的犯罪分子，可以附加剥夺政治权利。

附加剥夺政治权利的刑期，从徒刑、拘役执行完毕之日或者从假释之日起计算；剥夺政治权利的效力当然施用于主刑执行期间。

被剥夺政治权利的犯罪分子，在执行期间，应当遵守法律、行政法规和国务院公安部门有关监督管理的规定，服从监督；不得行使《刑法》规定的被剥夺的各项政治权利

3. 没收财产

没收财产是没收犯罪分子个人所有财产的一部或者全部。

没收全部财产的，应当对犯罪分子个人及其扶养的家属保留必需的生活费用。

在判处没收财产的时候，不得没收属于犯罪分子家属所有或者应有的财产。

没收财产以前犯罪分子所负的正当债务，需要以没收的财产偿还的，经债权人请求，应当偿还。

4. 驱逐出境

另外，针对外国人犯罪，还规定了驱逐出境。对于犯罪的外国人，可以独立适用或者附加适用驱逐出境。

三、刑罚的具体运用

（一）量刑制度

1. 量刑

量刑就是在确定被告人的行为构成犯罪的情况下，应否给予刑罚处罚，给予何种刑罚处罚的问题。

对于犯罪分子决定刑罚的时候，应当根据犯罪的事实、犯罪的性质、情节和对于社会的危害程度，依照刑法的有关规定判处。

问题：某日，北京某高校的学生黎某带着恐吓字条（上书"装10万元在塑料袋里"）、背

包、水果刀等作案工具，进入学校篮球场西侧的某银行内，将字条及一个塑料袋递给银行工作人员，该工作人员看后随即按响警报器。黎某见状，用水果刀先后挟持在该银行办理业务的两名客户，向银行索要 10 万元现金。黎某拿到现金后逃跑。当天下午 5 点，黎某在一家超市被抓获，后黎某被以抢劫罪批准逮捕，公诉机关经审查后以绑架罪对黎某提起公诉。就本案来说，应如何对黎某进行定罪处罚？

答案：法官对黎某进行定罪处罚时，要考虑黎某犯罪的事实、犯罪的性质、情节和对于社会的危害程度等几个方面：

第一，确定黎某的行为是否构成犯罪；

第二，确定其构成何种性质的犯罪；

第三，确定其是否应承担刑事责任；

第四，确定刑事责任的大小，这时就应考虑量刑情节。

2. 量刑情节

量刑情节包括酌定情节和法定情节。

（1）酌定情节。酌定情节是指法律没有明确规定，由司法人员根据具体案情和犯罪分子的表现具体掌握，是刑事司法自由裁量权的体现。

酌定情节主要考虑犯罪分子的一贯表现，有无前科，犯罪后的态度，是否积极退赃，是否赔偿被害人，还要考虑犯罪动机，犯罪对象及犯罪时的具体环境。

（2）法定情节。法定情节是指法律明确规定的从重、从轻、减轻或者免除处罚的情节。法定情节主要有：累犯、自首和立功。

犯罪分子具有刑法规定的从重处罚、从轻处罚情节的，应当在法定刑的限度以内判处刑罚。犯罪分子具有刑法规定的减轻处罚情节的，应当在法定刑以下判处刑罚。犯罪分子虽然不具有刑法规定的减轻处罚情节，但是根据案件的特殊情况，经最高人民法院核准，也可以在法定刑以下判处刑罚。同时还要考虑其是一罪还是数罪，最后还要考虑能否适用缓刑。

1）累犯。被判处有期徒刑以上刑罚的犯罪分子，刑罚执行完毕或者赦免以后，在五年以内再犯应当判处有期徒刑以上刑罚之罪的，是累犯。其应当从重处罚，但是过失犯罪和不满十八周岁的除外。

危害国家安全犯罪、恐怖活动犯罪、黑社会性质的组织犯罪的犯罪分子，在刑罚执行完毕或者赦免以后，在任何时候再犯上述任一类，都以累犯论处。

如果是累犯，会有三个法律后果：应当从重处罚、不能适用缓刑、不能适用假释。

问题：下面情况成立累犯的是（　　）。

A. 赵某犯故意伤害罪被判处有期徒刑三年，缓刑三年，缓刑期满后的第三年又犯盗窃罪，被判处有期徒刑十年

B. 钱某犯故意伤害罪被判处有期徒刑五年，刑期满后的第四年又犯盗窃罪，被判处有期徒刑六个月

C. 孙某犯抢劫罪被判处有期徒刑四年，刑期满后的第四年又犯盗窃罪，被判处拘役六个月

D. 李某犯叛逃罪被判处有期徒刑四年，刑期满后的第六年又犯盗窃罪，被判处有期徒刑六个月

答案：B。A 项中的假释已经执行完毕，所以有期徒刑并没有实际执行，不存在"刑罚执

行完毕或者赦免以后"这一前提。因而不构成累犯。

2）自首和立功。犯罪以后自动投案，如实供述自己的罪行的，是自首。对于自首的犯罪分子，可以从轻或者减轻处罚。其中，犯罪较轻的，可以免除处罚。

被采取强制措施的犯罪嫌疑人、被告人和正在服刑的罪犯，如实供述司法机关还未掌握的本人其他罪行的，也以自首论。

立功是指犯罪分子有揭发他人犯罪行为，查证属实的，或者提供重要线索，从而得以侦破其他案件的行为。

有立功表现的，可以从轻或者减轻处罚；有重大立功表现的，可以减轻或者免除处罚。

犯罪后自首又有重大立功表现的，应当减轻或者免除处罚。

3）数罪并罚。数罪并罚是指人民法院对一人犯有两个或两个以上之罪的犯罪分子分别定罪量刑，并按法定原则和方法，酌情决定应当执行的刑罚的一种处刑制度。

数罪并罚制度的运用，具体有以下三种情况：

A．判决宣告以前一人犯数罪的，除判处死刑和无期徒刑的以外，应当在总和刑期以下、数刑中最高刑期以上，酌情决定执行的刑期，但是管制最高不能超过三年，拘役最高不能超过一年，有期徒刑总和刑期不满三十五年的，最高不能超过二十年，总和刑期在三十五年以上的，最高不能超过二十五年。

如果数罪中有判处附加刑的，附加刑仍须执行。

B．判决宣告以后，刑罚执行完毕以前，发现被判刑的犯罪分子在判决宣告以前还有其他罪没有判决的，应当对新发现的罪作出判决，把前后两个判决所判处的刑罚，依照数罪并罚的规定，决定执行的刑罚。已经执行的刑期，应当计算在新判决决定的刑期以内。

C．判决宣告以后，刑罚执行完毕以前，被判刑的犯罪分子又犯罪的，应当对新犯的罪作出判决，把前罪没有执行的刑罚和后罪所判处的刑罚，依照数罪并罚的规定，决定执行的刑罚。

4）缓刑。缓刑是指附条件的暂不执行原判刑罚的制度。

A．适用条件。对于被判处拘役、三年以下有期徒刑的犯罪分子，根据犯罪分子的犯罪情节和悔罪表现，适用缓刑确实不致再危害社会的，可以宣告缓刑。

对于累犯和犯罪集团的首要分子，不适用缓刑。

被宣告缓刑的犯罪分子，如果被判处附加刑，附加刑仍须执行。

B．缓刑考验期。拘役的缓刑考验期限为原判刑期以上一年以下，但是不能少于二个月。

有期徒刑的缓刑考验期限为原判刑期以上五年以下，但是不能少于一年。

缓刑考验期限，从判决确定之日起计算。

C．缓刑考验期内的规定。被宣告缓刑的犯罪分子，应当遵守下列规定：遵守法律、行政法规，服从监督；按照考察机关的规定报告自己的活动情况；遵守考察机关关于会客的规定；离开所居住的市、县或者迁居，应当报经考察机关批准。

D．缓刑的法律后果。缓刑的法律后果有以下三种：

第一种：成功的缓刑。被宣告缓刑的犯罪分子，在缓刑考验期限内，依法实行社区矫正，所在单位或者基层组织予以配合，如果没有违反法律的相关规定，缓刑考验期满，原判的刑罚就不再执行，并公开予以宣告。

第二种：发现漏罪或再犯新罪。被宣告缓刑的犯罪分子，在缓刑考验期限内犯新罪或者发现判决宣告以前还有其他罪没有判决的，应当撤销缓刑，对新犯的罪或者新发现的罪作出判决，把前罪和后罪所判处的刑罚，依照数罪并罚的规定，决定执行的刑罚。

第三种：严重犯规。被宣告缓刑的犯罪分子，在缓刑考验期限内，违反法律、行政法规或者国务院有关部门关于缓刑的监督管理规定，或者违反人民法院判决中的禁止令，情节严重的，应当撤销缓刑，执行原判刑罚。

（二）刑罚的执行制度

1. 减刑

（1）减刑的条件。被判处管制、拘役、有期徒刑、无期徒刑的犯罪分子，在执行期间，如果认真遵守监规，接受教育改造，确有悔改表现的，或者有立功表现的，可以减刑。

有下列重大立功表现之一的，应当减刑：阻止他人重大犯罪活动的；检举监狱内外重大犯罪活动，经查证属实的；有发明创造或者重大技术革新的；在日常生产、生活中舍己救人的；在抗御自然灾害或者排除重大事故中，有突出表现的；对国家和社会有其他重大贡献的。

（2）减刑以后实际执行的刑期。判处管制、拘役、有期徒刑的，不能少于原判刑期的二分之一；判处无期徒刑的，不能少于十年。

（3）减刑的程序。对于犯罪分子的减刑，由执行机关向中级以上人民法院提出减刑建议书。人民法院应当组成合议庭进行审理，对确有悔改或者立功事实的，裁定予以减刑。非经法定程序不得减刑。

无期徒刑减为有期徒刑的刑期，从裁定减刑之日起计算。

2. 假释

（1）假释的条件。被判处有期徒刑的犯罪分子，执行原判刑期二分之一以上，被判处无期徒刑的犯罪分子，实际执行十三年以上，如果认真遵守监规，接受教育改造，确有悔改表现，没有犯罪的危险的，可以假释。如果有特殊情况，经最高人民法院核准，可以不受上述执行刑期的限制。

对累犯以及因故意杀人、爆炸、抢劫、强奸、绑架、放火、投放危险物质或者有组织的暴力性犯罪被判处十年以上有期徒刑、无期徒刑的犯罪分子，不得假释。

（2）假释考验期。有期徒刑的假释考验期，为没有执行完毕的刑期；无期徒刑的假释考验期限为十年。

假释考验期限，从假释之日起计算。

（3）假释考验期内的规定。被宣告假释的犯罪分子，应当遵守下列规定：遵守法律、行政法规，服从监督；按照监督机关的规定报告自己的活动情况；遵守监督机关关于会客的规定；离开所居住的市、县或者迁居，应当报经监督机关批准。

（4）假释的法律后果。假释的法律后果有以下四种：

1）被假释的犯罪分子，在假释考验期限内，由公安机关予以监督，如果没有刑法规定的情形，假释考验期满，就认为原判刑罚已经执行完毕，并公开予以宣告。

2）被假释的犯罪分子，在假释考验期限内犯新罪，应当撤销假释，依照刑法的相关规定实行数罪并罚。

3）在假释考验期限内，发现被假释的犯罪分子在判决宣告以前还有其他罪没有判决的，应当撤销假释，依照刑法的相关规定实行数罪并罚。

4）被假释的犯罪分子，在假释考验期限内，有违反法律、行政法规或者国务院有关部门关于假释的监督管理规定的行为，尚未构成新的犯罪的，应当依照法定程序撤销假释，收监执行未执行完毕的刑罚。

四、时效

刑法中的时效分为追诉时效和行刑时效，我国刑法只规定了追诉时效。

追诉时效是指司法机关对犯罪分子追诉刑事责任的有效期限。

1. 追诉时效期限

犯罪经过下列期限不再追诉：

（1）法定最高刑为不满五年有期徒刑的，经过五年；
（2）法定最高刑为五年以上不满十年有期徒刑的，经过十年；
（3）法定最高刑为十年以上有期徒刑的，经过十五年；
（4）法定最高刑为无期徒刑、死刑的，经过二十年。如果二十年以后认为必须追诉的，须报请最高人民检察院核准。

在人民检察院、公安机关、国家安全机关立案侦查或者在人民法院受理案件以后，逃避侦查或者审判的，不受追诉期限的限制。

问题： 甲和乙共同盗窃，甲被公安机关控制，但乙逃跑了，后来一直没有找到乙，检察机关只起诉了甲。20年以后乙被发现，还需要对乙进行追诉吗？

答案： 需要。乙在公安机关立案后，逃避侦查，不受追诉期限的限制。

被害人在追诉期限内提出控告，人民法院、人民检察院、公安机关应当立案而不予立案的，不受追诉期限的限制。

问题： 赵某向公安机关报案，说自己被抢劫了，背着的包被抢了，包里有三千元，但其因为受到惊吓，说话颠三倒四，表述不清，结案人员对其的报案有怀疑，因而未立案。20年以后，犯罪嫌疑人张某被发现了。此种情况下，对张某还需要追究刑事责任吗？

答案： 需要。虽然说抢劫罪的追诉期限是20年，张某是20年后被发现的，但是因为被害人赵某已经在追诉期内报案了，所以不受追诉期的限制。

2. 追诉时效计算

追诉期限从犯罪之日起计算；犯罪行为有连续或者继续状态的，从犯罪行为终了之日起计算。

在追诉期限以内又犯罪的，前罪追诉的期限从犯后罪之日起计算。

思考与练习

1. 什么是犯罪行为？犯罪行为有哪些特征？
2. 什么是共同犯罪？如何认定共同犯罪？
3. 对犯罪中止、未遂如何认定？对犯罪中止、未遂的处罚法律是如何规定的？
4. 我国法律规定刑罚有哪些种类？具体规定是什么？

第七章 诉 讼 法

主要内容

诉讼法概念，诉讼法的共有原则，证据与举证责任；行政诉讼法、民事诉讼法、刑事诉讼法三大诉讼法的基本内容。

学习目的

通过学习诉讼法，掌握诉讼法的基本知识，了解诉讼程序，提高守法和程序意识，学会正确运用法律武器，与违法犯罪行为作斗争，保护自己的合法权益。

第一节 诉讼法概述

当我们在生活和工作中发生矛盾和纠纷时，可以选择的解决矛盾和纠纷的方式有许多种，比如：和解、调解、仲裁、诉讼等方式。在这些方式中，诉讼方式是我们解决矛盾和纠纷的最主要方式，因为诉讼是由特定国家机关以国家公权力，在纠纷双方主体的参与下解决纠纷的一种机制，具有强制力和拘束力，所以对当事人来说是一种最为有效的解决纠纷的方式。用诉讼方式来解决问题和矛盾，就需要依据诉讼法。

一、诉讼法的概念和种类

诉讼法是规定诉讼活动的原则、方式、程序的法律规范，包括行政诉讼法、民事诉讼法、刑事诉讼法三种。

二、诉讼法的基本原则

（1）司法机关独立行使职权的原则。

司法机关独立行使职权的原则是指人民法院、人民检察院在处理案件时不受任何行政机关、社会团体和个人的干涉，依据法律独立行使审判权和检察权。

（2）以事实为根据，以法律为准绳的原则。

（3）适用法律一律平等原则。

（4）回避原则。

回避制度是为了保证案件公正审理而设立的一种制度。适用回避的人员有审判人员、书记员、翻译人员、鉴定人、勘验人。

审判人员有下列情形之一的应当自行回避：

1) 是本案当事人或者当事人、诉讼代理人的近亲属；

2）与本案有利害关系；

3）与本案当事人、诉讼代理人有其他关系，可能影响对案件公正审理的。

审判人员、书记员、翻译人员、鉴定人、勘验人有上述情形之一的，必须回避。

提出回避的方式，可以是口头方式或书面方式。当事人提出回避申请，应当说明理由。

当事人提出回避，应当说明理由，在案件开始审理时提出；回避事由在案件开始审理后知道的，也可以在法庭辩论终结前提出。

人民法院对当事人提出的回避申请，应当在申请提出的三日内，以口头或者书面形式作出决定。申请人对决定不服的，可以在接到决定时申请复议一次。复议期间，被申请回避的人员，不停止参与本案的工作。人民法院对复议申请，应当在三日内作出复议决定，并通知复议申请人。

（5）公开审判原则。

公开审判是指法院审理案件和宣告判决一律公开进行。

法院在审理案件时，除合议庭评议案件阶段外，应公开审理过程和判决，允许旁听和媒体采访报道，但对涉及国家秘密的案件、个人隐私的案件以及法律规定的其他不公开审理的案件依法不公开审理，但判决应当公开宣判。

（6）两审终审制原则。

两审终审制是指一个案件经过两级人民法院审理就宣告终结的制度。上诉法院最终作出的判决是终审判决，当事人不得再行上诉。

（7）使用本民族语言文字进行诉讼原则。

我国是多民族国家，各民族都有自己的语言文字，在少数民族聚居或多个民族共同居住的地区，应当用当地通用的语言进行审理。起诉书、判决书、布告和其他法院文书应根据实际需要使用当地通用的一种或几种文字。

（8）人民检察院对诉讼活动进行法律监督的原则。

在诉讼中，人民检察院有权对人民法院的审判活动进行监督，就民事、行政判决和裁定可以通过抗诉的方式进行监督，另外对劳改机关、看守所和监狱的活动是否合法进行监督。

三、诉讼证据及举证责任

（一）诉讼证据

1. 诉讼证据概述

诉讼证据是指能够在诉讼中证明案件真实情况的客观事实。

证据在诉讼中具有非常重要的意义，没有证据，我们的主张就得不到证实，合法利益就得不到有效的保护。所以，实际生活中不能因为是朋友、熟人，或为了方便而在交往中不要证据，如果是因为疏忽而忘记了留存证据，意识到证据的重要性后要及时弥补，以保证以后能顺利进行诉讼。

证据必须查证属实，才能作为认定事实的根据。

2. 证据的种类

根据证据的表现形式有以下分类：

（1）民事诉讼法规定的证据有：当事人的陈述、书证、物证、视听资料、电子数据、证人证言、鉴定意见、勘验笔录。

(2) 行政诉讼法规定的证据有：书证、物证、视听资料、电子数据、证人证言、当事人的陈述、鉴定意见、勘验笔录、现场笔录。

(3) 刑事诉讼法规定的证据有：物证、书证；证人证言；被害人陈述；犯罪嫌疑人、被告人供述和辩解；鉴定意见；勘验、检查、辨认、侦查实验等笔录；视听资料、电子数据。

3. 证据的运用

(1) 证据的审查。在诉讼过程中，人民法院应当按照法定程序，全面地、客观地审查核实证据。

人民法院对有关单位和个人提出的证明文书，应当辨别真伪，审查确定其效力。证据还应当在法庭上出示，并由当事人互相质证。

(2) 证据的要求。

1) 书证：书证应当提交原件。提交外文书证，必须附有中文译本。

2) 物证：物证应当提交原物。提交原件或者原物确有困难的，可以提交复制品、照片、副本、节录本。

3) 视听资料：人民法院对视听资料，应当辨别真伪，并结合案件的其他证据，审查确定能否作为认定事实的根据。光有录音录像不能认定事实。

4) 证人：证人是知道案件情况、能够正确表达意志且与案件没有利害关系的人。证人都有义务出庭作证。证人确有困难不能出庭的，经人民法院许可，可以提交书面证言。

问题： 某起官司中，原告的一个朋友答应开庭时为其作证，但开庭前几天，他告诉原告，怕对方当事人报复，只同意出具书面证言。该朋友的做法影响诉讼吗？

答案： 法律规定，证人应当到庭作证，但如果证人确实有困难不能出庭，经法院允许，可以出具书面证言。

确有困难的情况一般包括：年迈体弱或者行动不便；特殊岗位无法离开；路途特别遥远；因不可抗力无法到庭；其他特殊情况。原告的朋友的情况不符合出具书面证言的条件，届时如果他不到庭，法庭将不会采纳他的书面证言。如果他的证词对案情的认定很关键，就可能影响诉讼的胜败。《最高人民法院关于民事诉讼证据的若干规定》中也规定：无正当理由未出庭作证以书面等方式提供的证言，不得单独作为认定案件事实的根据。

5) 当事人的陈述：人民法院对当事人的陈述，应当结合本案的其他证据，审查确定能否作为认定事实的根据。

当事人拒绝陈述的，不影响人民法院根据证据认定案件事实。

例如： 在刑事诉讼中，犯罪嫌疑人坚持不承认犯罪行为是自己做的，以为这样法院就无法对其判决。但实际上，在证据中当事人的陈述是直接证据，在法院适用证据时，如没有直接证据，只有间接证据，只要各个间接证据本身真实可靠，并构成完整的证据链，且各间接证据相互之间不存在矛盾。那么，根据间接证据同样可以作出判决。

6) 鉴定意见：人民法院对专门性问题认为需要鉴定的，应当交由法定鉴定部门鉴定；没有法定鉴定部门的，由人民法院指定的鉴定部门鉴定。

鉴定部门及其指定的鉴定人有权了解进行鉴定所需要的案件材料，必要时可以询问当事人、证人。鉴定部门和鉴定人应当提出书面鉴定意见，在鉴定书上签名或者盖章。鉴定人鉴定的，应当由鉴定人所在单位加盖印章，证明鉴定人身份。

7) 勘验笔录：勘验物证或者现场，勘验人必须出示人民法院的证件，并邀请当地基层组织或者当事人所在单位派人参加。当事人或者当事人的成年家属应当到场，拒不到场的，不影响勘验的进行。勘验人应当将勘验情况和结果制作笔录，由勘验人、当事人和被邀参加人签名或者盖章。

8）现场笔录：行政机关对行政违法行为当场给予处罚或处理应制作文字记载材料，笔录由行政执法人员制作，应由违法人签字，如有证人，证人也应在笔录上签字并写明工作单位和住址。

4. 证据的收集与保全

当事人及其诉讼代理人因客观原因不能自行收集的证据，或者人民法院认为审理案件需要的证据，人民法院应当调查收集。

人民法院有权向有关单位和个人调查取证，有关单位和个人不得拒绝。

在证据可能灭失或者以后难以取得的情况下，当事人可以在诉讼过程中向人民法院申请保全证据，人民法院也可以主动采取保全措施。

（二）举证责任

当事人对自己提出的主张，有责任提供证据。如果负有举证责任的一方没有履行举证责任，则要承担败诉风险及不利诉讼结果的诉讼法律责任。

例如：邓某买了一套新房，在入住之前，请装修公司对房屋进行装修，装修中更换了卫生间的瓷砖，谁知装修后卫生间的地下预埋暖气管漏水，邓某找到开发商，要求修复卫生间的暖气管道并赔偿损失4000元。而开发商则认为，邓某自行更改了部分上下水管道、电路等，因此不能对暖气管道进行保修。在庭审中，法院委托建设工程质量检测部门对漏水原因进行鉴定。邓某不接受检测，因此法院驳回了邓某的诉讼请求。

根据《中华人民共和国民事诉讼法》（简称《民事诉讼法》）的规定，当事人对自己提出的主张，有责任提供证据。邓某在本案中不能提供证据证明暖气管道漏水是开发商所致，又拒绝检测，因此其要求不能得到法律的支持。

例如：甲与乙签订了口头协议，约定甲向乙购买3万元的货款。当日甲以转账支票的方式向乙付了货款。此后乙一直没有向甲交付货物，甲向法院起诉，要求乙退还货款，乙称自己已经向甲交付了货物，但是提不出任何证据。那么，乙是否应该退还货物？按照法律的规定：对合同的是否履行发生争议，应当由负有履行义务的一方当事人承担举证责任，没有证据或证据不足以证明当事人已经履行了合同，由负有举证责任的当事人承担不利后果。本案的举证责任在乙，他不能证明自己向甲交付了货物，所以应退还货款。

一般情况下，实行"谁主张谁举证"。但按照举证责任分配原则，举证责任的分担应体现保护弱小的精神。在法定的特殊情形下，根据当事人的举证能力和举证难易程度，举证能力强对证明目标举证相对容易的一方当事人应当承担法定举证责任。提出主张者并不一定承担举证责任，而由被诉者承担举证责任，这种情形称作"举证责任倒置"。比如在刑事诉讼中，涉及巨额财产来源不明罪的举证责任时，采用举证责任倒置，由犯罪嫌疑人举证，证明自己的财产来源。

第二节　行政诉讼法

行政诉讼法是指公民、法人或者其他组织认为行政机关和行政机关工作人员的具体行政行为侵犯其合法权益，向人民法院提起诉讼所依据的法律规范。

行政诉讼有个特别之处：它的原、被告是确定的，原告是公民、法人或者其他组织；被告是作出具体行政行为的行政机关及其工作人员。所以，行政诉讼俗称"民告官"的诉讼。

一、行政诉讼的受案范围和管辖

（一）受案范围

1. 可以提起行政诉讼的

公民、法人和其他组织对下列具体行政行为不服就可以向人民法院提起的行政诉讼：

（1）对行政拘留、暂扣或者吊销许可证和执照、责令停产停业、没收违法所得、没收非法财物、罚款、警告等行政处罚不服的；

例如：对市场监督管理局的罚款处罚不服，就可以向人民法院提起诉讼。

（2）对限制人身自由或者对财产的查封、扣押、冻结等行政强制措施和行政强制执行不服的；

（3）申请行政许可，行政机关拒绝或者在法定期限内不予答复，或者对行政机关作出的有关行政许可的其他决定不服的；

（4）对行政机关作出的关于确认土地、矿藏、水流、森林、山岭、草原、荒地、滩涂、海域等自然资源的所有权或者使用权的决定不服的；

（5）对征收、征用决定及其补偿决定不服的；

（6）申请行政机关履行保护人身权、财产权等合法权益的法定职责，行政机关拒绝履行或者不予答复的；

（7）认为行政机关侵犯其经营自主权或者农村土地承包经营权、农村土地经营权的；

（8）认为行政机关滥用行政权力排除或者限制竞争的；

（9）认为行政机关违法集资、摊派费用或者违法要求履行其他义务的；

（10）认为行政机关没有依法支付抚恤金、最低生活保障待遇或者社会保险待遇的；

（11）认为行政机关不依法履行、未按照约定履行或者违法变更、解除政府特许经营协议、土地房屋征收补偿协议等协议的；

（12）认为行政机关侵犯其他人身权、财产权等合法权益的。

除以上规定外，法律、法规规定可以提起诉讼的其他行政案件。

2. 不可以提起行政诉讼的

人民法院不受理公民、法人或者其他组织对下列事项提起的诉讼：

（1）国防、外交等国家行为；

（2）行政法规、规章或者行政机关制定、发布的具有普遍约束力的决定、命令；

（3）行政机关对行政机关工作人员的奖惩、任免等决定；

例如：区计生办的工作人员认为办公室主任在发放年终奖时给自己发少了，这时不能向法院提起诉讼，只能向上级部门申诉。

（4）法律规定由行政机关最终裁决的具体行政行为。

例如：国务院对确认土地所有权的行政行为作出的行政复议决定就不能再提起诉讼。

另外，公民、法人或者其他组织申请行政复议，行政复议机关已经依法受理的，或者法律、法规规定应当先向行政复议机关申请行政复议、对行政复议决定不服再向人民法院提起行政诉讼的，在法定行政复议期限内不得向人民法院提起行政诉讼。

（二）管辖

1. 级别管辖

（1）基层人民法院管辖第一审行政案件。

（2）中级人民法院管辖下列第一审行政案件：

1）发明专利、实用新型专利、植物新品种、集成电路布图设计、技术秘密、计算机软件的权属、垄断纠纷及外观设计专利的权属、涉驰名商标认定等知识产权案件、海关处理的案件；

2）对国务院各部门或者县级以上人民政府所作的具体行政行为提起诉讼的案件；

3）本辖区内重大、复杂的案件。

（3）高级人民法院管辖本辖区内重大、复杂的第一审行政案件。

（4）最高人民法院管辖全国范围内重大、复杂的第一审行政案件。

2. 地域管辖

（1）行政案件由最初作出行政行为的行政机关所在地人民法院管辖。经复议的案件，复议机关改变原具体行政行为的，也可以由复议机关所在地人民法院管辖。

（2）对限制人身自由的行政强制措施不服提起的诉讼，由被告所在地或者原告所在地人民法院管辖。

（3）因不动产提起的行政诉讼，由不动产所在地人民法院管辖。

（4）两个以上人民法院都有管辖权的案件，原告可以选择其中一个人民法院提起诉讼。原告向两个以上有管辖权的人民法院提起诉讼的，由最先立案的人民法院管辖。

（5）人民法院发现受理的案件不属于自己管辖的，应当移送有管辖权的人民法院。受移送的人民法院不得再自行移送。

有管辖权的人民法院由于特殊原因不能行使管辖权的，由上级人民法院指定管辖。

（6）人民法院对管辖权发生争议，由争议双方协商解决。协商不成的，报它们的共同上级人民法院指定管辖。

（7）上级人民法院有权审判下级人民法院管辖的第一审行政案件，也可以把自己管辖的第一审行政案件移交下级人民法院审判。

下级人民法院对其管辖的第一审行政案件，认为需要由上级人民法院审判的，可以报请上级人民法院决定。

二、行政诉讼参加人

行政诉讼的参加人有原告、被告和第三人。

1. 原告

依法提起诉讼的公民、法人或者其他组织是原告。

有权提起诉讼的公民死亡，其近亲属可以提起诉讼。

有权提起诉讼的法人或者其他组织终止，承受其权利的法人或者其他组织可以提起诉讼。

没有诉讼行为能力的公民，由其法定代理人代为诉讼。法定代理人互相推诿代理责任的，由人民法院指定其中一人代为诉讼。

当事人、法定代理人，可以委托一至二人代为诉讼。

2. 被告

公民、法人或者其他组织直接向人民法院提起诉讼，没有经过行政复议的，作出具体行政行为的行政机关是被告。

经复议的案件，复议机关决定维持原具体行政行为的，作出原具体行政行为的行政机关是被告；复议机关改变原具体行政行为的，复议机关是被告。

两个以上行政机关作出同一具体行政行为的，共同作出具体行政行为的行政机关是共同被告。

由法律、法规授权的组织所作的具体行政行为，该组织是被告。由行政机关委托的组织所作的具体行政行为，委托的行政机关是被告。

行政机关被撤销的，继续行使其职权的行政机关是被告。

3. 第三人

同提起诉讼的具体行政行为有利害关系的其他公民、法人或者其他组织，可以作为第三人申请参加诉讼，或者由人民法院通知参加诉讼。

三、诉讼费用

行政案件按照下列标准交纳：

（1）商标、专利、海事行政案件每件交纳 100 元；

（2）其他行政案件每件交纳 50 元。

行政案件的被告改变或者撤销具体行政行为，原告申请撤诉，人民法院裁定准许的，案件受理费由被告负担。

四、行政诉讼程序

（一）起诉和受理

1. 起诉

（1）起诉时间。

公民、法人或者其他组织不服复议决定的，可以在收到复议决定书之日起十五日内向人民法院提起诉讼。复议机关逾期不作决定的，申请人可以在复议期满之日起十五日内向人民法院提起诉讼。法律另有规定的除外。

公民、法人或者其他组织直接向人民法院提起诉讼的，应当在知道或应当知道作出具体行政行为之日起六个月内提出。法律另有规定的除外。

例如：李某开车违章被公安交通支队罚款 3000 元，他对此处罚不服，向交管局提起复议，交管局作出了维持原处罚的决定。李某不服，向人民法院提起行政诉讼的时间是收到复议决定书之日起十五日内。

如果李某在公安交通支队作出罚款 3000 元的处罚决定后，没有向交管局提起复议，而是直接去法院起诉，他就应在接到处罚决定之日起六个月内向人民法院起诉。

公民、法人或者其他组织因不可抗力或者其他特殊情况耽误法定期限的，在障碍消除后的十日内，可以申请延长期限，是否准许由人民法院决定。

（2）提起诉讼应当符合下列条件：

1）原告是认为具体行政行为侵犯其合法权益的公民、法人或者其他组织；

2）有明确的被告；

3）有具体的诉讼请求和事实根据；

4）属于人民法院受案范围和受诉人民法院管辖。

2. 受理

人民法院接到起诉状，经审查，应当在七日内立案或者作出裁定不予受理。原告对裁定不服的，可以提起上诉。

（二）一审和判决

1. 审理

人民法院应当在立案之日起五日内，将起诉状副本发送被告。被告应当在收到起诉状副本之日起十日内向人民法院提交作出具体行政行为的有关材料，并提出答辩状。人民法院应当在收到答辩状之日起五日内，将答辩状副本发送原告。

被告不提出答辩状的，不影响人民法院审理。

诉讼期间，不停止行政行为的执行。但有下列情形之一的，裁定停止执行：

（1）被告认为需要停止执行的；

（2）原告申请停止执行，人民法院认为该行政行为的执行会造成难以弥补的损失，并且停止执行不损害国家利益、社会公共利益，裁定停止执行的；

（3）人民法院认为该行政行为的执行会给国家利益、社会公共利益造成重大损害的；

（4）法律、法规规定停止执行的。

人民法院公开审理行政案件，但涉及国家秘密、个人隐私和法律另有规定的除外。

人民法院审理行政案件，由审判员组成合议庭，或者由审判员、陪审员组成合议庭。合议庭的成员，应当是三人以上的单数。

当事人认为审判人员与本案有利害关系或者有其他关系可能影响公正审判，有权申请审判人员回避。

审判人员认为自己与本案有利害关系或者有其他关系，应当申请回避。

前两款规定，适用于书记员、翻译人员、鉴定人、勘验人。

院长担任审判长时的回避，由审判委员会决定；审判人员的回避，由院长决定；其他人员的回避，由审判长决定。当事人对决定不服的，可以申请复议。

经人民法院传票传唤，原告无正当理由拒不到庭，或者未经法庭许可中途退庭的，可以按照撤诉处理；被告无正当理由拒不到庭，或者未经法庭许可中途退庭的，可以缺席判决。

诉讼参与人或者其他人有下列行为之一的，人民法院可以根据情节轻重，予以训诫、责令具结悔过或者处一万元以下的罚款、十五日以下的拘留；构成犯罪的，依法追究刑事责任：

（1）有义务协助调查、执行的人，对人民法院的协助调查决定、协助执行通知书，无故推拖、拒绝或者妨碍执行的；

（2）伪造、隐藏、毁灭证据或者提供虚假证明材料，妨碍人民法院审理案件的；

（3）指使、贿买、胁迫他人作伪证或者威胁、阻止证人作证的；

（4）隐藏、转移、变卖、毁损已被查封、扣押、冻结的财产的；

（5）以暴力、威胁或者其他方法阻碍人民法院工作人员执行职务或者以哄闹、冲击法庭等方法扰乱人民法院工作秩序的；

（6）对人民法院审判人员或者工作人员、诉讼参与人、协助调查和执行的人员恐吓、侮辱、诽谤、诬陷、殴打、围攻或者打击报复的。

罚款、拘留须经人民法院院长批准。当事人不服的，可以向上一级人民法院申请复议。

人民法院审理行政案件，不适用调解。

人民法院对行政案件宣告判决或者裁定前，原告申请撤诉的，或者被告改变其所作的行政行为，原告同意并申请撤诉的，是否准许，由人民法院裁定。

2. 一审判决

人民法院经过审理，根据不同情况，分别作出以下判决：

（1）具体行政行为证据确凿，适用法律、法规正确，符合法定程序的，判决维持。

（2）具体行政行为有下列情形之一的，人民法院判决撤销或者部分撤销，并可以判决被告重新作出具体行政行为：

1）主要证据不足的；
2）适用法律、法规错误的；
3）违反法定程序的；
4）超越职权的；
5）滥用职权的；
6）明显不当的。

（3）被告不履行法定职责的，判决其在一定期限内履行。

（4）行政处罚显失公正的，可以判决变更。

人民法院判决被告重新作出具体行政行为的，被告不得以同一的事实和理由作出与原具体行政行为基本相同的具体行政行为。

人民法院应当在立案之日起六个月内作出第一审判决。有特殊情况需要延长的，由高级人民法院批准，高级人民法院审理第一审案件需要延长的，由最高人民法院批准。

（三）二审和判决

当事人不服人民法院第一审判决的，有权在判决书送达之日起十五日内向上一级人民法院提起上诉。当事人不服人民法院第一审裁定的，有权在裁定书送达之日起十日内向上一级人民法院提起上诉。逾期不提起上诉的，人民法院的第一审判决或者裁定发生法律效力。

人民法院对上诉案件，认为事实清楚的，可以实行书面审理。

人民法院审理上诉案件，应当在收到上诉状之日起三个月内作出终审判决。有特殊情况需要延长的，由高级人民法院批准，高级人民法院审理上诉案件需要延长的，由最高人民法院批准。

人民法院审理上诉案件，按照下列情形，分别处理：

（1）原判决、裁定认定事实清楚，适用法律、法规正确的，判决或者裁定驳回上诉，维持原判决、裁定；

（2）原判决、裁定认定事实错误或者适用法律、法规错误的，依法改判、撤销或者变更；

（3）原判决认定基本事实不清、证据不足的，发回原审人民法院重审，或者查清事实后改判；

（4）原判决遗漏当事人或者违法缺席判决等严重违反法定程序的，裁定撤销原判决，发回原审人民法院重审。当事人对重审案件的判决、裁定，可以上诉。

当事人对已经发生法律效力的判决、裁定，认为确有错误的，可以向上一级人民法院提出再审，但判决、裁定不停止执行。

（四）再审

人民法院院长对本院已经发生法律效力的判决、裁定，发现违反法律、法规规定认为需要再审的，应当提交审判委员会决定是否再审。

上级人民法院对下级人民法院已经发生法律效力的判决、裁定，发现违反法律、法规规定的，有权提审或者指令下级人民法院再审。

最高人民检察院对各级人民法院已经发生法律效力的判决、裁定，发现违反法律、法规规定的，有权按照审判监督程序提出抗诉。

五、执行

当事人必须履行人民法院发生法律效力的判决、裁定、调解书。公民、法人或者其他组织拒绝履行判决、裁定、调解书的，行政机关或者第三人可以向第一审人民法院申请强制执行，或者行政机关依法强制执行。

行政机关拒绝履行判决、裁定、调解书的，第一审人民法院可以采取以下措施：

（1）对应当归还的罚款或者应当给付的款额，通知银行从该行政机关的账户内划拨；

（2）在规定期限内不履行的，从期满之日起，对该行政机关负责人按日处五十元至一百元的罚款；

（3）将行政机关拒绝履行的情况予以公告；

（4）向监察机关或该行政机关的上一级行政机关提出司法建议。接受司法建议的机关，根据有关规定进行处理，并将处理情况告知人民法院；

（5）拒不履行判决、裁定、调解书，社会影响恶劣的，情节严重，构成犯罪的，依法追究刑事责任。

第三节　民事诉讼法

一、民事诉讼管辖

民事诉讼管辖是指在法院系统内部，确定各级法院之间及同级法院之间受理第一审民事案件的分工和权限。

确定民事诉讼案件的管辖法院，首先要确定是哪一级法院管辖，然后再确定哪一个地方的该级法院管辖。

问题：李某借给王某 10 万元人民币，约定还款期 1 年。还款期到了王某不还，李某反复催要未果。现李某想到法院去起诉王某，他应该去哪个法院呢？

答案：首先，根据诉讼标的额"10 万元人民币"确定应去基层人民法院。其次，再根据被告王某的住所地或合同履行地确定应该去王某住所地或李某住所地的基层人民法院起诉。

（一）级别管辖

级别管辖是指不同级别的法院之间对一审民事案件的受理权限分工。

基层人民法院管辖大部分诉讼标的额小，影响不大的第一审民事案件。

中级人民法院管辖下列第一审民事案件：

（1）重大涉外案件；

问题： 一家美国公司与我国一家公司因为合同纠纷提起诉讼，合同标的额高达 1000 万元。如果双方约定由我国法院管辖，应该由哪一级法院管辖？

答案： 应由中级人民法院管辖。

（2）在本辖区有重大影响的案件；

（3）最高人民法院确定由中级人民法院管辖的案件。

这类案件主要是：海商海事案件，专利纠纷案件，著作权纠纷案件，商标民事纠纷涉及域名的侵权纠纷案件，虚假陈述证券民事案件，重大的涉港澳台民事案件等。

高级人民法院管辖在本辖区有重大影响的第一审民事案件。

最高人民法院管辖下列第一审民事案件：

（1）在全国有重大影响的案件；

（2）认为应当由本院审理的案件。

（二）地域管辖

1. 被告住所地

对于一般的民事诉讼，采用的是"原告就被告"的管辖原则，即由被告住所地人民法院管辖。

对公民提起的民事诉讼，以该公民户籍登记或者其他有效身份登记记载的居所为住所；被告经常居所与住所不一致的，经常居所视为住所。如何证明被告的经常居所在某地？一般由被告经常居所的公安派出所、街道办事处或居委会开具证明。

对法人或者其他组织提起的民事诉讼，由被告住所地人民法院管辖。

同一诉讼的几个被告住所地、经常居住地在两个以上人民法院辖区的，各该人民法院都有管辖权。原告可选择其中之一提起诉讼。

2. 原告住所地

下列民事诉讼，由原告住所地人民法院管辖；原告住所地与经常居住地不一致的，由原告经常居住地人民法院管辖：

（1）对不在中华人民共和国领域内居住的人提起的有关身份关系的诉讼；

（2）对下落不明或者宣告失踪的人提起的有关身份关系的诉讼；

（3）对被采取强制性教育措施的人提起的诉讼；

（4）对被监禁的人提起的诉讼。

问题： 如李先生因故意伤害被法院判处两年有期徒刑，服刑一年后，其妻子提出离婚，其妻子的户籍在河北省邯郸市，但其多年来一直在北京市海淀区一家超市打工。她应该去哪个法院起诉？

答案： 应到北京市海淀区人民法院起诉离婚。

3. 特殊地域管辖

（1）普通合同纠纷。因普通合同纠纷提起的诉讼，由被告住所地或者合同履行地人民法院管辖。

合同或者其他财产权益纠纷的当事人可以在书面协议选择被告住所地、合同履行地、合同签订地、原告住所地、标的物所在地等与争议有实际联系的地点的人民法院管辖，但不得违反《民事诉讼法》对级别管辖和专属管辖的规定。

（2）保险合同纠纷。因保险合同纠纷提起的诉讼，由被告住所地或者保险标的物所在地人民法院管辖。

如果保险标的物是运输工具，例如汽车，因保险理赔发生了纠纷，有管辖权的法院是被告住所地法院或保险事故发生地的人民法院。

（3）票据纠纷。因票据纠纷提起的诉讼，由票据支付地或者被告住所地人民法院管辖。

（4）运输合同纠纷。因铁路、公路、水上、航空运输和联合运输合同纠纷提起的诉讼，由运输始发地、目的地或者被告住所地人民法院管辖。

（5）侵权纠纷。因侵权行为提起的诉讼，由侵权行为地或者被告住所地人民法院管辖。

4. 专属管辖

下列案件，由规定的人民法院专属管辖：

（1）因不动产纠纷提起的诉讼，由不动产所在地人民法院管辖；

（2）因港口作业中发生纠纷提起的诉讼，由港口所在地人民法院管辖；

（3）因继承遗产纠纷提起的诉讼，由被继承人死亡时住所地或者主要遗产所在地人民法院管辖。

两个以上人民法院都有管辖权的诉讼，原告可以向其中一个人民法院起诉；原告向两个以上有管辖权的人民法院起诉的，由最先立案的人民法院管辖。

（三）移送管辖和指定管辖

1. 移送管辖

人民法院发现受理的案件不属于本院管辖的，应当移送有管辖权的人民法院，受移送的人民法院应当受理。受移送的人民法院认为受移送的案件依照规定不属于本院管辖的，应当报请上级人民法院指定管辖，不得再自行移送。

人民法院受理案件后，当事人对管辖权有异议的，应当在提交答辩状期间提出。人民法院对当事人提出的异议，应当审查。异议成立的，裁定将案件移送有管辖权的人民法院；异议不成立的，裁定驳回。

2. 指定管辖

有管辖权的人民法院由于特殊原因，不能行使管辖权的，由上级人民法院指定管辖。

人民法院之间因管辖权发生争议，由争议双方协商解决；协商解决不了的，报请它们的共同上级人民法院指定管辖。

二、民事诉讼参加人

民事诉讼参加人是指参加民事诉讼的当事人和诉讼代理人。

1. 当事人

当事人包括案件的原告和被告、共同诉讼人、第三人。当事人可以是公民、法人和其他组织。

其中，第三人是指对他人的诉讼标的有独立的请求权或虽无独立请求权，但是与案件的处理结果有法律上的利害关系，从而参加诉讼的人。

例如：李某开车过程中不小心撞倒了孙某，孙某要求李某赔偿。因为李某的汽车入了全额保险，在诉讼中，保险公司就可以以第三人的身份参加诉讼。因为诉讼结果对保险公司有利害关系。

2. 诉讼代理人

诉讼代理人是指为了被代理人（一方当事人）的利益，以被代理人的名义在代理权限范围内进行诉讼活动的人。

诉讼代理人可以是律师、基层法律服务工作者、当事人的近亲属或者工作人员、有关的社会团体或者所在单位推荐的人、经人民法院许可的其他公民。

但是以下人员不能作为诉讼代理人：

（1）无民事行为能力人；

（2）限制民事行为能力人；

（3）可能损害被代理人利益的人；

（4）人民法院认为不宜作诉讼代理人的人。

问题：下列可以作被代理人的诉讼代理人的是（　　）。

A．赵某，被代理人的哥哥，刑满释放刚从监狱回家

B．钱某，被代理人的丈夫，精神病人

C．孙某，被代理人的邻居，素来和被代理人不睦

D．李某，被代理人的弟弟，因为打架，刚被公安局处以罚款200元

答案：AD

三、民事诉讼中的强制措施

对妨害民事诉讼的人采取的强制措施有以下几种：拘传、训诫、责令退出法庭、罚款、拘留。

（一）拘传

拘传是人民法院对必须到庭的被告，经两次传票传唤，无正当理由拒不到庭的，采取的强制措施。

（二）训诫

在庭审中，人民法院对违反法庭规则、扰乱法庭秩序的人给予的口头批评教育。

（三）责令退出法庭

在庭审中，人民法院对违反法庭规则、妨害民事诉讼的人要求其立即离开法庭。

（四）罚款

罚款是指责令妨害民事诉讼的行为人在规定的时间内交付一定数额的金钱。

1. 罚款金额

对个人的罚款金额，为人民币十万元以下。

对单位的罚款金额，为人民币五万元以上一百万元以下。

2. 罚款适用的情形

人民法院对哄闹、冲击法庭，侮辱、诽谤、威胁、殴打审判人员，严重扰乱法庭秩序的人，情节较轻的，予以罚款、拘留；诉讼参与人或者其他人有下列行为之一的，人民法院可以根据情节轻重予以罚款、拘留；构成犯罪的，依法追究刑事责任：

（1）伪造、毁灭重要证据，妨碍人民法院审理案件的；

（2）以暴力、威胁、贿买方法阻止证人作证或者指使、贿买、胁迫他人作伪证的；

（3）隐藏、转移、变卖、毁损已被查封、扣押的财产，或者已被清点并责令其保管的财

产，转移已被冻结的财产的；

（4）对司法工作人员、诉讼参加人、证人、翻译人员、鉴定人、勘验人、协助执行的人，进行侮辱、诽谤、诬陷、殴打或者打击报复的；

（5）以暴力、威胁或者其他方法阻碍司法工作人员执行职务的；

（6）拒不履行人民法院已经发生法律效力的判决、裁定的。

有义务协助调查、执行的单位有下列行为之一的，人民法院除责令其履行协助义务外，并可以予以罚款：

（1）有关单位拒绝或者妨碍人民法院调查取证的；

（2）有关单位接到人民法院协助执行通知书后，拒不协助查询、扣押、冻结、划拨、变价财产的；

（3）有关单位接到人民法院协助执行通知书后，拒不协助扣留被执行人的收入、办理有关财产权证照转移手续、转交有关票证、证照或者其他财产的；

（4）其他拒绝协助执行的。

（五）拘留

拘留是指被拘留的人，由人民法院交公安机关看管。在拘留期间，被拘留人承认并改正错误的，人民法院可以决定提前解除拘留。拘留的期限，为十五日以下。

拘留适用的情形同"罚款"。

人民法院对有义务协助调查、执行的单位，对其主要负责人或者直接责任人员予以罚款后，对仍不履行协助义务的，可以予以拘留。

四、民事的期间和送达

（一）期间

期间是指公安机关、人民检察院、人民法院及当事人参加诉讼活动必须遵循的时间期限。

1. 期间的分类

期间包括法定期间和指定期间。法定期限是法律明文规定的，指定期间是指人民法院制定的期间。

2. 期间的计算方法

期间以时、日、月、年计算。期间开始的时和日，不计算在期间内。

期间届满的最后一日是节假日的，以节假日后的第一日为期间届满的日期。

期间不包括在途时间，诉讼文书在期满前交邮的，不算过期。

当事人因不可抗拒的事由或者其他正当理由耽误期限的，在障碍消除后的十日内，可以申请顺延期限，是否准许，由人民法院决定。

（二）送达

送达诉讼文书必须有送达回证，由受送达人在送达回证上记明收到日期，签名或者盖章。

法院在送达诉讼文书时，不能像发传单和小广告一样，放到受送达人的门缝、窗户、门把手等。

受送达人在送达回证上的签收日期为送达日期。

送达有以下几种方式。

1. 直接送达

直接送达是指将诉讼文书直接送交受送达人。

受送达人是公民的，本人不在交给他的同住成年家属签收；受送达人是法人或者其他组织的，应当由法人的法定代表人、其他组织的主要负责人或者该法人、组织负责收件的人签收；受送达人有诉讼代理人的，可以送交其代理人签收；受送达人已向人民法院指定代收人的，送交代收人签收。

2. 留置送达

留置送达是指受送达人或者他的同住成年家属拒绝接收诉讼文书时，公安、司法机关依法将诉讼文书留在收件人处的送达方式。

受送达人或者他的同住成年家属拒绝接收诉讼文书的，送达人应当邀请有关基层组织或者所在单位的代表到场，说明情况，在送达回证上记明拒收事由和日期，由送达人、见证人签名或者盖章，把诉讼文书留在受送达人的住所，即视为送达。

也可以把诉讼文书留在受送达人的住所，并采用拍照、录像等方式记录送达过程，即视为送达。

有的人一看法院送传票给自己，就非常排斥，拒绝签收，以为这样就可以不去法院，其实他不知道法院还可以采用留置的方式送达，就算是离婚判决，也可以用留置的方式送达。

注意：调解书不适用留置送达，但可以指定代收人代收。

3. 电子方式送达

电子方式送达是指经受送达人同意，人民法院采用能够确认其收悉的电子方式送达诉讼文书的送达方式。

人民法院可以采用能够确认其收悉的电子方式送达诉讼文书。

采用电子方式送达的，以送达信息到达受送达人特定系统的日期为送达日期。

4. 委托送达

委托送达是指直接送达诉讼文书有困难的，委托其他人民法院代为送达的方式。

直接送达诉讼文书有困难的，可以委托其他人民法院代为送达，或者邮寄送达。邮寄送达的，以回执上注明的收件日期为送达日期。

5. 转交送达

受送达人是军人的，通过其所在部队团以上单位的政治机关转交。受送达人是被监禁的，通过其所在监所转交。受送达人是被劳动教养的，通过其所在劳动教养单位转交。代为转交的机关、单位收到诉讼文书后，必须立即交受送达人签收，以在送达回证上的签收日期，为送达日期。

6. 公告送达

受送达人下落不明，或者用其他方式无法送达的，公告送达。自发出公告之日起，经过六十日，即视为送达。

公告送达，应当在案卷中记明原因和经过。

五、诉讼费用

当事人进行民事诉讼，应当按照规定交纳案件诉讼费。

（一）诉讼费的交纳范围

诉讼费包括：案件受理费、申请费、其他费用。

1. 案件受理费

案件受理费是当事人为寻求法院司法保护而向法院交纳的具有国家规费性质的费用，包括：第一审案件受理费；第二审案件受理费；再审案件中，依照规定需要交纳的案件受理费。

下列案件不交纳案件受理费：

（1）依照民事诉讼法规定的特别程序审理的案件。

（2）裁定不予受理、驳回起诉、驳回上诉的案件。

（3）对不予受理、驳回起诉和管辖权异议裁定不服，提起上诉的案件。

（4）根据民事诉讼法规定的审判监督程序审理的案件，当事人不交纳案件受理费。但是，下列情形除外：

1）当事人有新的证据，足以推翻原判决、裁定，向人民法院申请再审，人民法院经审查决定再审的案件；

2）当事人对人民法院第一审判决或者裁定未提出上诉，第一审判决、裁定或者调解书发生法律效力后又申请再审，人民法院经审查决定再审的案件。

2. 申请费

当事人依法向人民法院申请下列事项，应当交纳申请费：

（1）申请执行人民法院发生法律效力的判决、裁定、调解书，仲裁机构依法作出的裁决和调解书，公证机构依法赋予强制执行效力的债权文书；

（2）申请保全措施；

（3）申请支付令；

（4）申请公示催告；

（5）申请撤销仲裁裁决或者认定仲裁协议效力；

（6）申请破产；

（7）申请海事强制令、共同海损理算、设立海事赔偿责任限制基金、海事债权登记、船舶优先权催告；

（8）申请承认和执行外国法院判决、裁定和国外仲裁机构裁决。

3. 其他费用

其他费用包括：证人、鉴定人、翻译人员、理算人员在人民法院指定日期出庭发生的交通费、住宿费、生活费和误工补贴。当事人复制案件卷宗材料和法律文书的费用。

（二）诉讼费用交纳标准

1. 案件受理费

案件受理费分别按照下列标准交纳：

（1）财产案件根据诉讼请求的金额或者价额，按照下列比例分段累计交纳：

1）不超过1万元的，每件交纳50元；

2）超过1万元至10万元的部分，按照2.5%交纳；

3）超过10万元至20万元的部分，按照2%交纳；

4）超过20万元至50万元的部分，按照1.5%交纳；

5）超过50万元至100万元的部分，按照1%交纳；

6）超过 100 万元至 200 万元的部分，按照 0.9% 交纳；

7）超过 200 万元至 500 万元的部分，按照 0.8% 交纳；

8）超过 500 万元至 1000 万元的部分，按照 0.7% 交纳；

9）超过 1000 万元至 2000 万元的部分，按照 0.6% 交纳；

10）超过 2000 万元的部分，按照 0.5% 交纳。

（2）非财产案件按照下列标准交纳：

1）离婚案件每件交纳 50 元至 300 元。涉及财产分割，财产总额不超过 20 万元的，不另行交纳；超过 20 万元的部分，按照 0.5% 交纳。

2）侵害姓名权、名称权、肖像权、名誉权、荣誉权以及其他人格权的案件，每件交纳 100 元至 500 元。涉及损害赔偿，赔偿金额不超过 5 万元的，不另行交纳；超过 5 万元至 10 万元的部分，按照 1% 交纳；超过 10 万元的部分，按照 0.5% 交纳。

3）其他非财产案件每件交纳 50 元至 100 元。

（3）知识产权民事案件，没有争议金额或者价额的，每件交纳 500 元至 1000 元；有争议金额或者价额的，按照财产案件的标准交纳。

（4）劳动争议案件每件交纳 10 元。

（5）当事人提出案件管辖权异议，异议不成立的，每件交纳 50 元至 100 元。

（6）以调解方式结案或者当事人申请撤诉的，减半交纳案件受理费。

（7）适用简易程序审理的案件减半交纳案件受理费。

（8）对财产案件提起上诉的，按照不服一审判决部分的上诉请求数额交纳案件受理费。

（9）被告提起反诉、有独立请求权的第三人提出与本案有关的诉讼请求，人民法院决定合并审理的，分别减半交纳案件受理费。

（10）需要交纳案件受理费的再审案件，按照不服原判决部分的再审请求数额交纳案件受理费。

2. 申请费

申请费分别按照下列标准交纳：

（1）依法向人民法院申请执行人民法院发生法律效力的判决、裁定、调解书，仲裁机构依法作出的裁决和调解书，公证机关依法赋予强制执行效力的债权文书，申请承认和执行外国法院判决、裁定以及国外仲裁机构裁决的，按照下列标准交纳：

1）没有执行金额或者价额的，每件交纳 50 元至 500 元。

2）执行金额或者价额不超过 1 万元的，每件交纳 50 元；超过 1 万元至 50 万元的部分，按照 1.5% 交纳；超过 50 万元至 500 万元的部分，按照 1% 交纳；超过 500 万元至 1000 万元的部分，按照 0.5% 交纳；超过 1000 万元的部分，按照 0.1% 交纳。

（2）申请保全措施的，根据实际保全的财产数额按照下列标准交纳：财产数额不超过 1000 元或者不涉及财产数额的，每件交纳 30 元；超过 1000 元至 10 万元的部分，按照 1% 交纳；超过 10 万元的部分，按照 0.5% 交纳。但是，当事人申请保全措施交纳的费用最多不超过 5000 元。

（3）依法申请支付令的，比照财产案件受理费标准的 1/3 交纳。

（4）依法申请公示催告的，每件交纳 100 元。

（5）申请撤销仲裁裁决或者认定仲裁协议效力的，每件交纳 400 元。

（6）破产案件依据破产财产总额计算，按照财产案件受理费标准减半交纳，但是，最高不超过30万元。

（7）海事案件的申请费按照下列标准交纳：

1）申请设立海事赔偿责任限制基金的，每件交纳1000元至1万元；

2）申请海事强制令的，每件交纳1000元至5000元；

3）申请船舶优先权催告的，每件交纳1000元至5000元；

4）申请海事债权登记的，每件交纳1000元；

5）申请共同海损理算的，每件交纳1000元。

3．其他费用

证人、鉴定人、翻译人员、理算人员在人民法院指定日期出庭发生的交通费、住宿费、生活费和误工补贴，由人民法院按照国家规定标准代为收取；当事人复制案件卷宗材料和法律文书应当按实际成本向人民法院交纳。

（三）诉讼费用的交纳和退还

1．诉讼费用的交纳

案件受理费由原告、有独立请求权的第三人、上诉人预交。被告提起反诉，依照规定需要交纳案件受理费的，由被告预交。追索劳动报酬的案件可以不预交案件受理费。需要交纳案件受理费的再审案件，由申请再审的当事人预交。双方当事人都申请再审的，分别预交。

申请费一般情况下由申请人预交。但是，以下情况除外：

（1）申请执行人民法院发生法律效力的判决、裁定、调解书，仲裁机构依法作出的裁决和调解书，公证机构依法赋予强制执行效力的债权文书。该种情况执行申请费执行后交纳；

（2）申请破产。破产申请费清算后交纳。

证人、鉴定人、翻译人员、理算人员在人民法院指定日期出庭发生的交通费、住宿费、生活费和误工补贴，当事人复制案件卷宗材料和法律文书待实际发生后交纳。

当事人交纳诉讼费用确有困难的，可以按照规定向人民法院申请缓交、减交或者免交。但诉讼费的免交只适用于自然人。

2．诉讼费用的退还

人民法院审理民事案件过程中发现涉嫌刑事犯罪并将案件移送有关部门处理的，当事人交纳的案件受理费予以退还；移送后民事案件需要继续审理的，当事人已交纳的案件受理费不予退还。

中止诉讼、中止执行的案件，已交纳的案件受理费、申请费不予退还。中止诉讼、中止执行的原因消除，恢复诉讼、执行的，不再交纳案件受理费、申请费。

第二审人民法院决定将案件发回重审的，应当退还上诉人已交纳的第二审案件受理费。

第一审人民法院裁定不予受理或者驳回起诉的，应当退还当事人已交纳的案件受理费；当事人对第一审人民法院不予受理、驳回起诉的裁定提起上诉，第二审人民法院维持第一审人民法院作出的裁定的，第一审人民法院应当退还当事人已交纳的案件受理费。

有下列情形之一而终结诉讼的案件，已交纳的案件受理费不予退还：

（1）原告死亡，没有继承人，或者继承人放弃诉讼权利的；

（2）被告死亡，没有遗产，也没有应当承担义务的人的；

（3）离婚案件一方当事人死亡的；

（4）追索赡养费、抚养费、抚育费以及解除收养关系案件的一方当事人死亡的。

（四）诉讼费用的负担

1. 原则规定

诉讼费用由败诉方负担，胜诉方自愿承担的除外。

部分胜诉、部分败诉的，人民法院根据案件的具体情况决定当事人各自负担的诉讼费用数额。

共同诉讼当事人败诉的，人民法院根据其对诉讼标的利害关系，决定当事人各自负担的诉讼费用数额。

2. 二审改判后的诉讼费用承担

第二审人民法院改变第一审人民法院作出的判决、裁定的，应当相应变更第一审人民法院对诉讼费用负担的决定。

3. 调解结案后诉讼费用承担

经人民法院调解达成协议的案件，诉讼费用的负担由双方当事人协商解决；协商不成的，由人民法院决定。

4. 离婚案件诉讼费用的负担

离婚案件诉讼费用的负担由双方当事人协商解决；协商不成的，由人民法院决定。

5. 撤诉案件诉讼费用承担

民事案件的原告或者上诉人申请撤诉，人民法院裁定准许的，案件受理费由原告或者上诉人负担。

6. 变更诉讼请求后的诉讼费用承担

当事人在法庭调查终结后提出减少诉讼请求数额的，减少请求数额部分的案件受理费由变更诉讼请求的当事人负担。

7. 督促程序诉讼费用承担

债务人对督促程序未提出异议的，申请费由债务人负担。债务人对督促程序提出异议致使督促程序终结的，申请费由申请人负担；申请人另行起诉的，可以将申请费列入诉讼请求。

8. 公示催告程序诉讼费用承担

公示催告的申请费由申请人负担。

9. 申请执行费用的承担

以下情况的申请费由被执行人负担：

（1）申请执行人民法院发生法律效力的判决、裁定、调解书，仲裁机构依法作出的裁决和调解书，公证机构依法赋予强制执行效力的债权文书；

（2）申请承认和执行外国法院判决、裁定和国外仲裁机构裁决。

执行中当事人达成和解协议的，申请费的负担由双方当事人协商解决；协商不成的，由人民法院决定。

六、财产保全和先予执行

1. 财产保全

财产保全是人民法院为了保证判决能够顺利有效执行，在诉讼前或诉讼中对相关财产作出的强制性保护措施。

财产保全可以是当事人的申请，也可以是利害关系人的申请，人民法院必要时还可依职权决定是否采取财产保全。

注意：当事人申请财产保全时如申请有错误，应当赔偿被申请人因财产保全所遭受的损失。所以实践中，应谨慎申请财产保全。

申请人申请后，是否采取保全措施由法院裁定。

人民法院接受申请后，对情况紧急的，必须在四十八小时内作出裁定；裁定采取财产保全措施的，应当立即开始执行。

经人民法院传票传唤，原告无正当理由拒不到庭，或者未经法庭许可中途退庭的，可以按照撤诉处理；被告无正当理由拒不到庭，或者未经法庭许可中途退庭的，可以缺席判决。

财产保全采取查封、扣押、冻结或者法律规定的其他方式。

2. 先予执行

先予执行是法院为了解决当事人一方的生活或生产的急迫需要，对某些民事案件作出终审判决前，裁定另一方当事人给付申请人一定财产或实施某种行为，并立即执行。

人民法院对下列案件，根据当事人的申请，可以裁定先予执行：

（1）追索赡养费、扶养费、抚育费、抚恤金、医疗费用的；
（2）追索劳动报酬的；
（3）因情况紧急需要先予执行的。

问题：甲企业与乙企业有债务纠纷，甲企业占据了乙企业的一套露天机器设备，阻止乙企业生产经营，导致乙企业生产瘫痪。乙企业向法院起诉，要求甲企业停止侵权行为，并赔偿损失，能否同时向法院申请先予执行？

答案：能。这种情况就属于"因情况紧急需要先予执行的"。

先予执行必须要有当事人的申请，但是否先予执行，人民法院需要进行审查，看案件是否符合下列两个条件：

（1）当事人之间权利义务关系明确，不先予执行将严重影响申请人的生活或者生产经营的；
（2）被申请人有履行能力。

如条件符合，人民法院就可以作出先予执行的裁定。

问题：李某的母亲80岁，没有劳动能力，生活困难。李某有赡养能力，但拒不赡养老人，其母亲依法提起诉讼，追要赡养费。请问：

（1）其母能申请先予执行吗？
（2）如果其母没申请先予执行，法院在审理案件时，能否直接裁定先予执行？

答案：（1）能申请。因为其母符合先予执行的条件。

（2）不能。因为法院不能依职权裁定先予执行，先予执行只能应当事人的申请适用。

一般当事人在申请先予执行时，法院会要求其提供担保，如其不提供担保，法院会驳回其申请。但担保不是必需的，要看法院的要求。

如果当事人对财产保全或者先予执行的裁定不服的，可以申请复议一次。复议期间不停止裁定的执行。

七、调解

调解是指人民法院在审理民事案件时，由法院审判组织主持，根据当事人自愿的原则，在事实清楚的基础上,当事人就民事争议达成协议从而解决纠纷的诉讼活动。

1. 调解适用的范围

(1)一般情况下,对有可能通过调解解决的民事案件,人民法院应当调解。

(2)以下案件不适用调解:适用特别程序、督促程序、公示催告程序、破产还债程序审理的案件;执行程序;确认婚姻关系、身份关系等依据案件性质不能调解的案件。

例如:李某怀疑儿子不是亲生的,去法院要求确认自己与儿子是否有亲子关系,这个案件就不适用调解,因为是否为亲子关系是一个客观事实,不是由当事人的意愿决定的。

(3)应当先调解的案件:婚姻家庭纠纷和继承纠纷、劳务合同纠纷、交通事故和工伤事故引起的权利义务关系较为明确的损害赔偿纠纷、宅基地和相邻关系纠纷、合伙协议纠纷、诉讼标的额较小的纠纷。

例如:离婚案件,法官在判决前就应当先调解,调解不成再作出判决。

2. 调解程序

人民法院进行调解,可以由审判员一人主持,也可以由合议庭主持,并尽可能就地进行。

人民法院进行调解,可以用简便方式通知当事人、证人到庭。人民法院进行调解,可以邀请有关单位和个人协助。被邀请的单位和个人,应当协助人民法院进行调解。

调解人可以自己提出调解方案,也可以由主持调解的人员提出调解方案供当事人协商时参考。调解达成协议,必须双方自愿,不得强迫。

例如:张某开车撞伤了小李,小李要求张某给予赔偿,法院在调解时,张某和小李也不知道应该赔偿多少合适,这时调解法官可以提出赔偿数额让他俩参考。

但是,调解协议的内容不得违反法律规定,不得侵害案外人的利益,不得侵害国家、社会公共利益。

3. 调解书

一般情况下,如果调解达成协议,人民法院应当制作调解书。

但下列案件如果调解达成协议,人民法院可以不制作调解书:

(1)调解和好的离婚案件;

(2)调解维持收养关系的案件;

(3)能够即时履行的案件;

(4)其他不需要制作调解书的案件。

对不需要制作调解书的协议,应当记入笔录,由双方当事人、审判人员、书记员签名或者盖章后,即具有法律效力。

调解书应当写明诉讼请求、案件的事实和调解结果。最后,调解书由审判人员、书记员署名,加盖人民法院印章,送达双方当事人。在此注意:调解书送达时不能采用留置送达方式。双方当事人签收后,即具有法律效力。

对于在调解书、开庭笔录上签字,当事人一定要慎重,一旦签字,就不能反悔,当然,如果当事人在签字后,提出证据证明调解违反自愿原则或者调解协议的内容违反法律的,可以申请再审。

调解未达成协议或者调解书送达前一方反悔的,人民法院应当及时判决。

注意:有人不同意调解,是怕在调解时,自己的自愿认可会被对方利用,对自己不利。实际上,当事人在调解时所作出的一些承诺、认可,在调解不成的情况下,法院不会将其作为判决的依据。

八、民事诉讼程序

根据《民事诉讼法》规定，民事诉讼程序有第一审程序、第二审程序、审判监督程序和其他程序。

（一）第一审程序

第一审程序分为普通程序、简易程序和小额诉讼程序。

1. 普通程序

（1）起诉和受理。民事案件采用的原则是"不告不理"。因此公民或者法人及其他组织之间发生矛盾和纠纷后，需要法院解决问题就必须去法院起诉。

公民向法院起诉必须符合下列条件：

1）原告是与本案有直接利害关系的公民、法人和其他组织。

2）有明确的被告。注意此处是"明确"而不是"正确"，是否正确在后续的审理中会确认。

3）有具体的诉讼请求和事实、理由。

4）属于人民法院受理民事诉讼的范围和受诉人民法院管辖。

向法院提起诉讼的一方称为原告，原告向法院起诉应当向人民法院递交起诉状，并按照被告人数提出副本。如果说，原告起诉了甲、乙、丙三个人，那么他就需要向法院递交四份起诉状，一份正本给法院，还有三份副本给甲、乙、丙三位被告。

如果原告书写起诉状确有困难，可以到人民法院口头起诉，由人民法院相关工作人员记入笔录，并告知对方当事人。

原告起诉之后，人民法院会对原告的起诉进行审查，对符合起诉条件的，必须受理；对不符合起诉条件的，分别情形，按照以下情况予以处理：

1）依照行政诉讼法的规定，属于行政诉讼受案范围的，告知原告提起行政诉讼；

2）依照法律规定，双方当事人对达成书面仲裁协议申请仲裁、申请仲裁不得向人民法院起诉的，告知原告向仲裁机构申请仲裁；

例如：合同双方当事人在合同中约定"因本合同发生的争议提交某某仲裁委员会进行仲裁"。那么，如果发生争议，一方当事人向法院提起诉讼的，如另一方当事人提出反对意见，法院应裁定驳回起诉，告知原告向仲裁机构申请仲裁。

3）依照法律规定，应当由其他机关处理的争议，告知原告向有关机关申请解决；

例如：劳动纠纷，应告知原告先去进行劳动仲裁。

4）对不属于本院管辖的案件，告知原告向有管辖权的人民法院起诉；

5）对判决、裁定已经发生法律效力的案件，当事人又起诉的，告知原告按照申诉处理，但人民法院准许撤诉的裁定除外；

6）依照法律规定，在一定期限内不得起诉的案件，在不得起诉的期限内起诉的，不予受理；

例如：女方在怀孕期间，分娩后一年内或中止妊娠后6个月内，男方不得提出离婚诉讼。

7）判决不准离婚和调解和好的离婚案件，判决、调解维持收养关系的案件，没有新情况、新理由，原告在六个月内又起诉的，不予受理。

（2）审理前的准备。人民法院在受理起诉后要为开庭做准备工作。

首先，人民法院对决定受理的案件，会在立案之日起五日内将起诉状副本发送被告，被告在收到之日起十五日内提出答辩状。被告提出答辩状的，人民法院应当在收到之日起五日内将答辩状副本发送原告。人民法院，应当在应诉通知书中向当事人告知有关的诉讼权利义务，或者口头告知。

其次，人民法院会组织合议庭，合议庭组成人员确定后，应当在三日内告知当事人。确定案件的审判人员后，审判人员必须认真审核诉讼材料，调查收集必要的证据。

（3）开庭审理。开庭审理前，书记员应当查明当事人和其他诉讼参与人是否到庭，宣布法庭纪律。

开庭审理时，由审判长核对当事人，宣布案由，宣布审判人员、书记员名单，告知当事人有关的诉讼权利义务，询问当事人是否提出回避申请。

接下来进行法庭调查，法庭调查按照下列顺序进行：当事人陈述；告知证人的权利义务，证人作证，宣读未到庭的证人证言；出示书证、物证和视听资料；宣读鉴定意见；宣读勘验笔录。

法庭调查结束后，进行法庭辩论。法庭辩论按照下列顺序进行：原告及其诉讼代理人发言；被告及其诉讼代理人答辩；第三人及其诉讼代理人发言或者答辩；互相辩论。

法庭辩论终结，由审判长按照原告、被告、第三人的先后顺序征询各方最后意见。

（4）作出判决和宣判。法庭辩论终结，应当依法作出判决。

判决前能够调解的，还可以进行调解，调解不成的，应当及时判决。

原告经传票传唤，无正当理由拒不到庭的，或者未经法庭许可中途退庭的，可以按撤诉处理；被告反诉的，可以缺席判决。

被告经传票传唤，无正当理由拒不到庭的，或者未经法庭许可中途退庭的，可以缺席判决。

注意：离婚案件中被告需经两次法院的书面传唤无正当理由拒不到庭的，才可以缺席判决。

宣判前，原告申请撤诉的，是否准许，由人民法院裁定。人民法院裁定不准许撤诉的，原告经传票传唤，无正当理由拒不到庭的，可以缺席判决。

人民法院对公开审理或者不公开审理的案件，一律公开宣告判决。

当庭宣判的，应当在十日内发送判决书；定期宣判的，宣判后立即发给判决书。

宣告判决时，必须告知当事人上诉权利、上诉期限和上诉的法院。

宣告离婚判决，必须同时告知当事人在判决发生法律效力前不得另行结婚。离婚判决在上诉期（十五日）内当事人都不上诉，期满后双方才能各自婚嫁。

（5）审理期限。人民法院适用普通程序审理的案件，应当在立案之日起六个月内审结。有特殊情况需要延长的，由本院院长批准，可以延长六个月；还需要延长的，报请上级人民法院批准。

2. 简易程序

简易程序是指基层人民法院和它派出的法庭审理事实清楚、权利义务关系明确、争议不大的简单民事案件所适用的程序。

简易程序是对一审普通程序的简化，主要体现在以下几方面：

（1）简单的民事案件，原告可以口头起诉。

（2）当事人双方可以同时到基层人民法院或者它派出的法庭，请求解决纠纷。基层人民法院或者它派出的法庭可以当即审理，也可以另定日期审理。

（3）基层人民法院和它派出的法庭审理简单的民事案件，可以用简便方式随时传唤当事人、证人。

例如：打电话传唤当事人到庭；打电话通知当事人开庭时间地点。

（4）审判员一人独任审理，庭审程序不受顺序的限制。

（5）简易程序的审限也比较短，应当在立案之日起三个月内审结。

问题：周某和张某是邻居，经常因为琐事争执。一天，张某在与周某发生冲突时对周某用侮辱性语言进行攻击，周某的儿子正巧看见，一气之下将张某打伤。张某向法院提起诉讼，要求周某赔偿。而周某也提出反诉，要求张某赔礼道歉。本案涉及哪些程序问题？能否用简易程序审理？为什么？

答案：本案主要涉及诉讼主体的问题和适用何种程序的问题。本案中，打伤张某的是周某的儿子，因此，张某起诉的对象应该是周某的儿子，而不是周某。如果周某的儿子未成年，张某起诉的对象仍然是周某的儿子，但最后赔偿的主体应该是周某。

本案中，周某不能提起反诉，因为反诉的原告是本诉的被告，周某不是本诉的被告，因此他想要张某赔礼道歉，就应该另外以张某作为被告进行起诉。

本案可以用简易程序审理，因为事实比较清楚、权利义务关系明确、争议也不大，符合简易程序的要求。

3. 小额诉讼程序

基层人民法院和它派出的法庭审理事实清楚、权利义务关系明确、争议不大的简单金钱给付民事案件，标的额为各省、自治区、直辖市上年度就业人员年平均工资百分之三十以下的，可以适用小额诉讼程序审理，实行一审终审。

基层人民法院和它派出的法庭审理事实清楚、权利义务关系明确、争议不大的简单金钱给付民事案件，标的额超过各省、自治区、直辖市上年度就业人员年平均工资百分之五十但在二倍以下的，当事人双方也可以约定适用小额诉讼的程序。

但是下列民事案件，不适用小额诉讼的程序：

（1）人身关系、财产确权案件；

（2）涉外案件；

（3）需要评估、鉴定或者对诉前评估、鉴定结果有异议的案件；

（4）一方当事人下落不明的案件；

（5）当事人提出反诉的案件；

（6）其他不宜适用小额诉讼的程序审理的案件。

人民法院适用小额诉讼的程序审理案件，可以一次开庭审结并且当庭宣判。而且应当在立案之日起两个月内审结。有特殊情况需要延长的，经本院院长批准，可以延长一个月。

人民法院在审理过程中，发现案件不宜适用小额诉讼的程序的，应当适用简易程序的其他规定审理或者裁定转为普通程序。

（二）第二审程序

第二审程序也就是"上诉审程序"，是当事人对一审法院的判决和裁定不服而请求法院给予第二次审理的程序。

1. 提交上诉状

当事人可以向原审人民法院提交上诉状，也可以直接向第二审人民法院提交上诉状。当事人直接向第二审人民法院上诉的，第二审人民法院应当在五日内将上诉状移交原审人民法院。

当事人在提交上诉状时，应按照被上诉人的人数提交上诉状副本，原审人民法院收到上诉状，应当在五日内将上诉状副本送达对方当事人，对方当事人在收到之日起十五日内提出答辩状。人民法院应当在收到答辩状之日起五日内将副本送达上诉人。

原审人民法院收到上诉状、答辩状，应当在五日内连同全部案卷和证据，报送第二审人民法院。

2. 二审审理程序

第二审人民法院对上诉案件，应当组成合议庭，开庭审理。经过阅卷和调查，询问当事人，在事实核对清楚后，合议庭认为不需要开庭审理的，也可以进行判决、裁定。

第二审人民法院审理上诉案件，可以进行调解。调解达成协议，应当制作调解书，由审判人员、书记员署名，加盖人民法院印章。调解书送达后，原审人民法院的判决即视为撤销。

3. 作出裁判

第二审人民法院对上诉案件，经过审理，按照下列情形，分别处理：

（1）原判决、裁定认定事实清楚，适用法律正确的，以判决、裁定方式判决驳回上诉，维持原判决、裁定；

（2）原判决、裁定认定事实错误或者适用法律错误的，以判决、裁定方式依法改判、撤销或者变更；

（3）原判决认定基本事实不清的，裁定撤销原判决，发回原审人民法院重审，或者查清事实后改判；

（4）原判决遗漏当事人或者违法缺席判决等严重违反法定程序的，裁定撤销原判决，发回原审人民法院重审。

二审是针对一审的判决和裁定进行审理，如果当事人在二审中要求审理的内容，一审没有给予裁判，二审法院会让当事人另行起诉。所以，在一审中，要将自己的要求全部提出。

问题：赵某起诉王某离婚案，一审判决后，赵某不服，认为一审法院对房子分配不公，向二审法院上诉，要求房子归自己，同时还提出，王某还有10万元的存款，一审时双方都忘了提出分割，请求二审法院给予分割。二审法院对10万元存款能否给予审理？

答案：不能。只能告知其另行起诉，因为这10万元在二审审理的话，如果双方或一方对判决结果不服，就没有机会二审了。所以另行起诉，不服的话可以提起二审。

4. 审理期限

人民法院审理对判决的上诉案件，应当在第二审立案之日起三个月内审结。有特殊情况需要延长的，由本院院长批准。

人民法院审理对裁定的上诉案件，应当在第二审立案之日起三十日内作出终审裁定。

（三）审判监督程序

审判监督程序也叫"再审程序"，是对已经生效的法律裁判，发现确有问题而给予的一个救济途径。

法律要求法官在一审、二审作判决时，要事实清楚，适用法律正确，但是判断错误的情况经常会发生，以至于法院所作的生效法律裁判有可能完全与实际情况相反，甚至可能"颠倒黑白"，应该得到保护的一方没有得到保护，不应该得到保护的一方却胜诉了。如果没有救济途径，那么这样的裁判就会损害法院的权威，法律的尊严，也会损害当事人的合法权利。

1. 审判监督程序的提起

审判监督程序的提起有以下三种途径：

（1）人民法院决定再审。各级人民法院院长对本院已经发生法律效力的判决、裁定，发现确有错误，认为需要再审的，应当提交审判委员会讨论决定。

最高人民法院对地方各级人民法院已经发生法律效力的判决、裁定，上级人民法院对下级人民法院已经发生法律效力的判决、裁定，发现确有错误的，有权提审或者指令下级人民法院再审。

（2）当事人申请再审。当事人对已经发生法律效力的判决、裁定，认为有错误的，可以向上一级人民法院申请再审，但不停止判决、裁定的执行。

（3）人民检察院抗诉。最高人民检察院对各级人民法院已经发生法律效力的判决、裁定，上级人民检察院对下级人民法院已经发生法律效力的判决、裁定，发现有应当再审情形的，或者发现调解书有损国家利益、社会公共利益的，应当提出抗诉。

地方各级人民检察院对同级人民法院已经发生法律效力的判决、裁定，发现有应当再审情形的，或者发现调解书有损国家利益、社会公共利益的，应当提请上级人民检察院向同级人民法院提出抗诉。

注意：此处的抗诉是再审的抗诉，同级检察院不能向同级人民法院提再审抗诉；但二审抗诉由同级人民检察院向同级人民法院提起。

2. 对再审申请的审查

对于当事人申请再审的，应当提交再审申请书等材料。人民法院应当自收到再审申请书之日起五日内将再审申请书副本发送对方当事人。对方当事人应当自收到再审申请书副本之日起十五日内提交书面意见；不提交书面意见的，不影响人民法院审查。人民法院可以要求申请人和对方当事人补充有关材料，询问有关事项。

人民法院应当自收到再审申请书之日起三个月内审查，符合下列情况之一的，裁定再审：

（1）有新的证据，足以推翻原判决、裁定的；

（2）原判决、裁定认定的基本事实缺乏证据证明的；

（3）原判决、裁定认定事实的主要证据是伪造的；

（4）原判决、裁定认定事实的主要证据未经质证的；

（5）对审理案件需要的证据，当事人因客观原因不能自行收集，书面申请人民法院调查收集，人民法院未调查收集的；

（6）原判决、裁定适用法律确有错误的；

（7）违反法律规定，管辖错误的；

（8）审判组织的组成不合法或者依法应当回避的审判人员没有回避的；

（9）无诉讼行为能力人未经法定代理人代为诉讼或者应当参加诉讼的当事人，因不能归责于本人或者其诉讼代理人的事由，未参加诉讼的；

（10）违反法律规定，剥夺当事人辩论权利的；

（11）未经传票传唤，缺席判决的；

（12）原判决、裁定遗漏或者超出诉讼请求的；

（13）据以作出原判决、裁定的法律文书被撤销或者变更的；

（14）当事人对已经发生法律效力的调解书，提出证据证明调解违反自愿原则或者调解协议的内容违反法律的，可以申请再审。经人民法院审查属实的，应当再审。

法院经审查，不符合上述规定的，裁定驳回申请。

注意：当事人对已经发生法律效力的解除婚姻关系的判决，不得申请再审。因为当事人可能已经再婚，申请再审已经没有实际意义。

3. 再审法院

因当事人申请裁定再审的案件由中级人民法院以上的人民法院审理。最高人民法院、高级人民法院裁定再审的案件，由本院再审或者交其他人民法院再审，也可以交原审人民法院再审。

4. 再审提出时间

当事人申请再审，应当在判决、裁定发生法律效力后六个月内提出。但有下列情形的，自知道或者应当知道之日起六个月内提出：

（1）有新的证据，足以推翻原判决、裁定的；

（2）原判决、裁定认定事实的主要证据是伪造的；

（3）据以作出原判决、裁定的法律文书被撤销或者变更的；

（4）审判人员审理该案件时有贪污受贿，徇私舞弊，枉法裁判行为的。

问题：钱某起诉李某，要求李某还借款 1 万元，有借据为证。法院对借据进行了鉴定，没有发现有假，据此作出了要求李某还钱的判决。李某没有上诉。两年后，钱某和朋友喝酒，得意洋洋地告诉了朋友，借据是他伪造的，李某知道后，能否向法院提起再审？

答案：能。原判决、裁定认定事实的主要证据是伪造的，当事人申请再审，自知道或者应当知道之日起六个月内提出。

（四）其他程序

其他程序包括督促程序、公示催告程序等。

督促程序是债权人申请人民法院发出支付令，督促债务人履行一定给付义务的程序。给付义务指给付金钱、票据或股票、债券等有价证券。

公示催告程序指人民法院根据当事人的申请，利用公示的方法通知并催告利害关系人在一定期限内不行使有关权利的，就会丧失该权利的一种程序。该程序一般适用于按规定可以背书转让的票据。

九、执行程序

执行程序是对发生法律效力的民事判决、裁定，以及刑事判决、裁定中的财产部分，由第一审人民法院或者与第一审人民法院同级的被执行的财产所在地人民法院执行的程序。

执行程序是与审判程序并列的独立程序，不是民事案件的必经程序。人民法院进行执行，必须具备两个条件：一是有执行依据；二是义务人逾期拒不履行生效法律文书确定的义务。

（一）执行依据

（1）发生法律效力的民事判决、裁定；

（2）刑事判决、裁定中的财产部分；

（3）人民法院制作的调解书；

（4）依法设立的仲裁机构的裁决；

（5）公证机关依法赋予强制执行效力的债权文书等。

（二）执行开始

执行开始有两种情形：执行申请和移送。

发生法律效力的民事判决、裁定，当事人必须履行。一方拒绝履行的，对方当事人可以向人民法院申请执行，也可以由审判员移送执行员执行。

1. 执行申请

发生法律效力的民事判决、裁定，当事人一方拒绝履行的，对方当事人可以向人民法院申请执行，申请执行的期间为二年。从法律文书规定履行期间的最后一日起计算；法律文书规定分期履行的，从规定的每次履行期间的最后一日起计算；法律文书未规定履行期间的，从法律文书生效之日起计算。

申请执行时效的中止、中断，适用民事诉讼法有关诉讼时效中止、中断的规定。

2. 移送

有些发生法律效力的法律文书不用申请，而是由法院移送执行。一般来说，具有给付赡养费、抚养费、抚育费内容的法律文书及其他审判员认为应当移送的法律文书，法院可以依据职权直接移送执行机构进行执行。

（三）执行措施

1. 金钱债权的执行

（1）冻结、划拨。对金钱债权的执行相对比较简单，如果债务人有金钱，将金钱直接交付债权人即可。

人民法院有权向银行、信用合作社和其他有储蓄业务的单位查询被执行人的存款情况，有权冻结、划拨被执行人的存款。

（2）查封、扣押、冻结、拍卖、变卖。债务人如果没有金钱而有其他财产的，人民法院有权查封、扣押、冻结、拍卖、变卖被执行人应当履行义务部分的财产。但应当保留被执行人及其所扶养家属的生活必需品。

财产被查封、扣押后，执行员应当责令被执行人在指定期间履行法律文书确定的义务。被执行人逾期不履行的，人民法院可以按照规定交有关单位拍卖或者变卖被查封、扣押的财产。国家禁止自由买卖的物品，交有关单位按照国家规定的价格收购。

（3）搜查。被执行人不履行法律文书确定的义务，并隐匿财产的，人民法院有权发出搜查令，对被执行人及其住所或者财产隐匿地进行搜查。

被执行人未按判决、裁定和其他法律文书指定的期间履行给付金钱义务的，应当加倍支付迟延履行期间的债务利息。被执行人未按判决、裁定和其他法律文书指定的期间履行其他义务的，应当支付迟延履行金。

2. 财物或者票证的执行

法律文书指定交付的财物或者票证，由执行员传唤双方当事人当面交付，或者由执行员转交，并由被交付人签收。

3. 迁出房屋或退出土地的执行

判决迁出房屋或退出土地，由院长签发公告，责令被执行人在指定期间履行。被执行人逾期不履行的，由执行员强制执行。

强制执行时，被执行人是公民的，应当通知被执行人或者他的成年家属到场；被执行人是法人或者其他组织的，应当通知其法定代表人或者主要负责人到场。拒不到场的，不影响执行。被执行人是公民的，其工作单位或者房屋、土地所在地的基层组织应当派人参加。执行员应当将强制执行情况记入笔录，由在场人签名或者盖章。

强制迁出房屋中被搬出的财物，由人民法院派人运至指定处所，交给被执行人。被执行人是公民的，也可以交给他的成年家属。因拒绝接收而造成的损失，由被执行人承担。

在执行中，需要办理有关财产权证照转移手续的，人民法院可以向有关单位发出协助执行通知书，有关单位必须办理。

4. 其他执行措失

对判决、裁定和其他法律文书指定的行为，被执行人未按执行通知履行的，人民法院可以强制执行或者委托有关单位或者其他人完成，费用由被执行人承担。

被执行人不履行法律文书确定的义务的，人民法院可以对其采取或者通知有关单位协助采取限制出境，在征信系统记录、通过媒体公布不履行义务信息以及法律规定的其他措施。

（四）执行中止和终结

1. 执行中止

执行中止是指人民法院在执行案件时，因为出现了法定情形需要暂时停止执行程序，等中止的情形消失后，再恢复执行。

在执行过程中，有下列情形之一的，人民法院应当裁定中止执行：

（1）申请人表示可以延期执行的；
（2）案外人对执行标的提出确有理由的异议的；
（3）作为一方当事人的公民死亡，需要等待继承人继承权利或者承担义务的；
（4）作为一方当事人的法人或者其他组织终止，尚未确定权利义务承受人的；
（5）人民法院认为应当中止执行的其他情形。

问题：马某诉李某侵权赔偿一案中，李某败诉，判决生效后，李某拒不履行判决，马某申请法院强制执行。法院在执行过程中发现李某生病在床，家里无可供执行的财产。马某表示可以等李某病好后再执行，这种情况下，法院应怎么办？

答案：法院应当裁定中止执行。

2. 终结执行

终结执行是指人民法院在执行案件时，因为出现了法定情形，执行程序没有必要或没有可能继续下去，因而结束执行程序。

有下列情形之一的，人民法院裁定终结执行：

（1）申请人撤销申请的；
（2）据以执行的法律文书被撤销的；
（3）作为被执行人的公民死亡，无遗产可供执行，又无义务承担人的；
（4）追索赡养费、扶养费、抚育费案件的权利人死亡的；
（5）作为被执行人的公民因生活困难无力偿还借款，无收入来源，又丧失劳动能力的；
（6）人民法院认为应当终结执行的其他情形。

问题：马某诉李某侵权赔偿一案中，李某败诉，判决生效后，李某拒不履行判决，马某申请法院强制执行。法院在执行过程中发现李某生病在床，家里无可供执行的财产，马某表示可以等李某病好后再执行。法院裁定中止执行，在中止执行过程中，李某死亡，没有遗产，也没有义务承担人。这种情况下，法院应怎么办？

答案：法院应当裁定终止执行。

第四节 刑事诉讼法

一、刑事诉讼管辖

（一）职能管辖

1. 侦查机关

侦查机关包括公安机关、人民检察院、军队保卫部门、监狱等。

公安机关负责一般刑事案件的侦查。

人民检察院在对诉讼活动实行法律监督中发现的司法工作人员利用职权实施的非法拘禁、刑讯逼供、非法搜查等侵犯公民权利、损害司法公正的犯罪，可以由人民检察院立案侦查。对于公安机关管辖的国家机关工作人员利用职权实施的重大犯罪案件，需要由人民检察院直接受理的时候，经省级以上人民检察院决定，可以由人民检察院立案侦查。

军队保卫部门对军队内部发生的刑事案件行使侦查权。

监狱对罪犯在监狱内犯罪的案件进行侦查。

2. 公诉机关

人民检察院是公诉机关，有权代表国家向人民法院提起诉讼，要求对被告人进行审判。

经过侦查终结而没有撤销的案件，无论是公安机关侦查终结的，还是人民检察院侦查终结的，都必须移交人民检察院审查起诉。

3. 审判机关

人民法院是审判机关。人民法院对人民检察院提起公诉或自诉人提起自诉的案件进行审理和裁判的活动。

自诉案件由人民法院直接受理。自诉案件、公诉案件都由人民法院审判。

（二）级别管辖

（1）基层人民法院管辖第一审普通刑事案件，但是依照法律由上级人民法院管辖的除外。

（2）中级人民法院管辖下列第一审刑事案件：

1）危害国家安全、恐怖活动案件；

2）可能判处无期徒刑、死刑的普通刑事案件。

（3）高级人民法院管辖的第一审刑事案件，是全省（自治区、直辖市）性的重大刑事案件。

（4）最高人民法院管辖的第一审刑事案件，是全国性的重大刑事案件。

上级人民法院在必要的时候，可以审判下级人民法院管辖的第一审刑事案件；下级人民法院认为案情重大、复杂需要由上级人民法院审判的第一审刑事案件，可以请求移送上一级人民法院审判。

（三）地域管辖

刑事案件由犯罪地的人民法院管辖。如果由被告人居住地的人民法院审判更为适宜的，可以由被告人居住地的人民法院管辖。

几个同级人民法院都有权管辖的案件，由最初受理的人民法院审判。在必要的时候，可以移送主要犯罪地的人民法院审判。

上级人民法院可以指定下级人民法院审判管辖不明的案件，也可以指定下级人民法院将案件移送其他人民法院审判。

（四）专门管辖

军事法院对军内人员犯罪的案件依法行使审判权；

铁路运输法院受理同级铁路运输检察院依法提起公诉的刑事案件。

二、刑事诉讼参与人

刑事诉讼参与人是指参加刑事诉讼，在诉讼中享有一定权利、承担一定义务的司法人员以外的人。刑事诉讼参与人有当事人、法定代理人、诉讼代理人、辩护人、证人、鉴定人和翻译人员。

（一）当事人

当事人在自诉案件中是指自诉人和被告人，在公诉案件中是指犯罪嫌疑人、被告人、被害人。

（二）其他诉讼参与人

其他诉讼参与人指法定代理人、诉讼代理人、辩护人、证人、鉴定人和翻译人员。

1. 法定代理人

法定代理人是指被代理人的父母、养父母、监护人和负有保护责任的机关、团体的代表。

2. 诉讼代理人

公诉案件的被害人及其法定代理人或者近亲属，附带民事诉讼的当事人及其法定代理人，自案件移送审查起诉之日起，有权委托诉讼代理人。自诉案件的自诉人及其法定代理人，附带民事诉讼的当事人及其法定代理人，有权随时委托诉讼代理人。

人民检察院自收到移送审查起诉的案件材料之日起三日以内，应当告知被害人及其法定代理人或者其近亲属、附带民事诉讼的当事人及其法定代理人有权委托诉讼代理人。人民法院自受理自诉案件之日起三日以内，应当告知自诉人及其法定代理人、附带民事诉讼的当事人及其法定代理人有权委托诉讼代理人。

3. 辩护人

犯罪嫌疑人、被告人除自己行使辩护权以外，还可以委托一至二人作为辩护人。

（1）下列的人可以被委托为辩护人：

1）律师；

2）人民团体或者犯罪嫌疑人、被告人所在单位推荐的人；

3）犯罪嫌疑人、被告人的监护人、亲友。

正在被执行刑罚或者依法被剥夺、限制人身自由的人，不得担任辩护人。

（2）委托的时间。犯罪嫌疑人自被侦查机关第一次讯问或者采取强制措施之日起，有权委托辩护人；在侦查期间，只能委托律师作为辩护人。

被告人有权随时委托辩护人。

侦查机关在第一次讯问犯罪嫌疑人或者对犯罪嫌疑人采取强制措施的时候，应当告知犯罪嫌疑人有权委托辩护人。人民检察院自收到移送审查起诉的案件材料之日起三日以内，应当告知犯罪嫌疑人有权委托辩护人。人民法院自受理案件之日起三日以内，应当告知被告人有权委托辩护人。犯罪嫌疑人、被告人在押期间要求委托辩护人的，人民法院、人民检察院和公安机关应当及时转达其要求。

（3）指定辩护人。

公诉人出庭公诉的案件，犯罪嫌疑人、被告人因经济困难或者其他原因没有委托辩护人的，对符合法律援助申请的，人民法院可以指定承担法律援助义务的律师为其提供辩护。

犯罪嫌疑人、被告人是盲、聋、哑或者未成年人而没有委托辩护人的，人民法院、人民检察院和公安机关应当指定承担法律援助义务的律师为其提供辩护。

被告人可能被判处无期徒刑、死刑而没有委托辩护人的，人民法院、人民检察院和公安机关应当指定承担法律援助义务的律师为其提供辩护。

（4）辩护人的责任。辩护人的责任是根据事实和法律，提出证明犯罪嫌疑人、被告人无罪、罪轻或者减轻、免除其刑事责任的材料和意见，维护犯罪嫌疑人、被告人的诉讼权利和其他合法权益。

在审判过程中，被告人可以拒绝辩护人继续为他辩护，也可以另行委托辩护人辩护。

4. 证人

法定代理人是指被代理人的父母、养父母、监护人和负有保护责任的机关、团体的代表。

5. 鉴定人

鉴定人是指受司法机关指派或聘请，运用专门知识或技能对案件的专门性问题进行鉴别和判断的人。

6. 翻译人员

翻译人员是指接受司法机关的指派或聘请，在诉讼中进行语言、文字翻译工作的诉讼参与人。

三、刑事诉讼中的强制措施

在刑事诉讼中为保证刑事诉讼的顺利进行，人民法院、人民检察院和公安机关根据案件情况，对犯罪嫌疑人、被告人采取的强制性措施主要有拘传、取保候审或者监视居住、逮捕、拘留。

（一）拘传

拘传是指侦查机关、人民检察院和人民法院在刑事诉讼过程中对未被羁押的犯罪嫌疑人、被告人强制其到案接受讯问的一种刑事强制措施。

（二）取保候审或者监视居住

1. 取保候审

人民法院、人民检察院和公安机关对于有下列情形之一的犯罪嫌疑人、被告人，可以取保候审：

（1）可能判处管制、拘役或者独立适用附加刑的；

（2）可能判处有期徒刑以上刑罚，采取取保候审、监视居住不致发生社会危险性的；

（3）患有严重疾病、生活不能自理，怀孕或者正在哺乳自己婴儿的妇女，采取取保候审不致发生社会危险性的；

（4）羁押期限届满，案件尚未办结，需要采取取保候审的。

取保候审由公安机关执行。

被羁押的犯罪嫌疑人、被告人及其法定代理人、近亲属有权申请取保候审。

对于取保候审，人民法院、人民检察院和公安机关决定对犯罪嫌疑人、被告人取保候审，应当责令犯罪嫌疑人、被告人提出保证人或者交纳保证金。

保证人必须符合下列条件：
（1）与本案无牵连；
（2）有能力履行保证义务；
（3）享有政治权利，人身自由未受到限制；
（4）有固定的住处和收入。

保证人应当履行以下义务：
（1）监督被保证人遵守刑事诉讼法的相关规定；
（2）发现被保证人可能发生或者已经发生违反刑事诉讼法规定的行为的，应当及时向执行机关报告。

被保证人有违反下列规定的行为，保证人未及时报告的，对保证人处以罚款，构成犯罪的，依法追究刑事责任。被取保候审的犯罪嫌疑人、被告人应当遵守以下规定：
（1）未经执行机关批准不得离开所居住的市、县；
（2）住址、工作单位和联系方式发生变动的，在二十四小时以内向执行机关报告；
（3）在传讯的时候及时到案；
（4）不得以任何形式干扰证人作证；
（5）不得毁灭、伪造证据或者串供。

被取保候审的犯罪嫌疑人、被告人违反上述规定，已交纳保证金的，没收部分或者全部保证金，并且区别情形，责令犯罪嫌疑人、被告人具结悔过、重新交纳保证金、提出保证人或者监视居住、予以逮捕。犯罪嫌疑人、被告人在取保候审期间未违反前款规定的，取保候审结束的时候，应当退还保证金。

人民法院、人民检察院和公安机关对犯罪嫌疑人、被告人取保候审最长不得超过十二个月。

2. 监视居住

可以采取监视居住措施的情况：
（1）患有严重疾病、生活不能自理的；
（2）怀孕或者正在哺乳自己婴儿的妇女；
（3）系生活不能自理的人的唯一扶养人；
（4）因为案件的特殊情况或者办理案件的需要，采取监视居住措施更为适宜的；
（5）羁押期限届满，案件尚未办结，需要采取监视居住措施的。

对符合取保候审条件，但犯罪嫌疑人、被告人不能提出保证人，也不交纳保证金的，可以监视居住。

被监视居住的犯罪嫌疑人、被告人应当遵守以下规定：
（1）未经执行机关批准不得离开住处；
（2）未经执行机关批准不得会见他人或通信；
（3）在传讯的时候及时到案；
（4）不得以任何形式干扰证人作证；
（5）不得毁灭、伪造证据或者串供；
（6）将护照等出入境证件、身份证件、驾驶证件交执行机关保存。

被监视居住的犯罪嫌疑人、被告人违反上述规定，情节严重的，予以逮捕。

人民法院、人民检察院和公安机关对犯罪嫌疑人、被告人监视居住最长不得超过六个月。

在取保候审、监视居住期间，不得中断对案件的侦查、起诉和审理。对于发现不应当追究刑事责任或者取保候审、监视居住期限届满的，应当及时解除取保候审、监视居住。解除取保候审、监视居住，应当及时通知被取保候审、监视居住人和有关单位。

（三）逮捕

逮捕犯罪嫌疑人、被告人，必须经过人民检察院批准或者人民法院决定，由公安机关执行。

公安机关逮捕人的时候，必须出示逮捕证。

逮捕后，除有碍侦查或者无法通知的情形以外，应当把逮捕的原因和羁押的处所，在二十四小时以内通知被逮捕人的家属。

对有证据证明有犯罪事实，可能判处徒刑以上刑罚的犯罪嫌疑人、被告人，采取取保候审、监视居住等方法，尚不足以防止发生社会危险性，而有逮捕必要的，应依法逮捕。

人民法院、人民检察院对于各自决定逮捕的人，公安机关对于经人民检察院批准逮捕的人，都必须在逮捕后的二十四小时以内进行讯问。在发现不应当逮捕的时候，必须立即释放，发给释放证明。

对应当逮捕的犯罪嫌疑人、被告人，如果患有严重疾病，或者是正在怀孕、哺乳自己婴儿的妇女，可以采用取保候审或者监视居住的办法。

（四）拘留

公安机关对于现行犯或者重大嫌疑分子，如果有下列情形之一的，可以先行拘留：

（1）正在预备犯罪、实行犯罪或者在犯罪后即时被发觉的；
（2）被害人或者在场亲眼看见的人指认他犯罪的；
（3）在身边或者住处发现有犯罪证据的；
（4）犯罪后企图自杀、逃跑或者在逃的；
（5）有毁灭、伪造证据或者串供可能的；
（6）不讲真实姓名、住址，身份不明的；
（7）有流窜作案、多次作案、结伙作案重大嫌疑的。

公安机关在异地执行拘留、逮捕的时候，应当通知被拘留、逮捕人所在地的公安机关，被拘留、逮捕人所在地的公安机关应当予以配合。

公安机关拘留人的时候，必须出示拘留证。

拘留后，除有碍侦查或者无法通知的情形以外，应当把拘留的原因和羁押的处所，在二十四小时以内，通知被拘留人的家属或者他的所在单位。

公安机关对于被拘留的人，应当在拘留后的二十四小时以内进行讯问。在发现不应当拘留的时候，必须立即释放，发给释放证明。对需要逮捕而证据还不充足的，可以取保候审或者监视居住。

注意：在法律语境中所涉及的拘留有四种：刑事诉讼中的拘留、民事诉讼中的拘留、行政诉讼中的拘留，以及作为行政处罚形式的行政拘留。

行政拘留是对违反治安管理的行为人的一种处罚，属于行政制裁，其羁押期限为一日以上，十五日以下。例如，打架斗殴，情节严重，但还没有达到犯罪的程度，就可以给予行政拘留的处罚。

刑事诉讼中的拘留、民事诉讼中的拘留、行政诉讼中的拘留都是一种强制措施，是为保证诉讼的顺利进行而采取的一种措施。民事诉讼中的拘留、行政诉讼中的拘留，其羁押期限也是十五日以下，但刑事拘留的羁押期限为十四日以下。

四、刑事附带民事诉讼

刑事附带民事诉讼是指司法机关在追究被告人刑事责任的同时，附带解决被害人因为被告人的犯罪行为而遭受经济损失的赔偿问题的诉讼活动。

1. 附带民事诉讼的提起

被害人由于被告人的犯罪行为而遭受物质损失的，在刑事诉讼过程中，有权提起附带民事诉讼。

此处的被害人是指因犯罪行为受到财产损失的被害人，可能是犯罪行为直接侵害的人，也可能是没有受到人身侵害的人。

问题：一天深夜，于某翻窗进入一房屋里盗窃，被屋里的人发现，于某就刺死了屋里的人，在逃离时，为了毁灭证据，一不做，二不休，干脆放了一把火把房屋给烧掉了。该房屋是出租房，房主是赵某。在对于某进行审判时，赵某能否提起附带民事诉讼？

答案：能。赵某的人身虽然没有被犯罪行为侵害，但其财产受到犯罪行为的侵害，所以其能提起刑事附带民事诉讼。

如果被害人已经死亡的，由其近亲属提起附带民事诉讼。

例如：小李父母双亡，只有一个姐姐，有一次被人抢劫，打斗过程中小李死亡，小李的汽车被损坏，在对被告人的审理中，小李的姐姐可以向法院提起附带民事诉讼。

如果是国家财产、集体财产遭受损失的，人民检察院在提起公诉的时候，可以提起附带民事诉讼。

2. 附带民事诉讼的范围

因犯罪行为遭受的物质损害可以提起附带民事诉讼，精神损害不包括在附带民事诉讼的范围内。而且该物质损害是已经实际遭受的直接损害。

问题：孙某翻窗进入赵某家盗窃，被赵某发现，赵某在追赶孙某时，不小心扭伤了脚踝，花去医药费500元，就该500元赵某能否提起附带民事诉讼？

答案：不能。因为该500元不是直接损失。

3. 附带民事诉讼的审理

附带民事诉讼应当同刑事案件一并审判，只有为了防止刑事案件审判的过分迟延，才可以在刑事案件审判后，由同一审判组织继续审理附带民事诉讼。一并审理时，采用"先刑后民"的顺序。除检察院提起的附带民事诉讼外，可以调解。

例如：小张打伤小王，后经鉴定小王构成重伤，小王对自己的治疗费用可以提起附带民事诉讼，对赔偿数额，就可以调解。

五、刑事的期间和送达

1. 期间

期间以时、日、月计算。

以"时"为单位计算的期间有12小时、24小时。例如：传唤、拘传的持续时间最长不得超过12小时。

以"日"为单位计算的期间有3日、5日、7日、10日、15日、20日、30日。例如：适用简易程序审理案件，人民法院应当在受理后20日以内审结。

以"月"为单位计算的期间有1个月、2个月、3个月、6个月、12个月。例如：取保候审最长不能超过12个月。

期间开始的时和日不算在期间以内。

法定期间不包括路途上的时间。上诉状或者其他文件在期满前已经交邮的，不算过期。

当事人由于不能抗拒的原因或者有其他正当理由而耽误期限的，在障碍消除后五日以内，可以申请继续进行应当在期满以前完成的诉讼活动，申请是否准许，由人民法院裁定。

2. 送达

送达传票、通知书和其他诉讼文件应当交给收件人本人；如果本人不在，可以交给他的成年家属或者所在单位的负责人员代收。

收件人本人或者代收人拒绝接收或者拒绝签名、盖章的时候，送达人可以邀请他的邻居或者其他见证人到场，说明情况，把文件留在他的住处，在送达证上记明拒绝的事由、送达的日期，由送达人签名，即认为已经送达。

送达的形式还有委托送达、邮寄送达、转交送达。但刑事诉讼中，没有公告送达。

六、刑事诉讼程序

（一）立案、审查

立案材料的来源有五种：一是公安机关或者人民检察院自己发现；二是其他单位和个人报案或者举报；三是被害人的报案或者控告；四是犯罪人的自首；五是被害人或被害人的法定代理人、近亲属向法院直接起诉。

人民法院、人民检察院或者公安机关对于报案、控告、举报和自首的材料，应当按照管辖范围，迅速进行审查，认为有犯罪事实需要追究刑事责任的时候，应当立案；认为没有犯罪事实，或者犯罪事实显著轻微，不需要追究刑事责任的时候，不予立案，并且将不立案的原因通知控告人。控告人对不立案决定如果不服，可以申请复议。

人民检察院认为公安机关对应当立案侦查的案件而不立案侦查的，或者被害人认为公安机关对应当立案侦查的案件而不立案侦查，向人民检察院提出的，人民检察院应当要求公安机关说明不立案的理由。人民检察院认为公安机关不立案理由不能成立的，应当通知公安机关立案，公安机关接到通知后应当立案。

（二）侦查

1. 公安机关的侦查

（1）侦查措施。

1）收集证据材料。公安机关对已经立案的刑事案件，应当进行侦查，收集、调取犯罪嫌疑人有罪或者无罪、罪轻或者罪重的证据材料。

公安机关经过侦查，对有证据证明有犯罪事实的案件，应当进行预审，对收集、调取的证据材料予以核实。

2）讯问犯罪嫌疑人。讯问犯罪嫌疑人必须由人民检察院或者公安机关的侦查人员负责进行。讯问的时候，侦查人员不得少于二人。

对于不需要逮捕、拘留的犯罪嫌疑人，可以传唤到犯罪嫌疑人所在市、县内的指定地点或者到他的住处进行讯问，但是应当出示人民检察院或者公安机关的证明文件。

传唤、拘传持续的时间最长不得超过十二小时。不得以连续传唤、拘传的形式变相拘禁犯罪嫌疑人。

侦查人员在讯问犯罪嫌疑人的时候，应当首先讯问犯罪嫌疑人是否有犯罪行为，让他陈述有罪的情节或者无罪的辩解，然后向他提出问题。犯罪嫌疑人对侦查人员的提问，应当如实回答。但是对与本案无关的问题，有拒绝回答的权利。

讯问聋、哑的犯罪嫌疑人，应当有通晓聋、哑手势的人参加，并且将这种情况记明笔录。

讯问笔录应当交犯罪嫌疑人核对，对于没有阅读能力的，应当向他宣读。如果记载有遗漏或者差错，犯罪嫌疑人可以提出补充或者改正。犯罪嫌疑人承认笔录没有错误后，应当签名或者盖章。侦查人员也应当在笔录上签名。犯罪嫌疑人请求自行书写供述的，应当准许。必要的时候，侦查人员也可以要犯罪嫌疑人亲笔书写供词。

犯罪嫌疑人在被侦查机关第一次讯问后或者采取强制措施之日起，可以聘请律师为其提供法律咨询、代理申诉、控告。犯罪嫌疑人被逮捕的，聘请的律师可以为其申请取保候审。涉及国家秘密的案件，犯罪嫌疑人聘请律师，应当经侦查机关批准。

受委托的律师有权向侦查机关了解犯罪嫌疑人涉嫌的罪名，可以会见在押的犯罪嫌疑人，向犯罪嫌疑人了解有关案件情况。律师会见在押的犯罪嫌疑人，侦查机关根据案件情况和需要可以派员在场。涉及国家秘密的案件，律师会见在押的犯罪嫌疑人，应当经侦查机关批准。

3）询问证人。侦查人员询问证人，可以到证人的所在单位或者住处进行，但是必须出示人民检察院或者公安机关的证明文件。在必要的时候，也可以通知证人到人民检察院或者公安机关提供证言。

询问证人应当个别进行。

询问证人，应当告知他应当如实地提供证据、证言和有意作伪证或者隐匿罪证要负的法律责任。

询问不满十八岁的证人，可以通知其法定代理人到场。

4）询问被害人。询问被害人适用询问证人的规定。

5）勘验、检查。侦查人员对于与犯罪有关的场所、物品、人身、尸体应当进行勘验或者检查。在必要的时候，可以指派或者聘请具有专门知识的人，在侦查人员的主持下进行勘验、检查。

任何单位和个人，都有义务保护犯罪现场，并且立即通知公安机关派员勘验。

侦查人员执行勘验、检查，必须持有人民检察院或者公安机关的证明文件。

对于死因不明的尸体，公安机关有权决定解剖，并且通知死者家属到场。

为了确定被害人、犯罪嫌疑人的某些特征、伤害情况或者生理状态，可以对人身进行检查。

犯罪嫌疑人如果拒绝检查，侦查人员认为必要的时候，可以强制检查。

检查妇女的身体，应当由女工作人员或者医师进行。

勘验、检查的情况应当写成笔录，由参加勘验、检查的人和见证人签名或者盖章。

人民检察院审查案件的时候，对公安机关的勘验、检查，认为需要复验、复查时，可以要求公安机关复验、复查，并且可以派检察人员参加。

为了查明案情，在必要的时候，经公安机关负责人批准，可以进行侦查实验。

但是侦查实验，禁止一切足以造成危险、侮辱人格或者有伤风化的行为。

6）搜查。侦查人员可以对犯罪嫌疑人以及可能隐藏罪犯或者犯罪证据的人的身体、物品、住处和其他有关的地方进行搜查。

进行搜查，必须向被搜查人出示搜查证。

在执行逮捕、拘留的时候，遇有紧急情况，不另用搜查证也可以进行搜查。

在搜查的时候，应当有被搜查人或者他的家属，邻居或者其他见证人在场。

搜查妇女的身体，应当由女工作人员进行。

搜查的情况应当写成笔录，由侦查人员和被搜查人或者他的家属，邻居或者其他见证人签名或者盖章。如果被搜查人或者他的家属在逃或者拒绝签名、盖章，应当在笔录上注明。

7）扣押物证、书证。在侦查活动中发现的可用以证明犯罪嫌疑人有罪或者无罪的各种财物、文件，应当查封、扣押；与案件无关的物品、文件，不得查封、扣押。

对于查封、扣押的财物、文件，要妥善保管或者封存，不得使用、调换或者损毁。

对于查封、扣押的财物、文件，应当会同在场见证人和被查封、扣押的财物、文件持有人查点清楚，当场开列清单一式二份，由侦查人员、见证人和持有人签名或者盖章，一份交给持有人，另一份附卷备查。

侦查人员认为需要扣押犯罪嫌疑人的邮件、电报的时候，经公安机关或者人民检察院批准，即可通知邮电机关将有关的邮件、电报检交扣押。

不需要继续扣押的时候，应即通知邮电机关。

人民检察院、公安机关根据侦查犯罪的需要，可以依照规定查询、冻结犯罪嫌疑人的存款、汇款、债券、股票、基金份额等财产。

犯罪嫌疑人的存款、汇款、债券、股票、基金份额等财产已被冻结的，不得重复冻结。

对于查封、扣押的财物、文件、邮件、电报或者冻结的存款、汇款、债券、股票、基金份额等财产，经查明确实与案件无关的，应当在三日以内解除查封、扣押、冻结，退还原主或者原邮电机关。

8）鉴定。为了查明案情，需要解决案件中某些专门性问题的时候，应当指派、聘请有专门知识的人进行鉴定。

鉴定人进行鉴定后，应当写出鉴定意见，并且签名。

对人身伤害的医学鉴定有争议需要重新鉴定或者对精神病的医学鉴定，由省级人民政府指定的医院进行。鉴定人进行鉴定后，应当写出鉴定意见，并且由鉴定人签名，医院加盖公章。

鉴定人故意作虚假鉴定的，应当承担法律责任。

侦查机关应当将用作证据的鉴定意见告知犯罪嫌疑人、被害人。如果犯罪嫌疑人、被害人提出申请，可以补充鉴定或者重新鉴定。

对犯罪嫌疑人作精神病鉴定的期间不计入办案期限。

9）通缉。应当逮捕的犯罪嫌疑人如果在逃，公安机关可以发布通缉令，采取有效措施，追捕归案。

各级公安机关在自己管辖的地区以内，可以直接发布通缉令；超出自己管辖的地区，应当报请有权决定的上级机关发布。

（2）侦查终结。

公安机关侦查终结的案件，应当做到犯罪事实清楚，证据确实、充分，并且写出起诉意见书，连同案卷材料、证据一并移送同级人民检察院审查决定。犯罪嫌疑人不讲真实姓名、住址，身份不明的，应对其身份进行调查，侦查羁押期限自查清其身份之日起计算，但是不得停止对其犯罪行为的侦查取证。对于犯罪事实清楚，证据确实、充分的，确定无法查明的其身份的，也可以按其自报的姓名移送人民检察院起诉、审判。

在侦查过程中，发现不应对犯罪嫌疑人追究刑事责任的，应当撤销案件；犯罪嫌疑人已被逮捕的，应当立即释放，发给释放证明，并且通知原批准逮捕的人民检察院。

2. 人民检察院对直接受理的案件的侦查

人民检察院直接受理的案件中，需要逮捕、拘留犯罪嫌疑人的，由人民检察院作出决定，由公安机关执行。

人民检察院对直接受理的案件中被拘留的人，应当在拘留后的二十四小时以内进行讯问。在发现不应当拘留的时候，必须立即释放，发给释放证明。对需要逮捕而证据还不充足的，可以取保候审或者监视居住。

人民检察院对直接受理的案件中被拘留的人，认为需要逮捕的，应当在十四日以内作出决定。在特殊情况下，决定逮捕的时间可以延长一日至三日。对不需要逮捕的，应当立即释放；对于需要继续侦查，并且符合取保候审、监视居住条件的，依法取保候审或者监视居住。

人民检察院侦查终结的案件，应当作出提起公诉、不起诉或者撤销案件的决定。

（三）审查起诉

审查起诉是指侦查终结以后，对犯罪嫌疑人是否进行追诉的，由人民检察院审查并作出决定的活动。

1. 审查

凡需要提起公诉的案件，一律由人民检察院审查决定。

人民检察院审查案件的时候，必须查明以下内容：

（1）犯罪事实、情节是否清楚，证据是否确实、充分，犯罪性质和罪名的认定是否正确；

（2）有无遗漏罪行和其他应当追究刑事责任的人；

（3）是否属于不应追究刑事责任的；

（4）有无附带民事诉讼；

（5）侦查活动是否合法。

人民检察院对于监察机关、公安机关移送起诉的案件，应当在一个月以内作出决定，重大、复杂的案件，可以延长十五日。

人民检察院审查起诉的案件，改变管辖的，从改变后的人民检察院收到案件之日起计算审查起诉期限。

人民检察院审查案件，应当讯问犯罪嫌疑人，听取听取辩护人或者值班律师、被害人及其诉讼代理人的意见，并记录在案。辩护人或者值班律师、被害人及其诉讼代理人提出书面意见的，应当附卷。

人民检察院审查案件，可以要求公安机关提供法庭审判所必需的证据材料。

人民检察院审查案件，对于需要补充侦查的，可以退回公安机关补充侦查，也可以自行侦查。

对于补充侦查的案件，应当在一个月以内补充侦查完毕。补充侦查以二次为限。补充侦查完毕移送人民检察院后，人民检察院重新计算审查起诉期限。

对于二次补充侦查的案件，人民检察院仍然认为证据不足，不符合起诉条件的，可以作出不起诉的决定。

2. 审查结果

检察院对案件审查后会作出两种决定：一种是提起公诉；另一种是作出不起诉决定。

人民检察院认为犯罪嫌疑人的犯罪事实已经查清，证据确实、充分，依法应当追究刑事责任的，应当作出起诉决定，按照审判管辖的规定，向人民法院提起公诉，并将案卷材料、证据移送人民法院。

犯罪嫌疑人有下列情形之一的，人民检察院应当作出不起诉决定：

（1）情节显著轻微、危害不大，不认为是犯罪的；

（2）犯罪已过追诉时效期限的；

（3）经特赦令免除刑罚的；

（4）依照刑法告诉才处理的犯罪，没有告诉或者撤回告诉的；

（5）犯罪嫌疑人、被告人死亡的；

（6）其他法律规定免予追究刑事责任的。

对于犯罪情节轻微，依照刑法规定不需要判处刑罚或者免除刑罚的，人民检察院可以作出不起诉决定。

人民检察院决定不起诉的案件，应当同时对侦查中查封、扣押、冻结的财物解除查封、扣押、冻结。对被不起诉人需要给予行政处罚、处分或者需要没收其违法所得的，人民检察院应当提出检察意见，移送有关主管机关处理。有关主管机关应当将处理结果及时通知人民检察院。

不起诉的决定，应当公开宣布，并且将不起诉决定书送达被不起诉人和他的所在单位。如果被不起诉人在押，应当立即释放。

对于有被害人的案件，决定不起诉的，人民检察院应当将不起诉决定书送达被害人。被害人如果不服，可以自收到决定书后七日以内向上一级人民检察院申诉，请求提起公诉。人民检察院应当将复查决定告知被害人。对人民检察院维持不起诉决定的，被害人可以向人民法院起诉。被害人也可以不经申诉，直接向人民法院起诉。人民法院受理案件后，人民检察院应当将有关案件材料移送人民法院。

对于人民检察院作出的不起诉决定，被不起诉人如果不服，可以自收到决定书后七日以内向人民检察院申诉。人民检察院应当作出复查决定，通知被不起诉的人，同时抄送公安机关。

（四）审判

1. 审判组织

除基层人民法院适用简易程序的案件可以由审判员一人独任审判之外，其他都采用合议庭进行案件的审理。

合议庭组成情况有以下三种：

（1）基层人民法院、中级人民法院审判第一审案件，应当由审判员三人或者由审判员和人民陪审员共三人或者七人组成合议庭进行。

（2）高级人民法院、最高人民法院审判第一审案件，应当由审判员三人至七人或者由审判员和人民陪审员共三人或者七人组成合议庭进行。

（3）人民法院审判上诉和抗诉案件，由审判员三人或者五人组成合议庭进行。

合议庭由院长或者庭长指定审判员一人担任审判长。院长或者庭长参加审判案件的时候，自己担任审判长。

合议庭进行评议的时候，如果意见分歧，应当按多数人的意见作出决定，但是少数人的意见应当写入笔录。评议笔录由合议庭的组成人员签名。

合议庭开庭审理并且评议后，应当作出判决。对于疑难、复杂、重大的案件，合议庭认为难以作出决定的，由合议庭提请院长决定提交审判委员会讨论决定。审判委员会的决定，合议庭应当执行。

2. 第一审普通程序

（1）开庭前准备工作。人民法院决定开庭审判后，应当进行下列工作：

1）确定合议庭的组成人员；

2）将人民检察院的起诉书副本至迟在开庭十日以前送达被告人及其辩护人。对于被告人未委托辩护人的，告知被告人可以委托辩护人，或者在必要的时候指定承担法律援助义务的律师为其提供辩护；

3）将开庭的时间、地点在开庭三日以前通知人民检察院；

4）传唤当事人，通知辩护人、诉讼代理人、证人、鉴定人和翻译人员，传票和通知书至迟在开庭三日以前送达；

5）公开审判的案件，应当在开庭三日以前先期公布案由、被告人姓名、开庭时间和地点。

（2）开庭审理。先由审判长查明当事人是否到庭，宣布案由；宣布合议庭的组成人员、书记员、公诉人、辩护人、诉讼代理人、鉴定人和翻译人员的名单；告知当事人有权对合议庭组成人员、书记员、公诉人、鉴定人和翻译人员申请回避；告知被告人享有辩护权利。

公诉人在法庭上宣读起诉书后，被告人、被害人可以就起诉书指控的犯罪进行陈述，公诉人可以讯问被告人。

被害人、附带民事诉讼的原告人和辩护人、诉讼代理人，经审判长许可，可以向被告人发问。

审判人员可以讯问被告人。

证人作证，审判人员应当告知他要如实地提供证言和有意作伪证或者隐匿罪证要负的法律责任。公诉人、当事人和辩护人、诉讼代理人经审判长许可，可以对证人、鉴定人发问。审判长认为发问的内容与案件无关的时候，应当制止。

审判人员可以询问证人、鉴定人。

公诉人、辩护人应当向法庭出示物证，让当事人辨认，对未到庭的证人的证言笔录、鉴定人的鉴定结论、勘验笔录和其他作为证据的文书，应当当庭宣读。审判人员应当听取公诉人、当事人和辩护人、诉讼代理人的意见。

法庭审理过程中，合议庭对证据有疑问的，可以宣布休庭，对证据进行调查核实。

人民法院调查核实证据，可以进行勘验、检查、扣押、鉴定和查询、冻结。

法庭审理过程中，当事人和辩护人、诉讼代理人有权申请通知新的证人到庭，调取新的物证，申请重新鉴定或者勘验。

法庭对于上述申请，应当作出是否同意的决定。

经审判长许可，公诉人、当事人和辩护人、诉讼代理人可以对证据和案件情况发表意见并且可以互相辩论。审判长在宣布辩论终结后，被告人有最后陈述的权利。

（3）作出判决。在被告人最后陈述后，审判长宣布休庭，合议庭进行评议，根据已经查明的事实、证据和有关的法律规定，分别作出以下判决：

1) 案件事实清楚,证据确实、充分,依据法律认定被告人有罪的,应当作出有罪判决;

2) 依据法律认定被告人无罪的,应当作出无罪判决;

3) 证据不足,不能认定被告人有罪的,应当作出证据不足、指控的犯罪不能成立的无罪判决。

宣告判决,一律公开进行。

当庭宣告判决的,应当在五日以内将判决书送达当事人和提起公诉的人民检察院;定期宣告判决的,应当在宣告后立即将判决书送达当事人和提起公诉的人民检察院。

判决书应当由审判人员和书记员署名,并且写明上诉的期限和上诉的法院。

法庭审判的全部活动,应当由书记员写成笔录,经审判长审阅后,由审判长和书记员签名。

法庭笔录中的证人证言部分,应当当庭宣读或者交给证人阅读。证人在承认没有错误后,应当签名或者盖章。

法庭笔录应当交给当事人阅读或者向他宣读。当事人认为记载有遗漏或者差错的,可以请求补充或者改正。当事人承认没有错误后,应当签名或者盖章。

3. 第一审简易程序

下列案件,可以适用简易程序,由审判员一人独任审判:

(1) 对依法可能判处三年以下有期徒刑、拘役、管制、单处罚金的公诉案件,事实清楚、证据充分,人民检察院建议或者同意适用简易程序的;

(2) 告诉才处理的案件;

(3) 被害人起诉的有证据证明的轻微刑事案件。

第一审简易程序的特点:

(1) 适用简易程序审理公诉案件,人民检察院可以不派员出席法庭。

(2) 被告人可以就起诉书指控的犯罪进行陈述和辩护。

(3) 人民检察院派员出席法庭的,经审判人员许可,被告人及其辩护人可以同公诉人互相辩论。

(4) 适用简易程序审理自诉案件,宣读起诉书后,经审判人员许可,被告人及其辩护人可以同自诉人及其诉讼代理人互相辩论。

(5) 适用简易程序审理案件,不受普通程序中关于送达期限、讯问被告人、询问证人、鉴定人、出示证据、法庭辩论程序规定的限制。但在判决宣告前应当听取被告人的最后陈述意见。

(6) 适用简易程序审理案件,人民法院应当在受理案件后二十日以内审结。

人民法院在审理过程中,发现不宜适用简易程序的,应当按照普通程序重新审理。

4. 速裁程序

(1) 速裁程序适用的条件。

基层人民法院管辖的可能判处三年有期徒刑以下刑罚的案件,案件事实清楚、证据确实、充分,被告人认罪认罚并同意适用速裁程序的,可以适用速裁程序。 人民检察院在提起公诉的时候,可以建议人民法院适用速裁程序。

(2) 不适用速裁程序的情形。

有下列情形之一的,不使用速裁程序:

1) 被告人是盲、聋、哑人,或者是尚未完全丧失辨认或者控制自己行为能力的精神病人的;

2）被告人是未成年人的；

3）案件有重大社会影响的；

4）共同犯罪案件中部分被告人对指控的犯罪事实、罪名、量刑建议或者适用速裁程序有异议的；

5）被告人与被害人或者其法定代理人没有就附带民事诉讼赔偿等事项达成调解或者和解协议的；

6）其他不宜适用速裁程序审理的。

（3）速裁程序的具体适用。

速裁程序，由审判员一人独任审判。

适用速裁程序审理案件，一般不进行法庭调查、法庭辩论，但在判决宣告前应当听取辩护人的意见和被告人的最后陈述意见。

适用速裁程序审理案件，应当当庭宣判。

（4）速裁程序的审理期限。

适用速裁程序审理案件，人民法院应当在受理后十日以内审结；对可能判处的有期徒刑超过一年的，可以延长至十五日。

5. 自诉案件

（1）自诉案件包括下列案件：

1）告诉才处理的案件；

2）被害人有证据证明的轻微刑事案件；

3）被害人有证据证明对被告人侵犯自己人身、财产权利的行为应当依法追究刑事责任，而公安机关或者人民检察院不予追究被告人刑事责任的案件。

（2）对自诉案件的处理。

人民法院对于自诉案件进行审查后，按照下列情形分别处理：

1）犯罪事实清楚，有足够证据的案件，应当开庭审判；

2）缺乏罪证的自诉案件，如果自诉人提不出补充证据，应当说服自诉人撤回自诉，或者裁定驳回。

自诉人经两次依法传唤，无正当理由拒不到庭的，或者未经法庭许可中途退庭的，按撤诉处理。

问题： 自诉人胡某起诉刘某，在案件审理中胡某经两次依法传唤，无正当理由拒不到庭，对此法院应如何处理？

答案： 按自诉人胡某撤诉处理。

法庭审理过程中，审判人员对证据有疑问，需要调查核实的，可以宣布休庭，对证据进行调查核实。

人民法院对自诉案件，可以进行调解；自诉人在宣告判决前，可以同被告人自行和解或者撤回自诉。但被害人有证据证明对被告人侵犯自己人身、财产权利的行为应当依法追究刑事责任，而公安机关或者人民检察院不予追究被告人刑事责任的案件不适用调解。

问题： 被害人王某，向公安局机关控告李某故意伤害，公安机关立案侦查后，认为李某不构成犯罪，依法撤销了该案，后王某向法院起诉，法院受理了案件，在审理中法院能否给王某和李某调解？

答案：不能。该案件属于"被害人有证据证明对被告人侵犯自己人身、财产权利的行为应当依法追究刑事责任，而公安机关或者人民检察院不予追究被告人刑事责任的案件不适用调解"。所以不适用调解。

自诉案件的被告人在诉讼过程中，可以对自诉人提起反诉。反诉适用自诉的规定。

（五）刑事诉讼第二审程序

1. 第二审程序的启动

（1）被告人、自诉人和他们的法定代理人，不服地方各级人民法院第一审的判决、裁定，有权用书状或者口头向上一级人民法院上诉。被告人的辩护人和近亲属，经被告人同意，可以提出上诉。

（2）附带民事诉讼的当事人和他们的法定代理人，可以对地方各级人民法院第一审的判决、裁定中的附带民事诉讼部分，提出上诉。

（3）地方各级人民检察院认为本级人民法院第一审的判决、裁定确有错误的时候，应当向上一级人民法院提出抗诉。

被害人及其法定代理人不服地方各级人民法院第一审的判决的，自收到判决书后五日以内，有权请求人民检察院提出抗诉。人民检察院自收到被害人及其法定代理人的请求后五日以内，应当作出是否抗诉的决定并且答复请求人。

2. 上诉、抗诉期

不服判决的上诉和抗诉的期限为十日，不服裁定的上诉和抗诉的期限为五日，从接到判决书、裁定书的第二日起算。

3. 上诉程序

被告人、自诉人、附带民事诉讼的原告人和被告人通过原审人民法院提出上诉的，原审人民法院应当在三日以内将上诉状连同案卷、证据移送上一级人民法院，同时将上诉状副本送交同级人民检察院和对方当事人。

被告人、自诉人、附带民事诉讼的原告人和被告人直接向第二审人民法院提出上诉的，第二审人民法院应当在三日以内将上诉状交原审人民法院送交同级人民检察院和对方当事人。

4. 抗诉程序

地方各级人民检察院对同级人民法院第一审判决、裁定的抗诉，应当通过原审人民法院提出抗诉书，并且将抗诉书抄送上一级人民检察院。原审人民法院应当将抗诉书连同案卷、证据移送上一级人民法院，并且将抗诉书副本送交当事人。

上级人民检察院如果认为抗诉不当，可以向同级人民法院撤回抗诉，并且通知下级人民检察院。

5. 审理

第二审人民法院应当就第一审判决认定的事实和适用法律进行全面审查，不受上诉或者抗诉范围的限制。

共同犯罪的案件只有部分被告人上诉的，应当对全案进行审查，一并处理。

问题： 某中级人民法院对张某、王某故意杀人一案作出一审判决，张某不服提出上诉，王某未上诉。二审法院在审理该案过程中，张某死亡。对此二审法院应该怎么处理？

答案： 二审法院应继续审理，如果张某构成犯罪，应当对其宣布终止审理；如果张某不构成犯罪，应当对其宣告无罪；同时对王某作出判决或裁定。

第二审人民法院对上诉案件，应当组成合议庭，开庭审理。合议庭经过阅卷、讯问被告人、听取其他当事人、辩护人、诉讼代理人的意见，对事实清楚的，可以不开庭审理。对人民检察院抗诉的案件，第二审人民法院应当开庭审理。

第二审人民法院开庭审理上诉、抗诉案件，可以到案件发生地或者原审人民法院所在地进行。

人民检察院提出抗诉的案件或者第二审人民法院开庭审理的公诉案件，同级人民检察院都应当派员出庭。第二审人民法院必须在开庭及时通知人民检察院查阅案卷。

6. 作出判决

第二审人民法院对不服第一审判决的上诉、抗诉案件，经过审理后，应当按照下列情形分别处理：

（1）原判决认定事实和适用法律正确、量刑适当的，应当裁定驳回上诉或者抗诉，维持原判；

（2）原判决认定事实没有错误，但适用法律有错误，或者量刑不当的，应当改判；

（3）原判决事实不清楚或者证据不足的，可以在查清事实后改判；也可以裁定撤销原判，发回原审人民法院重新审判。

第二审人民法院审判被告人或者他的法定代理人、辩护人、近亲属上诉的案件，不得加重被告人的刑罚。

人民检察院提出抗诉或者自诉人提出上诉的，不受前款规定的限制。

第二审人民法院发现第一审人民法院的审理有下列违反法律规定的诉讼程序的情形之一的，应当裁定撤销原判，发回原审人民法院重新审判：

（1）违反本法有关公开审判的规定的；

（2）违反回避制度的；

（3）剥夺或者限制了当事人的法定诉讼权利，可能影响公正审判的；

（4）审判组织的组成不合法的；

（5）其他违反法律规定的诉讼程序，可能影响公正审判的。

原审人民法院对于发回重新审判的案件，应当另行组成合议庭，依照第一审程序进行审判。对于重新审判后的判决，可以上诉、抗诉。

第二审的判决、裁定和最高人民法院的判决、裁定，都是终审的判决、裁定。

7. 第二审审限

第二审人民法院受理上诉、抗诉案件，应当在二个月以内审结，至迟不得超过一个半月。有下列情形之一的，经省、自治区、直辖市高级人民法院批准或者决定，可以再延长二个月，但是最高人民法院受理的上诉、抗诉案件，由最高人民法院决定：

（1）交通十分不便的边远地区的重大复杂案件；

（2）重大的犯罪集团案件；

（3）流窜作案的重大复杂案件；

（4）犯罪涉及面广，取证困难的重大复杂案件。

（六）死刑复核程序

死刑复核程序是我国独有的一个司法程序，是为了防止死刑判决可能出现错误和随意化，而对判处死刑的判决在认定事实和适用法律上进行全面审查的程序。死刑核准权归属于最高人民法院。

死刑复核程序的具体程序有以下几种：

(1) 中级人民法院判处死刑的第一审案件，被告人不上诉的，应当由高级人民法院复核后，报请最高人民法院核准。高级人民法院不同意判处死刑的，可以提审或者发回重新审判。

(2) 高级人民法院判处死刑的第一审案件被告人不上诉的，和判处死刑的第二审案件，都应当报请最高人民法院核准。

(3) 中级人民法院判处死刑缓期二年执行的案件，由高级人民法院核准。

(4) 最高人民法院复核死刑案件，高级人民法院复核死刑缓期执行的案件，应当由审判员三人组成合议庭进行。

(七) 审判监督程序

1. 审判监督程序的启动

(1) 当事人及其法定代理人、近亲属，对已经发生法律效力的判决、裁定，可以向人民法院或者人民检察院提出申诉，请求对已经发生法律效力的判决、裁定进行再审。

问题：在一起杀人案件中，王某是被害人李某的辩护律师，张某是被告人孙某的诉讼代理人，人民法院作出的判决已经生效，则谁可以提起申诉？

答案：李某和孙某可以提起申诉。李某和孙某是当事人。

当事人及其法定代理人、近亲属的申诉符合下列情形之一的，人民法院应当重新审判：

1) 有新的证据证明原判决、裁定认定的事实确有错误，可能影响定罪量刑的；

2) 据以定罪量刑的证据不确实、不充分、依法应当予以排除，或者证明案件事实的主要证据之间存在矛盾的；

3) 原判决、裁定适用法律确有错误的；

4) 违反法律规定的诉讼程序，可能影响公正审判的；

5) 审判人员在审理该案件的时候，有贪污受贿，徇私舞弊，枉法裁判行为的。

(2) 各级人民法院院长对本院已经发生法律效力的判决和裁定，如果发现在认定事实上或者在适用法律上确有错误，必须提交审判委员会处理。

(3) 最高人民法院对各级人民法院已经发生法律效力的判决和裁定，上级人民法院对下级人民法院已经发生法律效力的判决和裁定，如果发现确有错误，有权提审或者指令下级人民法院再审。

(4) 最高人民检察院对各级人民法院已经发生法律效力的判决和裁定，上级人民检察院对下级人民法院已经发生法律效力的判决和裁定，如果发现确有错误，有权按照审判监督程序向同级人民法院提出抗诉。

2. 审理

人民检察院抗诉的案件，接受抗诉的人民法院应当组成合议庭重新审理，对于原判决事实不清楚或者证据不足的，可以指令下级人民法院再审。

人民法院按照审判监督程序重新审判的案件，由原审人民法院审理的，应当另行组成合议庭进行。如果原来是第一审案件，应当依照第一审程序进行审判，所作的判决、裁定，可以上诉、抗诉；如果原来是第二审案件，或者是上级人民法院提审的案件，应当依照第二审程序进行审判，所作的判决、裁定，是终审的判决、裁定。

3. 审限

人民法院按照审判监督程序重新审判的案件，应当在作出提审、再审决定之日起三个月以内审结，需要延长期限的，不得超过六个月。

接受抗诉的人民法院按照审判监督程序审判抗诉的案件，审理期限适用前款规定；对需要指令下级人民法院再审的，应当自接受抗诉之日起一个月以内作出决定，下级人民法院审理案件的期限适用前款规定。

七、执行

执行是指将法院作出的已经发生法律效力的判决、裁定付诸实现的活动。

1. 执行依据

发生法律效力的判决和裁定是执行依据。

下列判决和裁定是发生法律效力的判决和裁定：

（1）已过法定期限没有上诉、抗诉的判决和裁定；

（2）终审的判决和裁定；

（3）最高人民法院核准的死刑的判决和高级人民法院核准的死刑缓期二年执行的判决。

2. 执行机关

（1）人民法院。人民法院的职能是判决被告人无罪、免除刑事处罚的，如果被告人在押，在宣判后应当立即释放；死刑立即执行；判处罚金；没收财产。

（2）公安机关。公安机关负责剥夺政治权利，拘役的执行。

（3）监狱。监狱负责死刑缓期两年、有期徒刑、无期徒刑的执行。

（4）未成年犯管教所。未成年犯管教所负责对未成年犯执行刑罚。

（5）社会矫正机构。被判处管制、宣告缓刑、假释的罪犯，依法实行社区矫正，由社区矫正机构负责执行。

3. 执行程序

（1）无罪、免除刑事处罚。第一审人民法院判决被告人无罪、免除刑事处罚的，如果被告人在押，在宣判后应当立即释放。

（2）死刑立即执行。最高人民法院判处和核准的死刑立即执行的判决，应当由最高人民法院院长签发执行死刑的命令。

人民法院在交付执行死刑前，应当通知同级人民检察院派员临场监督。

死刑采用枪决或者注射等方法执行。

死刑可以在刑场或者指定的羁押场所内执行。

指挥执行的审判人员，对罪犯应当验明正身，讯问有无遗言、信札，然后交付执行人员执行死刑。在执行前，如果发现可能有错误，应当暂停执行，报请最高人民法院裁定。

执行死刑应当公布，不应示众。

执行死刑后，在场书记员应当写成笔录。交付执行的人民法院应当将执行死刑情况报告最高人民法院。

执行死刑后，交付执行的人民法院应当通知罪犯家属。

（3）死刑缓期二年、无期徒刑、有期徒刑。对于被判处死刑缓期二年执行、无期徒刑、有期徒刑的罪犯，由公安机关依法将该罪犯送交监狱执行刑罚。对于被判处有期徒刑的罪犯，在被交付执行刑罚前，剩余刑期在三个月以下的，由看守所代为执行。对于被判处拘役的罪犯，由公安机关执行。

罪犯被交付执行刑罚的时候,应当由交付执行的人民法院在判决生效后十日以内将有关的法律文书送达公安机关、监狱或者其他执行机关。

执行机关应当将罪犯及时收押,并且通知罪犯家属。

判处有期徒刑、拘役的罪犯,执行期满,应当由执行机关发给释放证明书。

(4) 缓刑、假释、管制。被判处管制、宣告缓刑、假释的罪犯,依法实行社区矫正,由社区矫正机构负责执行。

(5) 拘役、剥夺政治权利。对于被判处拘役、剥夺政治权利的罪犯,由公安机关执行。执行期满,应当由执行机关通知本人及其所在单位、居住地基层组织公开宣布解除拘役或者恢复政治权利。

(6) 罚金、没收财产。被判处罚金的罪犯,期满不缴纳的,人民法院应当强制缴纳;如果由于遭遇不能抗拒的灾祸等原因缴纳确实有困难的,经人民法院裁定,可以延期缴纳、酌情减少或者免除。

没收财产的判决,无论附加适用或者独立适用,都由人民法院执行;在必要的时候,可以会同公安机关执行。

4. 变更执行程序

(1) 死刑立即执行的变更。下级人民法院接到最高人民法院执行死刑的命令后,应当在七日以内交付执行。但是发现有下列情形之一的,应当停止执行,并且立即报告最高人民法院,由最高人民法院作出裁定:

1) 在执行前发现判决可能有错误的;

2) 在执行前罪犯揭发重大犯罪事实或者有其他重大立功表现,可能需要改判的;

3) 罪犯正在怀孕。

上述第一项、第二项停止执行的原因消失后,必须报请最高人民法院院长再签发执行死刑的命令才能执行;由于上述第三项原因停止执行的,应当报请最高人民法院依法改判。

(2) 死刑缓期二年执行的变更。被判处死刑缓期二年执行的罪犯,在死刑缓期执行期间,如果没有故意犯罪,死刑缓期执行期满,应当予以减刑的,由执行机关提出书面意见,报请高级人民法院裁定;如果故意犯罪,情节恶劣,查证属实,应当执行死刑的,由高级人民法院报请最高人民法院核准。

(3) 有期徒刑或者拘役的执行变更。对于被判处有期徒刑或者拘役的罪犯,有下列情形之一的,可以暂予监外执行:

1) 有严重疾病需要保外就医的。"保外就医"是指在监狱或其他执行机构内执行的罪犯,因为严重疾病,由罪犯请保人填写保证书,然后将其暂时放在监外执行。

"严重疾病"主要指需要隔离的传染病,长期医治无效的严重慢性病以及病危。

2) 怀孕或者正在哺乳自己婴儿的妇女。

问题:张某因伤害罪,被判处有期徒刑,交付执行后,其单位提出,张某家庭困难,女儿幼小需要照顾,父母年老多病,申请将张某暂予监外执行。张某单位的这一申请能批准吗?

答案:不能。暂予监外执行只有两种情况下可以:一种是有严重疾病需要保外就医的;另一种是怀孕或者正在哺乳自己婴儿的妇女。张某不符合这两种情况。

对于适用保外就医可能有社会危险性的罪犯,或者自伤自残的罪犯,不得保外就医。

对于罪犯确有严重疾病,必须保外就医的,由省级人民政府指定的医院诊断并开具证明文件，依照法律规定的程序审批。

问题：钱某因故意杀人罪被判处有期徒刑 7 年，服刑期间患有严重肝炎，须保外就医，应当由哪个部门开具证明文件？

答案：省级人民政府指定的医院。

发现被保外就医的罪犯不符合保外就医条件的，或者严重违反有关保外就医的规定的，应当及时收监。

3）生活不能自理，适用暂予监外执行不致危害社会的。

对于暂予监外执行的罪犯，由社会矫正机构负责执行，执行机关应当对其严格管理监督。

决定或者批准暂予监外执行的机关应当将批准的决定抄送人民检察院。人民检察院认为暂予监外执行不当的，应当自接到通知之日起一个月以内将书面意见送交批准暂予监外执行的机关，决定或者批准暂予监外执行的机关接到人民检察院的书面意见后，应当立即对该决定进行重新核查。

暂予监外执行的情形消失后，罪犯刑期未满的，应当及时收监。

罪犯在暂予监外执行期间死亡的，执行机关应当及时通知监狱或者看守所。

（4）服刑期间又犯新罪或发现新罪。罪犯在服刑期间又犯罪的，或者发现了判决的时候所没有发现的罪行，由执行机关移送人民检察院处理。

（5）减刑、假释。被判处管制、拘役、有期徒刑或者无期徒刑的罪犯，在执行期间确有悔改或者立功表现，应当依法予以减刑、假释的时候，由执行机关提出建议书，报请人民法院审核裁定，并将建议书副本抄送人民检察院。

思考与练习

1. 我国法律关于民事、行政、刑事诉讼的管辖权是如何规定的？
2. 我国法律关于民事、行政、刑事诉讼的立案条件是如何规定的？
3. 我国法律对民事案件、行政案件裁决的执行是如何规定的？

参 考 文 献

[1] 张文显. 法理学[M]. 5版. 北京：高等教育出版社，2018.
[2] 孙国华，朱景文. 法理学[M]. 5版. 北京：中国人民大学出版社，2020.
[3] 萧蔚云，魏定仁，宝音胡日雅克琪. 宪法学概论[M]. 北京：北京大学出版社，2002.
[4] 姜明安. 行政法与行政诉讼法[M]. 7版. 北京：北京大学出版社，2019.
[5] 王利民. 民法[M]. 6版. 北京：中国人民大学出版社，2016.
[6] 杨紫烜. 经济法[M]. 5版. 北京：北京大学出版社，2014.
[7] 赵旭东. 公司法学[M]. 4版. 北京：高等教育出版社，2015.
[8] 徐杰. 经济法概论[M]. 6版. 北京：经济贸易大学出版社，2008.
[9] 江伟. 民事诉讼法[M]. 5版. 北京：高等教育出版社，2016.
[10] 王国枢. 刑事诉讼法学[M]. 5版. 北京：北京大学出版社，2013.
[11] 魏振瀛. 民法[M]. 7版. 北京大学出版社，2017.
[12] 最高人民法院民法典贯彻实施工作领导小组. 中华人民共和国民法典总则编理解与适用[M]. 北京：人民法院出版社，2020.
[13] 最高人民法院民法典贯彻实施工作领导小组. 中华人民共和国民法典物权编理解与适用[M]. 北京：人民法院出版社，2020.
[14] 最高人民法院民法典贯彻实施工作领导小组. 中华人民共和国民法典合同编理解与适用[M]. 北京：人民法院出版社，2020.
[15] 最高人民法院民法典贯彻实施工作领导小组. 中华人民共和国民法典人格权编理解与适用[M]. 北京：人民法院出版社，2020.
[16] 最高人民法院民法典贯彻实施工作领导小组. 中华人民共和国民法典婚姻家庭继承编理解与适用[M]. 北京：人民法院出版社，2020.
[17] 最高人民法院民法典贯彻实施工作领导小组. 中华人民共和国民法典侵权责任编理解与适用[M]. 北京：人民法院出版社，2020.